Genealogie

```
                                    Philipp II.
                                 König von Spanien
                                    1527 - 1598
                                         |
         Karl Emanuel I.        ⚭       Catharina
         Herzog von Savoyen              1567 - 1597
         1562 - 1630
                           |
         ┌─────────────────┴─────────────────┐
  3. Thomas Franz                    1. Victor Amadeus I.
  Prinz v. Carignan                  Herzog von Savoyen
  1596 - 1656                        1587 - 1637
                                     ⚭ Christine von Frankreich
                                        1606 - 1663
```

Bourbon oissons 1612

Bourbon 1692 ⚭ 1625

. Eugen Moritz af von **Soissons** 1635 - 1673

1. **Luise Christine**
1627 - 1689
⚭ Ferdinand Maximilian Markgraf von **Baden**
1625 - 1669

Louise Philiberte de Carignan
1667 - 1726

Ludwig Wilhelm Markgraf von **Baden**
1655 - 1707
⚭ Sybilla Augusta v. Sachsen-Lauenburg
1675 - 1733

Karl Emanuel II. Herzog von **Savoyen**
1634 - 1675
⚭ Giovanna von Savoyen-Nemours
1644 - 1724

Victor Amadeus II. Herzog von **Savoyen**
1666 - 1732
⚭ Anna v. Orleans
1669 - 1728

Karl Emanuel III. König von **Sardinien**
1701 - 1773

Adelheid
1636 - 1676
⚭ Ferdinand Maria Kurfürst von **Bayern**
1636 - 1679

Max Emanuel Kurfürst von **Bayern**
1662 - 1726
⚭ Maria Antonia von Österreich
1669 - 1692

rie Jeanne e Soissons 665 - 1705

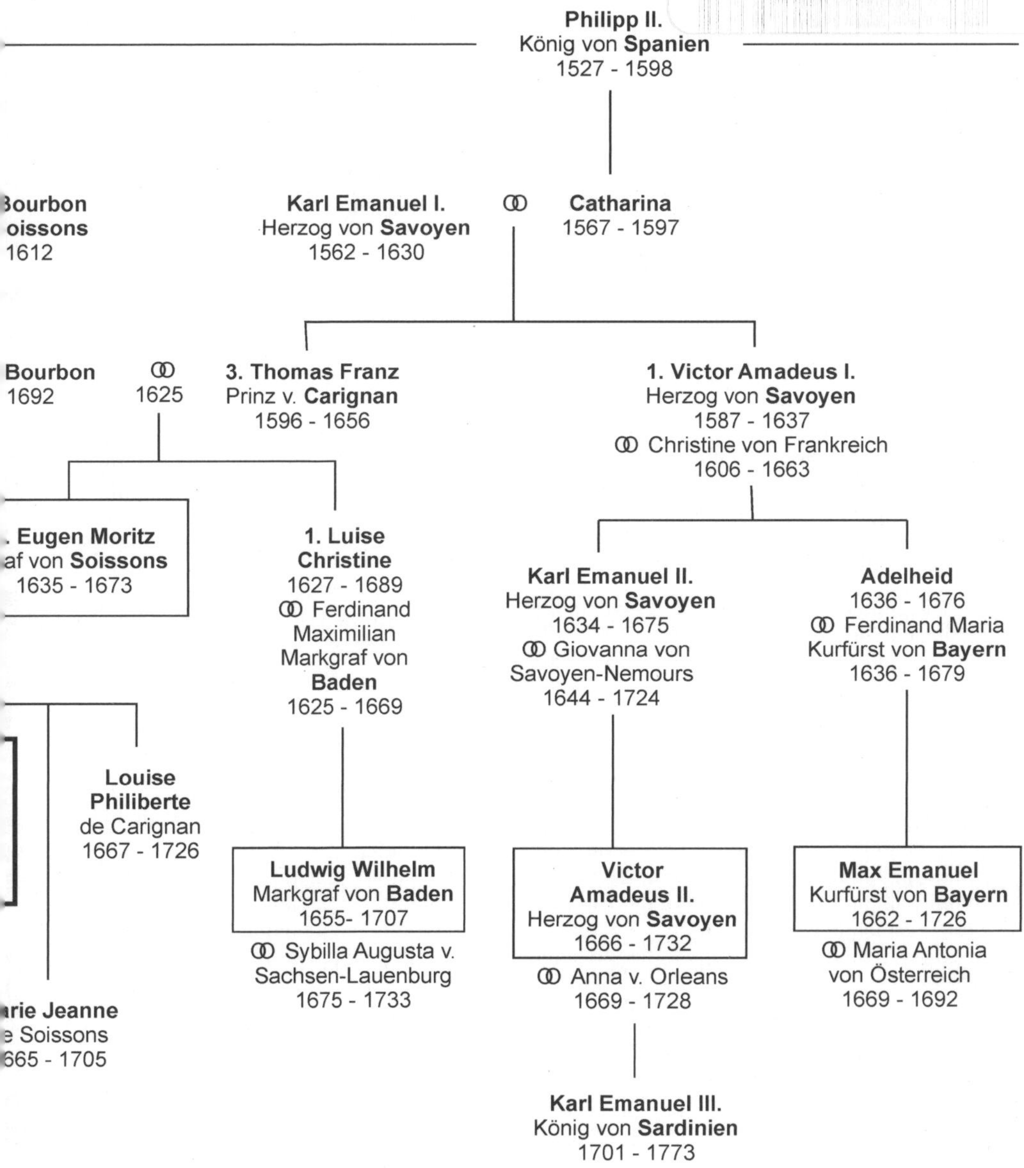

nach Max Braubach

Peter Faber

PRINZ EUGEN VON SAVOYEN

Feldherr und Staatsmann Euopas

(1663-1736)

Peter Faber

Prinz Eugen von Savoyen
Feldherr und Staatsmann Europas

DRUFFEL & VOWINCKEL-VERLAG
GILCHING IM FÜNFSEENLAND

Bildnachweis
Farbtafeln

Abb.: 1, 6, 8, 9, 11, 12, 14, 17, 18
Quelle: Heeresgeschichtliches Museum, Wien

Abb.: 5, 7, 19
Quelle: Kunsthistorisches Museum mit MVN und ÖTM, Wien

Abb.: 2, 3, 10, 13, 15, 16
Quelle: bpk, Bildagentur für Kunst, Kultur und Geschichte, Berlin

Abb.: 4
Quelle: Privatbesitz Dr. Gert Sudholt

Abb.: 20
Quelle: Roman Szczepaniak, Wien (Foto)

Portraitstiche und Pläne
Quelle: Typogr.- Literar-artist. Anstalt, Wien

Schutzumschlag: Atelier Inserta, unter Verwendung des Gemäldes Prinz Eugen von Jakob van Schuppen
Quelle: Rijksmuseum, Amsterdam

Satz und Gestaltung: Michael Croon, Hanerau-Hademarschen

Internationale Standard- Buchnummer
ISBN 978-3-8061-1221-4

1. Auflage 2011
© 2011 by Druffel & Vowinckel-Verlag e.K.
82205 Gilching im Fünfseenland

Alle Rechte, insbesondere das Recht der Vervielfältigung und Verbreitung sowie der Übersetzung, vorbehalten.
Kein Teil des Werkes darf in irgendeiner Form durch Fotokopie, Mikrofilm, CD-Rom usw. ohne schriftliche Genehmigung der Rechteinhaber reproduziert oder unter Verwendung elektronischer Systeme verarbeitet, vervielfältigt oder verbreitet werden. Bezüglich Fotokopien verweisen wir ausdrücklich auf §§ 53,54 UrhG

Gedruckt in der Europäischen Union

Inhalt

Einleitung 7
Kardinal Mazarin und Nichte Olympia, die Mutter Prinz Eugens ..10
Eugens Jugend 22
Der historische Hintergrund des Habsburger Kaiserreiches 25
Die Raubzüge Ludwigs XIV. 36
Eintritt ins Kaiserliche Heer 38
Kriegerische Tradition des Osmanenreiches 43
Die Türken vor Wien 48
Ausrüstung und Bewaffnung des Dragonerregimentes Savoyen 60
Krieg gegen die Türken 63
Feldzug in Oberitalien 71
Der Sieg bei Zenta 79
Spanischer Erbfolgekrieg 92
Ernennung zum Hofkriegsratspräsidenten 114
Sieg bei Höchstädt 119
Tod Kaiser Leopolds I. und sein Nachfolger Joseph I. 128
Wende in Italien: die Schlacht um Turin 132
Beförderung zum Generalleutnant und Reichsmarschall 146
Siege bei Oudenaarde und Malplaquet 150
Tod Kaiser Josephs I. und sein Nachfolger Karl VI. 161
Der Feldherr als Kunstliebhaber 173
Triumph über die Türken, Siege bei Peterwardein und Belgrad . 186
Intrigen und die Pragmatische Sanktion 211
Generalgouverneur der Lombardei und der Niederlande 221
Geheimdiplomatie 226
Prinz Eugens letzter Krieg und sein Tod 233
Das Erbe 251
Anmerkungen *258*
Chronologische Übersicht *263*
Literaturnachweis *267*
Personenregister *269*

*Wappen des Prinzen Eugen
im großen Ständesaal des Landhauses Klagenfurt*

Einleitung

Prinz Eugen, der edle Ritter! Eine große Anzahl von Schriften vermittelt seit etwa dreihundert Jahren ein Bild von der historischen Gestalt dieser faszinierenden Persönlichkeit. So legte 1858 Alfred von Arneth eine umfassende mehrbändige Biographie vor, ihr folgte eine fünfbändige Ausgabe von Max Braubach. Während der beiden Weltkriege und in deren Nachkriegszeiten erschienen weitere Publikationen, die sich – gefärbt vom jeweiligen Zeitgeist – mit dem Lebensbild eines der größten Gestalters der Weltgeschichte auseinandersetzten.

Prinz Eugen von Savoyen-Carignan war zu allen Zeiten ein Vorbild, sowohl in seiner Eigenschaft als Feldherr, wie auch als Staatsmann und Mäzen. Friedrich der Große, der den Prinzen noch persönlich erlebte, hat zu ihm aufgesehen, ebenso wie später der große Franzosenkaiser Napoleon, der den Prinzen zu den sieben größten Feldherren der Geschichte zählte. [1] Überliefert sind die Worte Friedrichs des Großen an seinen Vorleser de Catt „Wenn ich etwas tauge, wenn ich etwas von meinem Handwerk verstehe, namentlich in schwierigen Feinheiten, verdanke ich es dem Prinzen Eugen."

Der deutsche Dichter Franz Grillparzer bezieht sich auf den Ausspruch des großen Preußenkönigs und urteilt: „Dieser Prinz Eugen von Savoyen war wirklich ein außerordentlicher Mensch. Es ist eine Vorurteilslosigkeit und Klarheit der Ansichten in ihm, die durchaus nicht seiner abgeschmackten Zeit angehört. Friedrich der Große steht nicht so isoliert da, wie man gewöhnlich anzunehmen geneigt ist."

Eugens größter militärischer Gegenspieler, König Ludwig XIV. von Frankreich, schreibt an den Herzog von Richelieu: „Dieser Prinz ist ein unnachahmliches Muster für alle Regenten und Staatsmänner. Ich kann seine eiserne Treu und Anhänglichkeit an seinen Souverän, sein reines Gefühl von Vaterlandsliebe und den hohen Begriff von strengster Erfüllung seiner verschiedenen Pflichten nicht genug bewundern; aber ich kann auch den Verlust, den Frankreich selbst an ihm erlitten hat, nicht genug bedauern. Die Vorsehung wollte es so, denn wir würden vielleicht seinen Tugenden nicht so viel Gerechtigkeit gezeigt haben."

Prinz Eugen war der erste große Europäer. Seine Vorfahren entstammten einem italienischen Fürstengeschlecht. Der Prinz verbrachte jedoch seine Jugend in Frankreich, wo er durch Sprache, Tradition und Kultur des Landes geprägt wurde. Trotz der ursprünglichen südländischen Abstammung war seine Familie, die Linie Savoyen-Carignan, dann bereits in dritter Generation französisch.

Sein Leben widmete er dagegen schon in jungen Jahren dem österreichischen Hause Habsburg und damit dem Heiligen Römischen Reich Deutscher Nation. Er wurde im Bewusstsein der Völker das lebende Sinnbild des europäischen Lebenswillens. Das Volk liebte ihn ebenso, wie seine Soldaten ihm ergeben waren. Er war gerecht, trat immer ohne Pomp in schlichter brauner Uniform auf und verlangte von sich selbst stets mehr als er von seinen Soldaten in den Schlachten erwartete.

Heinrich von Sybel sagte über ihn: „Prinz Eugen zählt zu den Geistern, deren einen besessen zu haben, den Stolz eines Volkes auf Jahrhunderte bildet."

Die große historische Rolle, die Prinz Eugen als Feldherr und als Staatsmann unter den drei Habsburger Kaisern als Sieger gegen Türken und Franzosen spielte, würdigt die Geschichte, die in ihm einen Beschützer des Abendlandes und einen Bewahrer der europäischen Völker sieht. Er rettete das Reich vor der Eroberung durch Ludwig XIV., und er brach den Ansturm des Osmanenreiches, der im Begriff war, ganz Europa zu überrennen.

Für Deutschland hatte die durch Prinz Eugen von Savoyen geschaffene Großmacht Österreich, die bis zu ihrem Zusammenbruch 1918 – nach dem Ersten Weltkrieg – andauerte, ebenfalls geschichtliche Bedeutung. 150 Jahre dauerte später der kräftezehrende Kampf um die Vormacht zweier deutschsprachiger Staaten: Preußen und Österreich.

Prinz Eugens Gleichgewichtspolitik, im Gegensatz zur Machtpolitik seines großen Gegenspielers König Ludwigs XIV., kann auch heute noch als Vorbild und Auftrag für einen engen Zusammenschluss europäischer Staaten gesehen werden. Der Prinz hatte darüber hinaus großen Anteil daran, dass das Habsburger Reich die erste internationale Gemeinschaft der modernen Welt war, in der es keine Benachteiligung aufgrund von Rasse, Religion und Sprache gab.

Das vorliegende Buch soll keine weitere lückenlose Biographie des Prinzen Eugen sein, sondern der heutigen Generation das Bild einer Persönlichkeit vermitteln, die, obwohl ein Leben lang dem Heiligen Römischen Reich Deutscher Nation verbunden, ihrer Zeit als erster großer Europäer weit voraus war.

Kardinal Mazarin und Nichte Olympia, die Mutter Prinz Eugens

Prinz Eugen Franz wurde am 18. Oktober 1663 in Paris geboren und starb am 21. April 1736 in Wien. Er entstammte dem Hause Savoyen-Carignan, einer von seinem Großvater gegründeten Nebenlinie des Herzoghauses Savoyen. Durch seine väterliche Abstammung war Prinz Eugen der Urenkel eines Herzogs von Savoyen, der Urenkel des spanischen Königs Philipps II. und ein Enkel des zur Familie der Bourbonen gehörenden Grafen von Soissons. Seine Urgroßmutter war eine Habsburgerin, und durch seine Großmutter Maria von Bourbon war er Prinz königlichen Geblütes.

Vater des Prinzen Eugen war Eugen Moritz, Prinz von Savoyen-Carignan, Graf von Soissons. Er war ein angesehener Fürst, der es vom Generaloberst der Schweizer und Graubündener Söldnerregimenter zum Gouverneur der Bourbonais, später der Champagne brachte. Er hatte sich in der Schlacht von Dünkirchen unter Marschall Turenne durch besondere Tapferkeit hervorgetan. 1658 heiratete er Olympia Manzini, eine Nichte des mächtigen Staatsmannes und Kardinals Jules Mazarin. Diese war in ihrer Jugend die große Liebe des Franzosenkönigs Ludwigs XIV. gewesen. Mazarin jedoch hatte nicht sie, sondern eine spanische Habsburgerin als Frau des Königs auserwählt. Ihre Heirat mit dem Grafen von Soissons hinderte Ludwig XIV. aber nicht daran, ihr weiterhin seine Gunst zu erweisen, und so arrivierte das Hôtel de Soissons in Paris bald zum Mittelpunkt der großen Gesellschaft.

Olympia Manzini, die Mutter des Prinzen Eugen, wurde 1640 in Italien geboren und kam bereits im Alter von 10 Jahren nach Paris. Sie war das dritte Kind, die zweite Tochter des römischen Cavaliere Michele Lorenzo Manzini und der Hieronima Mazarini, der jüngeren Schwester des Ministers und Kardinals Mazarin. Dessen Vorgänger, Kardinal Richelieu, ein Gewaltmensch, der mit rücksichtsloser Macht den Widerstand des Feudaladels gebrochen hatte, schaffte es, Frank-

*Olympia Mancini, Gräfin von Soissons,
die Mutter Eugens
(1640-1708)
Gemälde von Pierre Mignard*

reich stark zu machen, ein großes Heer aufzustellen und die Verwaltung des Landes zu reformieren und zu straffen.

Sein Werk hatte Kardinal Mazarin zielgerichtet fortgeführt und vollendet. Er schloss den Frieden von Münster und Osnabrück und vergrößerte seine Macht im Staate ständig. Der Enkel eines Hutmachers aus Sizilien, der früher Kammerdiener gewesen sein soll und dessen Priesterweihe nicht gewiss war, wurde am Ende so mächtig, dass er es wagen konnte, die schöne Witwe des Königs von Frankreich, die Mutter Ludwigs XIV. und Regentin, Anna von Österreich – wenn auch geheim – zu ehelichen und seine Nichten, die Mazarinetten mit den größten Häusern Frankreichs zu vereinen. [2] Von Königin Anna, der geborenen Habsburgerin, wurde außerdem berichtet, sie sei schon zu Lebzeiten ihres Gatten Ludwigs XIII. die Geliebte des englischen Premierministers Herzog von Buckingham gewesen.

Des Nichte des Kardinalministers, Olympia, war eine herausragende Persönlichkeit, die das Schicksal des Hauses Savoyen-Carignan entscheidend prägte – und somit auch das ihres Sohnes Eugen. Deshalb lohnt es sich, ihren Lebensweg näher zu betrachten. Sie erlebte in ihrer Jugend die Unruhen und den Aufstand der „zweiten Fronde", die ihre Familie zur Flucht nach Deutschland veranlasste. Grund war die Vertreibung des habgierigen Kardinals Mazarin durch die Fronde, in der sich französische Adelige und Bürger zusammengeschlossen hatten. Zur Fronde gehörten auch hohe Beamte in Verwaltung und Gerichtswesen. Die Frondeure, deren Führer die Bourbonenprinzen Condé und Conti waren, warfen Kardinal Mazarin vor, den rücksichtslosen Absolutismus der Krone zu fördern. Zur Flucht gezwungen, traf er mit seiner Familie am 6. April 1651 in Schloss Brühl ein. Der Kurfürst Erzbischof von Köln hatte ihm und seiner Familie Asyl gewährt.

Doch der Sieg der Fronde dauerte nicht lange. Denn der Umschwung zu Gunsten des Kardinals zeichnete sich bereits ab, als die Schwester Olympias, Laura, mit dem französischen Herzog von Mercoer, einem Enkel König Heinrichs IV., der wiederum Großvater Ludwigs XIV. war, auf Schloss Brühl vermählt wurde und dadurch in die höchsten Adelskreise des Königreiches Frankreich eintrat. Ein Sproß aus dieser Verbindung, Louis Duc de Vendôme, ein Vetter Prinz Eugens, sollte später dessen größter militärischer Gegenspieler werden.

Im Februar 1653 traf Kardinal Mazarin mit seiner Familie an der Spitze eines bewaffneten Heeres erneut in Paris ein. Sein Sieg über die Frondeure war gleichzeitig der Sieg des absoluten Königtums und bildete die Voraussetzung für die bedeutende Rolle, die Olympia Manzini am Hofe Ludwigs XIV. spielen sollte. Das höfische Leben, nun nicht mehr bedroht durch Umtriebe und Tumulte, nahm jetzt großartige Formen an. Der junge König Ludwig XIV. war der Mittelpunkt großer Feste, Vergnügungen und ritterlicher Spiele in Paris, St. Germain, Compiègne und Fontainebleau.

Besonders liebte es Ludwig, zusammen mit Mazarins Nichte Olympia, Theaterstücke aufzuführen. Das junge Fräulein Manzini gehörte zu seinem engsten Kreis, was sie einerseits ihrem Liebreiz und Charme, besonders jedoch ihrem stark ausgeprägten Ehrgeiz verdankte. Ausgesprochen schön war sie nicht, verfügte aber über eine starke Ausstrahlung. Sie hatte ein spitzes Kinn, ein langes Gesicht und kleine, lebhafte Augen. Bald war sie tonangebend für das gesellige Leben am Hofe. Ihre Wünsche und Vorschläge wurden überall befolgt. In der Zeit um die Mitte des 17. Jahrhunderts avancierte sie so zur anerkannten Favoritin des lebenslustigen Hofes und zur Liebe König Ludwigs XIV. Ohne den Einspruch des Kardinals hätte Olympia wohl Königin werden können. Jedoch auch der Onkel des Königs, Gaston von Orleans, verbat sich eine solche mögliche Mesalliance. Die Tochter Gastons von Orleans berichtete, Zeitgenossen hätten erkannt, dass es ihr, einer Fremden niedrigen Ranges, wohl nicht anstünde, nach einer so bedeutenden Krone wie der Frankreichs zu greifen. Als dagegen im September 1656 die romantisch-schöngeistige Exkönigin Christine von Schweden, die Tochter Gustav Adolfs, dem französischen Hof in Compiègne einen Besuch machte, empfahl diese wiederum, Olympia mit König Ludwig zu vermählen. Kein Zweifel jedoch bestand bei allen darüber, dass Ludwig in Olympia verliebt war und sie zumindest den Reigen königlicher Mätressen eröffnete.

Als Mazarin seiner Nichte dann allerdings den Vorschlag überbrachte, eine glänzende Partie durch die Heirat mit dem Prinzen Eugen Moritz von Savoyen-Carignan zu machen, zögerte sie nicht lange. Schon im November 1656 bedankte sich Mazarin für die Glückwünsche des Herzogs von Longueville zur anstehenden Vermählung Olympias. Die Hochzeit fand am 21. Februar 1657 statt. Sie wurde jedoch überschattet durch den Tod der Mutter Olympias, die im Alter von 42 Jahren am 23. Dezember 1656 verstorben war. Auch ihre Schwester Laura, die Herzogin von Mercoeur, starb ganz plötzlich im selben Jahr, ebenso ihr in Rom verbliebener Vater.

Olympias Ehemann, der am 3. Mai 1635 in Chambéry geborene Eugen Moritz von Savoyen-Carignan, war fast ganz Franzose geworden, obwohl sein Vater Thomas Franz als jüngerer und somit nicht erbberechtigter Sohn während des Dreißigjährigen Krieges lange Jahre auf spanischer, später erst auf französischer Seite Kriegsdienste geleistet hatte. Der Vater wurde dann nach seinem französischen Besitz Carignan genannt. Die Mutter von Eugen Moritz, Marie von Bourbon, war eine französische Prinzessin, Tochter des Grafen Soissons, einem Vetter König Heinrichs IV. Für den Ehemann der Olympia ergaben sich gute Erbaussichten, denn der ersterbberechtigte ältere Bruder von Eugen Moritz war krank, taubstumm und unverheiratet.

Die Schwiegermutter Olympias, Madame de Carignan, besaß großen Einfluss am königlichen Hof und spielte viele Jahre eine gewichtige Rolle im gesellschaftlichen Leben. Schon länger bestanden gute Beziehungen zwischen ihr und Kardinal Mazarin. Auf diese Weise mag wohl die Verbindung zwischen Olympia und Eugen Moritz zustande gekommen sein.

Der junge Mann Eugen Moritz war darauf bedacht, als Soldat Karriere zu machen und erhoffte sich durch die Verbindung mit Olympia die Protektion des Ministerkardinals. Wie weit das junge Paar ineinander verliebt war, ist nicht bekannt, jedoch ihre Ehe war gut, und der Gatte hat in allen Intrigen und Streitigkeiten immer unerschütterlich auf Seiten Olympias gestanden.

Er musste seine Frau, die gerade ihre erste Schwangerschaft mit einigen Beschwerden erlebte, jedoch bald verlassen, um seine Karriere als Soldat im langjährigen Krieg Frankreichs gegen Spanien zu festigen. Mazarin selbst hatte sich auf dem Kriegsschauplatz im Norden eingefunden und vermittelte ihm die gut dotierte Stelle eines Generalobersten der Schweizer und Graubündener Söldnertruppen. Eugen Moritz unterstanden somit 20.000 Schweizer sowie 10.000 Italiener und Deutsche. Er erhielt hohe Auszeichnungen für die schneidige Abwehr eines Ausfalls aus der belagerten Festung von Montmédy. Am 10. Juli gab Mazarin Marschall Turenne einen Bericht über die Abwehr des Ausfalles. Auf Empfehlung Mazarins holte Marschall Turenne Eugen Moritz dann zu seinem Heer an die Küste nach Dünkirchen. Auch hier kämpfte er mutig mit vollem Einsatz und wurde bald darauf in der Schlacht an den Dünen am 14. Juni 1658 schwer verwundet. Mazarin fürchtete so sehr um sein Leben, dass er 40 Mann seiner eigenen Leibgarde zu ihm sandte, die sich stets bei dem Grafen zu dessen Schutz aufzuhalten hatten.

Es war für Eugen Moritz eine hohe Auszeichnung, als er später mit seiner Frau im Gefolge des Königs an der Fahrt nach St. Jean de Luz teilnehmen durfte, wo Ludwig sich zur Besiegelung des ein Jahr zuvor geschlossenen Pyrenäen-Friedens mit Spanien mit der spanischen Infantin Maria Theresia vermählte. Unterwegs brachte Olympia in Toulouse ihren dritten Sohn zur Welt. Trotzdem war sie bei dem Zusammentreffen des Königs mit dem spanischen Hof dabei.

Eugen Moritz hatte es seiner eigenen Tapferkeit, aber auch wohl der Protektion Mazarins zu verdanken, dass er hier zum Generalleutnant befördert und gleichzeitig mit dem Posten des Gouverneurs der Bourbonnaise ausgezeichnet wurde. Und wieder war es der Kardinal, der darüberhinaus Olympia den herausragenden Posten der „Surintendante" der Königin verschaffte. Mit dem Posten waren hohe Einkünfte verbunden: 7.000 Livres, der gleiche Betrag nochmals als Pension, zusätzlich 3.000 Livres Unterhaltsgeld.

Kurz vor seinem Tode besorgte Mazarin dem Grafen dann noch den ehrenvollen Auftrag, am wiedererrichteten Hof der Stuarts in England nun auch für den jüngeren Bruder Ludwigs, Philipp, um eine Braut königlichen Blutes zu werben. Dazu reiste Eugen Moritz mit großem Gefolge nach England zu König Karl II. Nach erfolgreicher Mission wieder zu Hause angekommen, wurde ihm von König Ludwig das Gouvernement Champagne verliehen. Ein paar Monate später konnte Philipp, der den Beinamen Monsieur trug, die Hochzeit mit Henriette von England feiern.

Eine weitere Ehre erfuhr auch Olympia, als der König ihr gestattete, neben seiner Hofhaltung eine eigene für sich im Hôtel de Soissons einzurichten. Das Hôtel de Soissons an der Rue de Viarmes war der einstige Palast der Königin Katharina von Medici, die das Gebäude von einem Nonnenkloster zu einem zweistöckigen Schloss im Stile der Spätrenaissance umgebaut hatte, inmitten herrlicher Gärten gelegen.

An den Mittelbau mit einer feingliedrigen Fassade schlossen sich auf beiden Seiten Flügelbauten an. Hoch aufragende spitze Dächer und Springbrunnen, verziert mit Skulpturen, ließen Vergleiche mit den Schlössern des höchsten Adels zu. Im Jahr 1610 hatte das Schloss Prinz Karl von Bourbon, Graf von Soissons, erworben. 1760 kaufte die Stadt Paris das später verwaiste und verfallene Anwesen und ließ es abreißen. Heute befindet sich dort der Pariser Markt.

In Olympias Schloss traf sich jetzt die feine Gesellschaft. Rauschende Feste wurden gefeiert. Auch der König war ein täglicher Gast. Es begann eine Epoche höchsten Glanzes, und Olympia wurde wie eine Königin gefeiert. Stets war sie von Zwerghunden und tropischen Vögeln bei ihrer Hofhaltung umgeben. Der Herzog von Saint-Simon berichtet, die Pracht des Hôtels de Soissons sei größer als diejenige am Hofe gewesen.

Kurze Zeit erfolgte eine Unterbrechung der Besuche des Königs im Hôtel de Soissons, als Ludwig XIV. sich in die liebreizende und sehr hübsche Schwester Olympias, Maria Manzini, verliebte. Im Adel und in der Bevölkerung sprach man bereits von Maria als der zukünftigen Königin von Frankreich. Doch die Königinmutter und Regentin, Anna von Österreich, befürchtete durch eine mögliche Hochzeit mit Mazarins Nichte einen noch größeren Einfluss des Ministerkardinals und setzte alles daran, die Verbindung auseinander zu bringen. Sie warf Mazarin, wenn auch nicht öffentlich, vor, die Interessen seines Hauses vor die Interessen Frankreichs zu stellen. Maria Manzini wurde daraufhin vom französischen Hofe verbannt, und Ludwig XIV. musste, tieftraurig über die Trennung, Maria Theresia heiraten, die älteste Tochter König Philipps IV. von Spanien.

Nach der Affäre wandte der König seine Interessen wieder dem Hôtel de Soissons und dessen Herrin zu, denn seine eigene Gemahlin fand Ludwig wenig anziehend. Neben Zerstreuung und Spaß wurde durch Olympias Verbindungen dort auch hohe Politik betrieben. Beförderungen und politische Karrieren hingen weitgehend von der Sympathie der Gräfin von Soissons ab.

Eine enge Freundschaft verband Olympia auch mit der gebürtigen Henriette von England und jetzigen Herzogin von Orleans, der Gemahlin des Bruders des Königs, Herzog Philipp von Orleans, dem Monsieur. Zeitzeugen hielten Henriette für eine der geistreichsten und liebreizendsten Prinzessinnen ihrer Zeit. Die Freundschaft konnte sich umso leichter entwickeln, als Olympia als Oberintendantin der Königin ein prächtiges Appartement im Schloss der Tuillerien zugewiesen worden war. Es bedeutete außerdem ihr höchstes Glück – mit durchaus materiellem Hintergrund – sich im Umfeld des Königs aufhalten zu dürfen und dessen Gunst zu genießen.

Dabei blieb es nicht aus, dass Intrigen unter den Höflingen entstanden. So verwickelte Olympia ihren Gatten in eine Auseinandersetzung mit dem Herzog von Navailles. Die Herzogin war gerade zur Ehrendame der Königin erhoben worden. Der Konflikt fand seinen Höhepunkt, als der Graf von Soissons den Herzog zum Duell aufforderte, das dann allerdings nicht stattfand, weil der Herzog es ablehnte, sich als Christ zu schlagen. Der König war jedoch über diese Affäre so erzürnt, dass er den Grafen, wenn auch nur vorübergehend, vom Hofstaat verbannte. Doch war dies das erste Anzeichen dafür, dass der König seine Gunst, Graf und Gräfin von Soissons betreffend, zurückzuziehen begann.

Die Liebesbeziehung des Königs mit dem hübschen und sanften Fräulein Louise la Vallière und die sich darum rankenden höfischen Intrigen führten zu einer weiteren Abkühlung der Gefühle des Königs für die Gräfin. Olympia wurde erneut in eine Intrige verwickelt, als die Königin den Verdacht hegte, ihr Gemahl würde sich wegen der la Vallière häufiger als üblich zu Besuch bei der Herzogin von Orleans aufhalten, zu deren Hofstaat die Mätresse des Königs gehörte. Angeblich sollte Olympia der Königin diesen Verdacht hinterbracht haben. Die Gräfin lenkte jedoch jegliche Schuld auf die Herzogin von Navailles, die wiederum ebenfalls ihre Unschuld beteuerte. Vergebens, im Jahr 1664 wurden der Herzog und die Herzogin von Navailles gezwungen, ihre sämtlichen Würden niederzulegen und den Hof zu verlassen.

Doch Olympia triumphierte zu früh. Die Intrigen am Hof weiteten sich immer weiter zu einem öffentlichen Skandal aus. In das Gespinst verwickelt war auch der Marquis de Vardes, ein angeblicher Geliebter der Gräfin. Er verschwand auf Befehl Ludwigs in der Bastille. Saint-Simon schreibt, dass er erst zwei Jahre später in sein Gouvernement Aigues-Mortes verbannt wurde. Für Olympia bedeutete der Skandal einen herben Rückschlag. Ihre Freundschaft zur Herzogin von Orleans zerbrach. Fortan waren die zwei Frauen erbitterte Feindinnen. Anfang des Jahres 1665 mussten Olympia und ihr Mann dann sogar auf einen deutlichen Wink des Hofes Paris verlassen und sich auf das Gouvernement des Grafen in die Champagne zurückziehen.

Erst im Herbst des Jahres 1666 durften sie wieder ins Hôtel de Soissons zurückkehren. Als ob nichts vorgefallen sei, begannen jetzt wieder rauschende Feste. Der König selbst führte Olympia zum Tanz, und wieder hielt die Gräfin Hof und trieb mit Gewändern und Schmuck verschwenderischen Aufwand. An den Spieltischen in Paris und Versailles setzte und verlor sie große Summen. Über das Leben und Treiben berichtete der damalige savoyische Gesandte in Frankreich, Marquis de Saint-Maurice, aufschlussreich folgende Episode: Während eines Spielabends habe sich die Gräfin Garamont auf Olympias Stuhl gesetzt und sich nach deren Protest geweigert, diesen wieder zu räumen. Der Graf Garamont sei seiner Frau zu Hilfe geeilt und habe Olympia belehrt, die Stühle wären nicht vermietet. Auf Befehl des Königs musste er sich allerdings später dafür entschuldigen. In dieser Auseinandersetzung schien die Gräfin nochmals gesiegt zu haben, doch ihre unversöhnliche Feindschaft mit Henriette von Orleans ließen ihren Einfluss beim König und bei Hofe immer mehr schwinden.

Nach dem plötzlichen Tod der Herzogin heiratete Monsieur die Pfälzer Prinzessin Liselotte, die Olympia weitgehend gleichgültig gegenüber stand.

Dafür erwuchs ihr jetzt eine neue Feindin: die hochmütige und herrische Marquise de Montespan, deren Einfluss als Mätresse des Königs ungleich größer war, als die der la Vallière. Olympia machte allerdings den großen Fehler einer Ablehnung, als der König ihr empfahl, ihr hohes Amt als Oberintendantin der Königin zu Gunsten der de Montespan abzugeben. Selbst sein Angebot von 200.000 Talern und die Zusicherung, die hohen Würden ihres Mannes auf ihren ersten Sohn übergehen zu lassen, konnten sie nicht umstimmen. Auch den Rat wohlmeinender Freunde, die Rache der Marquise nicht heraufzubeschwören und die Zukunft ihres Sohnes nicht aufs Spiel zu setzen, schlug sie starrsinnig in den Wind. Übel vermerkt wurde ihr zusätzlich, dass sie nach Ausbruch des Krieges gegen Holland enge Verbindungen zu Ausländern, so zum englischen Botschafter Sutherland und dem jungen Herzog von Monmouth, einem Bastard König Karls II. von England, unterhielt und diese zu rauschenden Karnevalsfesten einlud.

Die Demütigungen, die Olympia jetzt vermehrt auf Grund ihres Verhaltens hinnehmen musste, ließ in ihr eine immer größer werdende Abneigung gegen Hof und Höflinge erwachsen, die sie auch ihren

Kindern, vornehmlich dem zweitältesten Julius und dem jüngsten Eugen zu vermitteln verstand. Doch die Söhne der Gräfin waren noch zu jung, um Einfluss auf die Entscheidungen der Mutter zu nehmen. Als Ludwig XIV. sich entschloss, Holland anzugreifen, bat der Graf von Soissons in seinem Rang als Generalleutnant den König um ein Kommando. Im Mai 1672 traf er im Lager des Feldmarschalls Turenne in Charlerois ein. Im Juli 1672 bereits befand er sich bei der Hauptarmee, die von Köln aus am Niederrhein den Angriff gegen Holland führen sollte. Am Rheinübergang bei Schenkenschanze tat sich der Generalleutnant so hervor, dass Saint-Maurice meinte, er wäre zum neuen Marschall von Frankreich prädestiniert. Er erhielt außerdem als hohe Auszeichnung das Kommando, als der König Anfang Juli vor Utrecht seinen Verbündeten, den englischen Generalen, seine Armee vorführen wollte. Auch hier fand er volle Anerkennung seitens des Königs und dessen verbündeter Gäste.

Im Mai 1673 bekam der Graf von Soissons heftiges Fieber. Nach längerem Krankenlager ließ er sich zu einer Kur nach Wesel bringen, wo er jedoch nicht ankam. Unterwegs in Unna musste er Halt machen und verstarb in den frühen Morgenstunden des 7. Juni 1673. Der savoyische Gesandte berichtete, dass König und Generäle im Hauptquartier in Maastricht die Nachricht vom plötzlichen Ableben des Grafen mit Erschütterung aufnahmen. Sehr aufgebracht habe die Umgebung des Königs allerdings auf die von ihm vor seinem Tode geäußerte Vermutung reagiert, er sei vergiftet worden. Eine Obduktion konnte keinerlei Beweis dafür erbringen. [3]

Der Graf hatte die Eskapaden seiner Frau zwar immer gedeckt, in letzter Zeit hatte er jedoch zusehends um seinen guten Ruf gefürchtet. Auf die Nachricht von seiner schweren Erkrankung hatte sich Olympia sofort zu ihm auf den Weg gemacht. Doch schon unterwegs bekam sie die Kunde von seinem Tode.

Dem Rat ihres Schwagers, des Herzogs von Bouillon, und des Marquis de Saint-Maurice folgend, reiste sie daraufhin Anfang Juli 1973 in das Feldlager des Königs in Lüttich. Sie warf sich dem König zu Füßen und bat für ihre Fehler um Vergebung. Ihre Absicht war es wohl, beim König die Übertragung der freigewordenen Ämter ihres Gatten auf den ältesten Sohn zu erreichen, jedoch vergebens. Jetzt rächte sich, dass Olympia den durch ihr Verhalten hervorgerufenen Hass der Montespan unterschätzt hatte, denn diese war es, die dem König zu einer ablehnenden Haltung bewog. Das Gouvernement Champagne und die damit verbundenen hohen Einkünfte wurden dem Bruder der Montespan, Vivonne, übertragen. Die ebenfalls hochdatierte Charge des Generalleutnants der Schweizer und Graubündener Söldnertruppen erhielt der im Jahr 1670 dem König von der Montespan geborene, erst drei Jahre alte Sohn, der seine Legitimation als Herzog von Maine vom König erhalten hatte.

Ein schwerer finanzieller Schlag für die Kinder Olympias, die jetzt ausschließlich auf die Unterstützung des Herzogs von Savoyen angewiesen waren, darüberhinaus eine Niederlage auf der ganzen Linie für Olympia.

Zurück in Paris versuchte sie, ihr altes Leben wieder aufzunehmen. Ihre Depressionen jedoch kompensierte sie, indem sie sich mit Sterndeutern und Wahrsagern einließ. Durch diese Kreise kam sie auch in Verbindung mit einer ehemaligen Hebamme namens Catharina Deshayes, genannt Voisin, der man bald darauf als Giftmischerin den Prozess machte. Auch der Gräfin wurde die Mitschuld an verschiedenen Morden gegeben, und sie lief sogar Gefahr, in die Bastille verbracht zu werden.

Der Arm der Montespan war lang, zumal mit einem so starken Verbündeten wie dem Kriegsminister Luvois, einem Jugendgespielen des Königs, der als Sohn eines Bürgerlichen im Kabinett Mazarins aufgestiegen war. Er hatte ebenfalls eine Rechnung mit der Gräfin zu begleichen, da diese seinem Sohn ihre Tochter hochmütig verweigert hatte.

So verließ die 40jährige Olympia im Januar 1680 fluchtartig bei Nacht und Nebel Paris. Die Herzogin Liselotte von Orleans schätzte die Situation Olympias richtig ein: „Nur wenige Menschen wissen, welche Milde der König eigentlich zeigte, als er der Gräfin von Soissons nahe legte, in das Ausland zu fliehen. Ob sie nun unschuldig war – wie ich selber immer geglaubt habe – oder schuldig, sicher ist, dass im Falle ihres Verbleibens in Frankreich Madame de Montespan und Luvois Zeugen gefunden hätten, die zu schwören bereit waren, sie habe ihren Gemahl vergiftet, und das hätte sie den Kopf gekostet." [4]

Drei Tage nach der Flucht der Gräfin organisierte Luvois vor dem Palais Soissons Demonstrationen bezahlter Straßenausrufer und Trompeter. Olympia hatte die Gefahr richtig eingeschätzt, als sie sagte: „Wenn man gegen eine Frau meines Standes einen Verhaftungsbefehl erlassen hat, so wird man auch das Verbrechen vollenden und mich das Schafott besteigen lassen." [5]

Olympia begab sich nach Flandern, immerhin noch vorher vom König durch ihren Schwager Bouillon von der anstehenden Verhaftung gewarnt. An den Giftmorden, die in gehobenen Kreisen in Paris vorgekommen waren, war die Gräfin jedoch erwiesenermaßen völlig unschuldig. Welches Kräutergemisch ihr wohl eher getaugt und vorgeschwebt hätte, war ein Liebestränklein, um damit die Gunst eines hohen Fürsten zurückzuerlangen.

Ihre sieben Kinder, fünf Söhne und danach noch zwei Töchter, hatte sie in der Obhut ihrer Großmutter, der herrischen Gräfin Carignan, Witwe des Obersthofmeisters des Königs, zurücklassen müssen.

Der älteste Sohn Olympias, Thomas Ludwig, Graf von Soissons, startete durch die Fürsprache der Großmutter eine erfolgreiche Karriere als Oberst des Regiments Soissons. Auch der König unterstützte den jungen Adligen. Er wollte die Familie Soissons, die so eng mit den Geschicken Frankreichs verbunden war, wohl nicht ganz verstoßen. Jedoch durch Thomas Ludwigs unstandesgemäße Heirat mit der bildschönen Urania de la Cropte, der Tochter des François de Beauvais, Stallmeister des Prinzen Condé, über die Saint-Simon urteilte, sie sei „strahlend schön wie der herrlichste Tag", zerschlugen sich die Hoffnungen nicht nur der ins Ausland verbannten Gräfin. Ihr Sohn kam somit als Anwärter auf die etwaige Thronfolge von Savoyen und Piemont nicht mehr in Frage. Vor der Eheschließung soll er von seiner Familie sogar als Bewerber auf den polnischen Thron nach dem Tode des Königs Michael Wisniowieckis von Polen vorgeschlagen worden sein. Doch durch die Wahl König Johann Sobieskis erübrigte sich dann dieser Plan.

Olympia, Gräfin von Soissons, hat französischen Boden jedenfalls nie mehr betreten.

Eugens Jugend

Olympias jüngster Sohn, Prinz Eugen, war zum Zeitpunkt der Flucht seiner Mutter siebzehn Jahre alt. Wie seine Geschwister war auch er unter die Obhut der Großmutter gekommen, in deren Familie auch ständig ihre Tochter Luise Christine lebte, obwohl diese mit dem Markgrafen Ferdinand Maximilian von Baden verheiratet war. Sie hatte einen Sohn, der später ein berühmter Feldherr werden sollte: Ludwig Markgraf von Baden.

Schon als Kind begeisterte sich Eugen für den Beruf des Soldaten und eignete sich so viele Kenntnisse über das Kriegshandwerk wie nur möglich an. Als Jüngling waren seine Lieblingsfächer Mathematik und Geometrie. Darin und in Fragen der Kriegskunst unterrichtete ihn der hervorragende Gelehrte Joseph Sauveur, ein Freund des berühmten Festungsbauers und Marschalls Vauban. Mit Begeisterung las er Curtius, der Leben und die Kriege Alexanders des Großen beschrieb, sowie alles über den römischen Imperator Cäsar und dessen Eroberungspolitik und seine Feldzüge.

Da er von Statur klein und schmächtig war, begann er schon früh Sport zu treiben, zu reiten und fechten, um seinen Körper für den ersehnten Beruf des Soldaten zu stählen.

Er musste außerdem damit leben, von der Natur auch im Aussehen benachteiligt worden zu sein. Von der italienischen Herkunft stammte seine damals nicht als vornehm geltende braune Hautfarbe, die Oberlippe war zu kurz, wodurch seine Vorderzähne ständig sichtbar wurden. Das Gesicht war lang mit hoher Stirn und einem scharfen, fast eckigen Kinn. So war der erste optische Eindruck, den Prinz Eugen machte, nicht gerade positiv. Doch seine grauen, durchdringenden Augen nahmen sofort für ihn ein und verschafften ihm Sympathien.

Prinzessin Elisabeth Charlotte von Orleans beschrieb ihn 1709 „als klein, aber mit Verstand. Sein Aussehen ist hässlich – er hat ständig einen offenen Mund – seine Nase ist aufgeschnupft und die Nasenlöcher sind viel zu groß. Seine Augen jedoch sind schön, geistreich und bedeutend." [6]

Der prachtliebende König Ludwig dagegen umgab sich nur mit schönen Menschen. Hässlichkeit konnte er nicht ausstehen. Dass er jedoch dem jungen Savoyer Prinzen die kalte Schulter zeigte, fand beim Hofe Unverständnis, zumal unter vorgehaltener Hand darüber gesprochen wurde, dass er an dessen Existenz nicht ganz unschuldig sei. Ludwig vertrat die Meinung, für den jungen, nicht gerade gut aussehenden Eugen sei nur eine geistliche Karriere geeignet, und so musste Eugen schon im Kindesalter geistliche Kleidung tragen und mit einer Tonsur herumlaufen. Am Hof von Versailles war er nur als „L'abbé de Savoye" bekannt. Eugen bestand jedoch nach wie vor darauf, Soldat zu werden.

Kaiser Leopold I. (1640-1705)

Der historische Hintergrund des Habsburger Kaiserreiches

Als Prinz Eugen von Savoyen-Carignan im August 1683 als Zwanzigjähriger in kaiserliche Dienste unter Kaiser Leopold I. eintrat, war der Staatshaushalt des Habsburger Reiches marode. Ununterbrochene Kriege hatten Unsummen Geldes gekostet und zehrten am Vermögen. Hinter der glanzvollen Fassade des Hofes und der Fürsten des Hochadels nahm das Volk, das zu zwei Dritteln aus Bauern bestand, seine völlige Verarmung gottergeben hin. Der fürstliche Absolutismus, gegründet auf das Gottesgnadentum, verlangte vom Volk absoluten Gehorsam und Unterordnung. Herkunft und Rang waren das Zeichen göttlicher Gnade. Religiosität von Kaiser, Adel und Volk verklärte die zeitlichen Geschehnisse und die Zustände des maroden Staates und wurden von Adel und Ständen als gottgegeben hingenommen. Das bedingte eine gewisse Trägheit und Unentschlossenheit, die gewähren ließ, ohne zu verhindern.

In dieses Bild passte der Mann, der sämtliche Zügel des Reiches in den Händen hatte oder zumindest haben sollte, Kaiser Leopold I.. Er wurde 1658 gegen die Kandidatur des Franzosenkönigs Ludwigs XIV. zum Kaiser des deutschen Reiches gewählt. Er war fromm und sittenstreng, voller Milde, jedoch ohne Entschlussfreudigkeit. Politisches und militärisches Denken fehlte ihm, dafür verfügte er über ungewöhnliche geistige und künstlerische Fähigkeiten. Als begabter Komponist schuf er allein 200 Werke.

In seiner Jugend war er für den geistlichen Beruf erzogen worden, den er gerne ausgeübt hätte. Er wäre dafür geschaffen gewesen. Jedoch durch den plötzlichen Tod seines älteren Bruders musste er entsagen.

Das lähmende Phlegma während seiner Regentschaft übertrug sich auf seine Beamtenschaft und führte zu einem „pflichteifrigen Schlendrian". Als Folge der Entschlusslosigkeit des Kaisers konnte man auch von der Verwaltung des Staates keine Entscheidungen erwarten. Eine finanzielle Krise im Staatshaushalt folgte auf die andere.

Der Großadel versagte dem Kaiser Darlehen, die er noch seinem Vorgänger Ferdinand III. freiwillig gegeben hatte. Eigenhändige Bittbriefe des Kaisers wurden einfach missachtet. Die Hochadligen Schwarzenberg, Auersberg, Gozage, Starhemberg und viele anderen wiesen das Ansinnen des Kaisers auf finanzielle Unterstützung ab. Zum Teil wurden Bittbriefe nicht einmal geöffnet. So meinte Fürst Portia, er kenne den Inhalt auch so. Feldmarschall Graf Montecuccoli zog es vor auszureiten und ließ den kaiserlichen Boten einfach stehen. Der Erzbischof von Gran schickte statt Geld Ermahnung zur Sparsamkeit. [7]

Als Spitze der Verwaltung war die Hofkammer vorgesehen. Jedoch machten etwa zwanzig weitere Nebenkammern nicht nur in der finanziellen Verwaltung die Zusammenarbeit unübersichtlich. Staatsetats wurden nur dreimal erstellt: in den Jahren 1670, 1674 und 1677. Ansonsten lebte der Staat von der Hand in den Mund. Entsprechend gab es eine kaum vorstellbare Lässigkeit in der Bearbeitung sämtlicher Vorgänge durch die Beamten.

In den Provinzen fehlte die Beamtenschaft nahezu vollkommen. Offiziere und die Geistlichkeit vertraten den Staat. Die einzigen Verwaltungsfachleute waren die Steuereintreiber. Die Gerichtsbarkeit lag in den Händen der Grundherren, Schule und Unterricht in denen der Kirche.

Innere Pflichten wurden vernachlässigt, ausschließlich Eroberungspolitik in der Welt war wichtig. Das hatte die permanente Erschöpfung des Landes zur Folge. Die Staatseinnahmen kamen normalerweise zum einen aus den Erträgen der fürstlichen Güter, der sogenannten Camerale, andererseits aus der Contributionale, den Steuern. Jede Steuerquelle hatte einem bestimmten Zweck zu dienen. Nur flossen diese Quellen kaum mehr. Domänen und Regalien waren belastet oder verpfändet, der Verbrauch des kaiserlichen Hofes mit seiner spanischen Etikette war groß, obwohl der Kaiser selbst äußerst sparsam lebte.

1667 fand die Hochzeit zwischen Leopold I. und seiner Nichte und Cousine Margarita Teresa von Spanien statt. Kaiser Leopold I. machte sich Hoffnungen, durch die Vermählung nach dem Tode von Margarita Teresas Vater, König Philipp IV. von Spanien, dessen Nachfolger als spanischer König zu werden. Damit wäre seine Macht größer und strahlender geworden als die des Sonnenkönigs Ludwigs XIV., der mit der älteren Schwester Margarita Teresas verheiratet war und bereits auf das Erbe Spaniens verzichtet hatte.

Die junge Kaiserin von Österreich galt als liebreizendes und sehr schönes Geschöpf. Fünfzehn Jahre war sie alt, als sie ein Jahr vor der Hochzeit aus Spanien nach Wien angereist war. Zur Hochzeit wurde der ganze Prunk der spanischen Hofetikette entfaltet. Mit einem fantastischen Rossballett in der kaiserlichen Burg präsentierte man sich der Welt als mächtigste Dynastie. 73.000 Raketen schrieben das „vivat Austria" und „vivat Espania" in den Himmel über Wien.

Sehr strenge Regeln beherrschten das spanische Hofzeremoniell. Eine eigene Zeremonial-Wissenschaft beschäftigte sich ausschließlich mit den Fragen von Rang und Ritual. Regeln, die bis zum Untergang der Habsburger Monarchie 1918, nach dem verlorenen Ersten Weltkrieg, gültig waren. Nur wenige Bedienstete hatten Zugang zu den getrennten Gemächern von Kaiser und Kaiserin im ersten Stock der Wiener Hofburg. Der Kaiser wohnte auf der einen Seite, die Kaiserin auf der gegenüberliegenden Seite. Streng achteten Oberstkämmerer und Obersthofmeister darauf, wer je nach Rang die fünf Gemächer vor dem Allerheiligsten – der Ratsstube –, dem letzten Saal vor der privaten Zimmerflucht des kaiserlichen Paares betreten durfte. Der Einlass in die Ratsstube war nur ausgesuchten Adligen, Kammerherren, Botschaftern, Gesandten und Bischöfen erlaubt. Vor jedem Zimmer wachten Türsteher darauf, dass kein Unbefugter die Rangfolge durchbrechen konnte. Neunhundert Adlige gehörten zum kaiserlichen Hofstaat; die Kaiserin hatte zusätzlich noch ihren eigenen Hofstaat.

Dem Herrscherpaar durfte sich nur mit dem Kniefall genähert werden. Selbst bei Abwesenheit des Kaiserpaares musste sich jeder Besucher vor Thronbaldachin und Thronsessel verbeugen. Die Mahlzeiten fanden im absoluten Schweigen statt, Befehle wurden nur durch Gesten erteilt. Jeder Handgriff beim Servieren – wer welche Gegenstände reichen durfte – war mit der Präzision eines Uhrwerkes eingeübt und vorbestimmt. Es gab nur ein Gesetz, dem alles unterlag: das Symbol der Herrschaft zu legitimieren. Wenn der Kaiser in seiner schwarzen Kutsche ausfuhr, die nicht, wie beim Adel sonst üblich, goldbesetzt war, durfte seine Frau nicht neben ihm sitzen. Ihr Platz war die gegenüberliegende Bank, die jedoch um einen Zoll tiefer gelegt war.

*Philipp Ludwig Graf von Sinzendorf, Hofkanzler
(1671-1744)*

Eine kurze Flucht aus dem Zwang des strengen spanischen Hofzeremoniells leistete sich das Kaiserpaar, wenn es mit den Kindern in das barocke Lustschloß Favorita auf der Wieden am Rande Wiens zog. Dort war die Familie unter sich und konnte ohne übertriebene Etikette ein harmonisches Familienleben führen.

Das Hofzeremoniell am französischen Hof war im Gegensatz dazu völlig anders. Lebenslustig ließ sich Ludwig XIV. schon nach dem Aufstehen von Ministern und dem Hofstaat ankleiden, wohingegen die Habsburger Herrscher äußerst zurückgezogen lebten.

Bei der Geburt der Kaiserin Margarita Teresa 1651 war das von ihrem Urgroßvater Kaiser Karl V., dem Beherrscher eines Reiches, in welchem die Sonne nicht unterging, eingeführte spanische Hofzeremoniell bereits ein Jahrhundert alt. Karl V. war zudem Erbe des Herzogtums Burgund und übernahm viele zeremonielle Gepflogenheiten des am Ausgang des Mittelalters prunkvollen Hofes von Burgund.

Das Ritual hatte den Herrscher als Stellvertreter Gottes auf Erden ständig zu feiern. Neben der burgundischen Prachtentfaltung ergänzte Kaiser Karl V. das Hofzeremoniell noch durch eine streng katholische Prägung, fromm und nach innen gekehrt. Die göttliche Position des Kaisers wurde jeweils in der Karwoche am Gründonnerstag zelebriert, dadurch, dass das Kaiserpaar zwölf Bedürftigen die Füße zu waschen hatte und ihnen anschließend im Empfangssaal Speisen und Wein servieren musste. Wie es von Christus in der Bibel berichtet wurde, kleidete man die Armen darüberhinaus im Anschluss in neue Gewänder ein.

In der Hofburg war schwarze Kleidung vorgeschrieben. Die Damen trugen schwarze Kleider mit farbigen Bändern und weißen Kragen. Ausnahmen waren nur gestattet, wenn das Kaiserpaar vom Hofe abwesend war. Die Herren – auch der Kaiser – trugen das schwarze „spanische Mantelkleid", ein halblanger Umhang aus Seide, dazu knielange Pumphosen und einen Federhut.

Besondere Bedeutung kam dem Hofzeremoniell im Umgang mit Diplomaten zu. Die Ehrbezeugungen einem fremden Gast gegenüber mussten präzise abgestimmt erfolgen. Eine Kommission geheimer Räte hatte darüber zu befinden, welchen Rang ein Gast einnahm und dem Kaiser Vorschläge zur darauf abgestimmten Begrüßung zu machen. Wie viele Stufen beispielsweise der Kaiser dem Gast entgegenkommen durfte, um dessen Rang nicht zu überhöhen, ihn aber auch andererseits nicht zu beleidigen. Einzelheiten wurden peinlich genau in Protokollbüchern festgehalten.

Die Gottähnlichkeit des Kaisers konnte jedoch nicht verhindern, dass Korruption im Staate unter Adel und Beamtenschaft bis in die Spitze vordrang. So zeigte sich nach einem langen Prozess, dass der Präsident der Hofkammer, Graf Georg Ludwig von Sinzendorf, in den 22 Jahren, in denen er der obersten Finanzbehörde vorstand, bedeutende Unterschlagungen begangen hatte.

Eine planvolle Wirtschaftspolitik wurde nicht betrieben. Nicht genug damit, dass die Staatskasse leer war, der Zufluss von Waren aus dem Ausland wurde systematisch unterbunden. Schlechte und unsichere Straßen, Maut und Zollschranken von einem Distrikt zum anderen, Monpole, die die Preise hochtrieben und die bei weitem bessere Konkurrenz verhinderten, taten ein übriges.

Daneben gab es Erschwernisse durch eine Vielzahl verschiedenwertiger Münzen, deren Einheitlichkeit aus Egoismen verhindert wurde. Dazu herrschte ein Bürokratismus, der wie eine alles erstickende Decke über allem lag. Hohe Zölle sollten das Geld im Lande lassen. Die Einfuhr von Industrieerzeugnissen aus dem Ausland wurde außerdem durch den sich anbahnenden Merkantilismus erschwert.

Das einheimische Gewerbe sollte geschützt und aufgewertet werden. Das wiederum bewirkte eine erhebliche Machtzunahme der Zünfte, deren Satzungen jedoch noch aus dem Mittelalter stammten und somit rückständig und unzeitgemäß in ihren Privilegien waren. In Folge dessen blühte nur das Kleingewerbe, ein modernes Fabrikwesen fehlte völlig.

Bedingt durch den desolaten Zustand der kaiserlichen Finanzen mussten Volk und Soldaten oft im trostlosen Elend vegetieren. Zur Linderung nahm der Staat Kredite auf; das bedeutete nichts anderes, als die Probleme des Staatswesens in keiner Weise zu lösen, sondern sie lediglich in die Zukunft zu verschieben. Erst die große Finanzreform der Kaiserin Maria Theresia sollte diesem unhaltbaren Zustand ein Ende setzen.

Den mehrmalig erwarteten Zusammenbruch des Hauses Habsburg verhinderten nur die solide Agrarstruktur Österreichs und seiner Randgebiete, sowie die Politik der Seemächte, namentlich Englands, die mit großen Summen von Hilfsgeldern in die kontinentale Politik eingriffen.

*Kaiserlicher Generalleutnant Herzog Karl V. von Lothringen
(1643-1690)
Kupferstich von N. Vischer*

Das sprichwörtliche Glück der Habsburger schenkte dem Reich in der größten Not zwei geniale Feldherren. Der eine, Markgraf Hermann von Baden, hatte gegen Türken und Ungarn gekämpft, danach 10 Jahre als Generalfeldzeugmeister und Befehlshaber der Artillerie an den Feldzügen gegen den Franzosenkönig Ludwig XIV. teilgenommen. Nach dem Tod des großen Marschalls Montecuccoli übernahm der fünfzigjährige das Amt des Hofkriegsratspräsidenten. Der zweite, ein Schwager des Kaisers, Herzog Karl von Lothringen, dem Ludwig XIV. gerade sein Land geraubt hatte, übernahm als Generalleutnant den Oberbefehl über die Armee.

Der Tiefstand der österreichischen Finanzmisere dürfte um das Jahr 1700 gewesen sein. Sogar die Kronjuwelen, soweit sie nicht schon versetzt worden waren, standen zum Verkauf.

In seiner Not beschaffte sich der Kaiser Darlehen bei dem jüdischen Kaufmann und Geldverleiher Samuel Oppenheimer, der schon 1672 das kaiserliche Heer im Auftrag des Markgrafen Hermann von Baden mit Proviant und Schießpulver versorgt hatte, als Teile des Heeres unter Marschall Montecuccoli am Rhein gegen die Truppen Ludwigs XIV. kämpften. Belegt ist ein Schreiben Oppenheimers an den Kaiser vom 11. Januar 1691, in dem er aus Heidelberg flehentlich um die Rückzahlung von Außenständen in Höhe von 40.000 Talern bittet. [8]

Wieder und wieder besorgte Oppenheimer dem Kaiser und seinen Generälen Bargeld für den Sold der Soldaten, für Lebensmittel, Waffen und Munition. Oft musste er auf die Einlösung seiner Wechsel monatelang warten, da des Kaisers Schatullen leer waren. Missgünstige und Neider – Oppenheimer hatte zahllose Gegner – versuchten ständig, ihn beim Kaiser anzuschwärzen. Doch immer wieder schaffte es Oppenheimer, seine Kreditwürdigkeit, „sein kostbarstes Kleinod" wie er es nannte, bei seinen Zulieferern zu erhalten. Der Kaiser ernannte ihn sogar zum Kriegsfaktor, einem offiziellen Armeelieferanten. Keine leichte Stellung: von seinen Gläubigern verständlicherweise nicht immer geliebt und von den Soldaten gehasst. Denn wenn die Verpflegung zu schmal, manchmal auch schlecht war oder gar nicht kam – immer galt der Kriegsfaktor als Schuldiger.

Der hingegen lieferte wirklich alles: Pferde für die Kavallerie, Zugtiere für die Artillerie, den gesamten Train, ebenso wie die Einrichtungen der Feldlager; darüber hinaus ganze Spitäler, Brückenmaterial, Kau-

*Abb.1: Leopold I., Kaiser des Heiligen Römischen Reiches Deutscher Nation
Anonymer Künstler*

Abb. 2: Jules Mazarin, Kardinal und französischer Minister (1602-1661)
Gemälde von Pierre Mignard

Abb. 3: Ludwig XIV., König von Frankreich im Krönungsornat (1638-1715)
Gemälde von Hyacinthe Rigaud

*Abb. 4: Jugendbildnis des Prinzen Eugen
Anonymer Künstler*

tionen für die Verbündeten und sogar die Pensionen für die Offiziere – und das alles auf Pump. Die Rückzahlung aus des Kaisers Finanzverwaltung – der Hofkammer – kam wie gesagt stockend. Oppenheimers Forderungen wurden immer höher und erreichten bald Millionenhöhe. Das Engagement Oppenheimers für den Kaiser ist vergleichbar mit dem der Medicis im Dienste der Päpste und dem der Fugger im Dienste Karls V. Er wurde zum ersten Bankier des Kaiserreiches.

Sein investiertes Kapital ließ sich Oppenheimer mit 6% verzinsen. Dazu kamen 3-4% Provision und bis zu 5% Wechselagio. Als er selbst 1696 Verluste einfuhr durch den Wechselkurs zwischen österreichischer Währung und jenem der Länder des übrigen Reiches, stieg sein Zinsfuß bis auf 12%. [9]

Ein anderes, nicht ganz legales Mittel der Geldbeschaffung der Habsburger war die sogenannte Devalation, die Geldverschlechterung. Die Münzeinheit im Habsburger Reich war der silberne Reichstaler, der Gulden dagegen war die Verrechnungseinheit. Zwischen den beiden gab es Schwankungen. Um nun das Silbergeld zu vermehren, wurden die voll silberhaltigen Münzen eingeschmolzen und mit Zusätzen anderer Metalle neu geprägt. Auf diese Weise vermehrten sich die Reichstaler, deren Wert dadurch allerdings auf längere Sicht sank.

Um sich ein Bild über die Geldleistungen und Größenordnungen der damaligen Zeit zu machen, sei ein Beispiel angeführt: Am Hofe des Kurfürsten von Bayern bekam ein Fuhrknecht einen jährlichen Lohn von 73 Gulden, der Kutscher 164, der Hoflakai 217, der Koch 400, der Kammerdiener und der Hofmusikant je 500, der Arzt 1.000 und Oberhofmeister und Minister je 3.500 Gulden. Der gesamte Hofstaat Bayerns als Beispiel umfaßte 1028 Personen und kostete 321.160 Gulden im Jahr, zuzüglich Kost und Logis. Zum Vergleich die Kosten einiger Waren: ein Kommissbrot kostete 57 Kreuzer, ein Fass Wein 3 Gulden, ein Hemd 60 Kreuzer und ein Paar Schuhe, je nach Qualität, 50 Kreuzer bis 1 Gulden, wohingegen Luxusgüter erheblich teurer waren.

Für die Verpflegung eines Soldaten berechnete die Hofkammer monatlich 4 Gulden und für die eines Pferdes 3 Gulden. Mit diesen Aufwendungen waren die Naturalleistungen – Kost und Logis – bei den Einquartierungen in den Ländern zu verrechnen. Dafür standen jedem Soldaten täglich zwei Pfund Brot, ein Pfund Fleisch, ein Liter Wein oder zwei Liter Bier zu, außerdem hatte er Anspruch auf freie Unterkunft. Die Aufwendungen mussten die Stände erbringen und konnten diese dann von den geschuldeten Reichssteuern abziehen. [10]

Wo allerdings nichts zu holen war, weil die Bevölkerung bereits viele Male ausgeplündert worden war, „da hatte der Kaiser sein Recht verloren", und so kam es, dass sich oftmals die Soldaten und Regimenter nach den Schlachten auf dem Rückweg durchbetteln mussten. Prinz Eugen schrieb an den Kaiser auf dem Heimweg von Italien: „Wann der Soldat kein Brot hat, als wie es in diesem schweren Feldzug schon mehrmals erfolgt ist, so ist hart zu hüten, dass er nicht darob in Unordnung gerate und anderweitig Lebensmittel suche." [11]

Im Jahr 1680, vor erneuten Türkenkriegen, verbesserte sich die finanzielle Situation des Hofes leicht. Dem betrügerischen Grafen Sinzendorf folgte als Hofkammerpräsident der Baron Christoph Abele, eine energische, sachkundige und integere Persönlichkeit. Dieser versuchte erfolgreich, die verfahrene finanzielle Situation des Staates durch unpopuläre und harte Maßnahmen in den Griff zu bekommen. Weder verschonte er die Gehälter der Beamten, noch machte er Halt vor den Ausgaben des Hofes. Überall wurde gekürzt. Im Kaiser fand er seinen Verbündeten.

Der neue Druck der Regierung auf pünktliche Zahlung der Steuern galt hingegen unter den Ständen als willkürlicher Eingriff, hatte ihnen doch Sinzendorf endlose Stundungen erlaubt. Eine zusätzliche Vermögenssteuer, die sogenannte Türkensteuer, wurde eingeführt, und es kam fast zu Aufständen. Selbst der Papst in Rom sah die Notwendigkeit von Reformen ein und erlaubte eine Besteuerung des Klerus. Alle diese Maßnahmen waren unvermeidlich. Es mussten die Kosten für eine neu aufzustellende Armee von 80.000 Mann erwirtschaftet und außerdem sichergestellt werden, dass die durchziehenden Hilfstruppen verproviantiert werden konnten.

Dennoch hätten die Anstrengungen alleine ohne die Subsidien des Papstes und der Verbündeten nicht ausgereicht. Der kaiserliche Haushalt wäre zusammengebrochen. Der Papst überwies im Jahr 1683 eine Million Gulden, Großherzog Cosimo von Florenz, sowie Genua, Savoyen, Polen und Deutschland sandten finanzielle oder materielle Hilfe. Selbst das ferne Portugal überwies 100.000 Taler an die Hofkammer. Eine große Welle von Hilfsbereitschaft erfasste ganz Europa vor den anstehenden Türkenkriegen.

Nach dem Tode Kaiser Leopolds I. folgte ihm sein erstgeborener Sohn als Kaiser Joseph I. auf den Thron. Prinz Eugen, der unter drei Habsburger Kaisern diente, stand Joseph menschlich und in seinen Ansichten am nächsten. Nach dem frühen Tod Kaiser Josephs folgte diesem der zweitgeborene Sohn Leopolds I. als Kaiser Karl VI. Er hatte bereits viele Jahre als König von Spanien regiert. Prinz Eugen beschrieb einmal seine Dienste unter den drei Habsburger Kaisern folgendermaßen: Kaiser Leopold I. sei sein Vater gewesen, Kaiser Joseph I. sein Freund und Kaiser Karl VI. sein Herr.

Die schlechte finanzielle Verfassung des Habsburger Reiches hatte jedoch unter den drei Kaisern, die nahezu ständig in Kriege verwickelt waren, zu keiner Zeit eine Verbesserung erfahren.

Die Raubzüge Ludwigs XIV.

Im Vorgriff auf eine rechtmäßige Regelung für das aussterbende Habsburger Königshaus in Spanien setzte sich Ludwig XIV. in den Besitz der reichen spanischen Niederlande, dem heutigen Belgien. Er rechtfertigte seinen Raubzug mit dem in brabantischen Provinzen geltenden sogenannten „Devolutionsrecht". Danach stand den Kindern aus erster Ehe das Eigentumsrecht an den Erbgütern des Vaters zu. Seinen Anspruch begründete er dadurch, dass seine Gemahlin aus der ersten Ehe des verstorbenen Philipps IV., ehemals König von Spanien, stammte, während der jetzige schwerkranke König von Spanien, Karl II., ein Spross aus Philipps zweiter Ehe war. Es scherte Ludwig nicht, dass diese Regelung nur privatrechtlich anzusetzen war, und so eroberte er zwölf flandrische Festungen und ließ sich seinen Raub im Frieden von Aachen 1668 absegnen.

Mazarin hatte die Raubzüge Frankreichs gut und weitsichtig vorbereitet. Im Jahr 1657 schlug er dem Reichstag den 19jährigen Ludwig für die Wahl zum Kaiser des Heiligen Römischen Reiches Deutscher Nation vor. In späteren Briefen gab er jedoch zu, dass er die Kandidatur damals nur als vorbeugendes Manöver ansah, um beim Habsburger Leopold sicher zu stellen, dass dieser im Falle eines spanisch-französischen Krieges keine Hilfe in den spanischen Gebieten Italiens und den Niederlanden leisten würde.

Der Zusammenschluss rheinischer Fürsten mit Frankreich im Rheinbündnis, das nach außen hin zur Aufrechterhaltung des Westfälischen Friedens geschlossen war, zeitigte für Mazarin einen weiteren Erfolg, denn in Wirklichkeit bot die Allianz die Möglichkeit der Vorbereitung für weitere Raubzüge. Die Verträge mit den Rheinfürsten ermöglichten die Aufstellung eines dafür notwendigen gewaltigen französischen Heeres. [12]

Das nächste Ziel des Franzosenkönigs war das deutsche Herzogtum Lothringen. 1670 ließ er es von seinem Heer besetzen. Wieder suchte und fand er einen Rechtfertigungsgrund in der sogenannten „Reunion", wonach Gebiete, die in grauer Vorzeit einmal Gallien gehörten, mit Frankreich wieder vereint werden sollten. Von dem zerstückelten und durch den Dreißigjährigen Krieg ausgebluteten Deutschland war von ihm kein Widerstand erwartet worden, was sich als richtig erwies.

1672 fiel Ludwig XIV. daraufhin in Holland ein. Erstmals stand ihm jetzt ein Gegner gegenüber, der Brandenburgische Kurfürst Friedrich Wilhelm, später der Große genannt. Im Frieden von Nymwegen musste Spanien auf die Grafschaft Burgund, wie auf Valenciennes und Cambrai zugunsten Frankreichs verzichten. Der Habsburger Kaiser Leopold I., der erstmals in die Kämpfe eingegriffen hatte, erhielt zwar die Festung Philippsburg, musste aber Freiburg im Breisgau an Ludwig abgeben.

Als nächstes überfiel der König Straßburg unter Bruch des Friedensabkommens, um das Elsass vollends in Besitz zu nehmen. Diese Eroberung brachte Ludwig XIV. auf den Zenit seiner Macht. Er war jetzt der Sonnenkönig geworden.

Mit zu verdanken hatte Frankreich seine jetzige Größe und Vormachtstellung auch seinem nicht minder großen Minister Colbert. Durch eisernen Fleiß und in unermüdlicher Arbeit hatte dieser den Staatshaushalt zur Blüte gebracht. Es entstanden neue Industrien und Fabriken. Er unterstützte die Landwirtschaft, machte sie ergiebig und förderte den Handel. 1664 gründete er die Ostindienkompanie. Weitsichtig trieb er auch den Erwerb von Kolonien, so die kleinen Antillen, Cayenne, Luisiana und Teile von Kanada voran. Im Lande baute er Teerstraßen und Kanäle. Die Verwaltung wurde durch Gesetzbücher gefestigt. Durch alle diese Maßnahmen brachte er die jährlichen Staatseinnahmen des Königreiches auf 120 Millionen Livres, wohingegen diejenigen des Habsburger Reiches nur ein Zehntel davon betrugen. Das französische Landheer erhöhte er auf eine Zahl von 200.000, dagegen bestand das österreichische nur aus 30.000 Mann.

Eintritt ins Kaiserliche Heer

Im Februar 1683 fasste Eugen den Entschluss, sein Priestergewand abzulegen. Er war jetzt 20 Jahre alt. Als er seine Entscheidung der Großmutter mitteilte, reagierte sie ohne Verständnis, und so musste er – völlig mittellos – deren Haus verlassen. Er nahm sich eine kleine Wohnung in der Stadt. Nicht genug damit, beeinflusste die Großmutter auch noch Eugens Onkel Carignan, der bisher zu Eugens Lebensunterhalt beigetragen hatte, ihm seine Unterstützung zu entziehen. So blieb Eugen nichts anderes übrig, als Schulden zu machen, die er allerdings später auf Heller und Pfennig selbst an diejenigen seiner Gläubiger zurückzahlte, die ihr Darlehen längst vergessen hatten. In einem Brief schrieb Liselotte, Herzogin von Orleans: „Hier hatte er viele Schulden gelassen, sobald er in kaiserliche Dienste getreten und Geld bekommen, hat er alles bezahlt, bis auf den letzten Heller; auch die, so keinen Zettel noch Handschrift hatten, hat er bezahlt, die nicht mehr daran dachten." [13]

Zudem war Eugen jetzt auf die Hilfe seines Freundes, des zwei Jahre älteren Ludwig Armand Prinz von Conti angewiesen. Der Prinz war ein Neffe des Großen Condé und ein Schwiegersohn des Königs, er hatte dessen legitimierte Tochter der la Vallière, die Prinzessin Blois geheiratet.

Der Freund beschaffte Eugen eine Audienz beim König. Dort trug er seinen Wunsch vor, in die Armee des Königs aufgenommen zu werden. Als Prinz eines fürstlichen Hauses hätte ihm in der Kavallerie eine Kompanie, bei der Infanterie sogar ein französisches Regiment zugestanden. Der König lehnte jedoch das Ansinnen des jungen Eugen schroff ab. Später einmal befragt, warum er der Bitte um Aufnahme in das Königliche Heer nicht nachgekommen sei, soll er gesagt haben: „Nie hat jemand gewagt, mir mit zwei Augen wie ein zorniger Sperber, so ins Gesicht zu starren." [14]

Als Folge der ablehnenden und kränkenden Entscheidung des Königs brach in Eugen die Erinnerung an die schmähliche Behandlung seiner Mutter und die zweimalige Verbannung seines Vaters vom Hofe erneut schmerzlich durch. Er soll sich damals geschworen haben, Frankreich für immer den Rücken zu kehren, nur mit der Waffe in der Hand wollte er zurückkommen.

Auch der ältere Bruder Eugens, Ludwig Julius, meinte, vom Hofe nicht standesgemäß behandelt worden zu sein, denn auch er wurde auf sein Ersuchen hin nicht in die Armee des Königs aufgenommen. Kriegsminister Luvois hatte sich nach der schmählichen Abfuhr durch Olympia geschworen, dass kein Mitglied der Familie Soissons jemals mehr ein französisches Offizierspatent erhalten werde. Enttäuscht trat Ludwig Julius vor dem Türkenkrieg daraufhin in das Kaiserlich Österreichische Heer ein. Kaiser Leopold I., froh über jede Unterstützung, übergab ihm bald darauf als Dragoneroberst ein Regiment.

Am Morgen des 23. Juli 1683 erhielt dann Prinz Eugen die Nachricht, dass sein Bruder Ludwig Julius im Kampf gegen die Türken an der ungarischen Grenze gefallen sei. Daraufhin fasste er den Plan, anstelle seines Bruders in die Kaiserliche Armee einzutreten und sich um das Regiment seines Bruders zu bewerben.

Während der Kaiser und sein Hof bereits Wien fluchtartig verlassen hatten, da die Türken vorrückten, überredete Eugen seinen Freund Conti und weitere drei französische Gefährten, unter ihnen Graf Tarino, mit ihm dem Kaiser nachzureisen, um dessen Erlaubnis einzuholen, in seiner Armee dienen zu dürfen. Die Freunde lockte das Abenteuer, gegen die Türken zu kämpfen. Eugens Freund und Vetter, der junge Conti, war Sohn des buckligen Obersthofmeisters Ludwigs XIV., der, als Kardinal Mazarin ihm einst eine seiner Nichten als Gemahlin empfahl, gesagt hatte, es sei ganz egal, welche der Nichten er zu heiraten habe, da er ja eigentlich nur den Kardinal selber heiraten werde.

Als König Ludwig XIV. von der überstürzten Abreise der jungen Männer aus seinem Reich erfuhr, verfügte er sofort die Sperrung der französischen Rheingrenzen und hetzte Kuriere hinter ihnen her. In Frankfurt am Main erreichte einer der königlichen Kuriere dann die Freunde. Er überbrachte dem Schwiegersohn des Königs, Prinz Conti, ein Schreiben, das diesem volle Vergebung für den Fall seiner Rückkehr zusicherte. Für Eugen jedoch lag ein solches Schreiben nicht vor. Die jungen Männer kamen überein, Conti solle das Angebot des Königs annehmen. Der Prinz übergab dem mittellosen Eugen vor seiner

Rückreise noch einen Teil seiner Barschaft und einen wertvollen Ring.
Die verbliebenen Freunde setzten dann ihre Reise zum Kaiser entlang der Donau fort. Am 20. August 1683 trafen sie am Hofe des Kaisers in Passau ein, wohin dieser mit seinem Gefolge geflohen war.

Kaiser Leopold I. wurde 1640 geboren, und seit 1658 war er Kaiser des Heiligen Römischen Reiches Deutscher Nation. Er entstammte dem Hause Habsburg, einem ehemaligen Grafengeschlecht aus dem Aargau in der Schweiz, das zu einer der mächtigsten Herrscherdynastien aufgestiegen war. Sein Vorfahre, der erste Habsburger König, war Rudolf I., der von 1218 bis 1291 lebte und 1273 König wurde.

Kaiser Leopold I. empfing Eugen, dessen schlichte Kleidung, ein brauner Anzug ohne Flitter und Tressen, auf den Kaiser seinen Eindruck nicht verfehlte. Auch er war eine Persönlichkeit, die Schlichtheit und Einfachheit dem Pomp am französischen Hofe vorzog. Wie Eugen war er in seiner Jugend für den geistlichen Stand erzogen worden und wäre gerne Geistlicher geworden, denn er war ein tief religiöser Mensch. Ein Empfehlungsschreiben des Herzogs von Savoyen sprach zusätzlich für den jungen Prinzen.

Eugen legte dem Kaiser sein persönlich verfasstes Einstellungsgesuch vor, das erhalten geblieben ist und in den Akten des Wiener Kriegsarchivs aufbewahrt wird.

„Nun haben zwahr, allergnädigster Kayser und Herr, ich die mindeste Verdienste nicht geleget, in deren Rücksicht mich einer Kriegsehrenstelle bey Euer Kays. Majestät getrösten könnte. Ich gestehe offenherzig, meinen Schluß ehedesten gehabt zu haben, nach dem Beyspiel meiner Vorfahren mich zu Diensten meines Vaterlands und des Bourbonischen Hofs vollkommentlich anzuwenden, wie dann eben umb eine Kriegsehrenstelle bey der Cron Frankreich wiederhohlter mahlen bittentlich angehalten, aber augenscheinlich gefunden habe, dass durch das widrige Schicksal meiner Mutter mir alle Hoffnung abgeschnitten seye, bey dieser Crone jemahls mein Kriegsglücke machen zu können, obschon weder meinen Vorfahrern noch mir Etwas Erweisliches zur Last gelegt werden konnte, sondern ich umb dessentwillen allzeit eine Fehlbitte gethan, weilen bloss allein meine gehässige Wiedersachern der Beförderung entgegen gestanden. Ich versichere eine unversehrte, standhafte Treu und bey allen vorkommenden, auch größten Kriegsgefahren alle meine Kräfften zu Euer Kays. Majes-

tät und des höchstpreisslichen Ertzhauses Oesterreich Wohlfahrt und Wachstum mit unerschrocknen Muth bis auf meinen letzten Bluthstropfen anzuwenden und aufzuopfern.
Eugenius, Hertzog von Savoye und Piemont" [15]

Später hat er amtliche Schriftstücke mit „Eugenio von Savoy" unterschrieben. Das dem Kaiser gegebene Gelöbnis hat Prinz Eugen bis an sein Lebensende getreulichst erfüllt.

Dem Kaiser war nach dem Tode des Bruders von Eugen ein weiterer Prinz von Savoyen hochwillkommen, denn das Heer des Fürsten von Savoyen war mächtig und stark, und der Kaiser hoffte, mit Prinz Eugen möglicherweise diesen mächtigen Fürsten auf seine Seite ziehen zu können, sollte der Krieg mit Frankreich wieder ausbrechen. Auch im Hinblick auf den Kampf gegen die Türken konnte sich diese Verstärkung nur positiv auswirken.

Am Hofe gewann Eugen sofort die Freundschaft des etwa gleichaltrigen Kurfürsten Max Emanuel von Bayern.

Wie groß der Einfluss Eugens auch noch in Paris war und wie sehr seine dortigen Freunde in ihm nach wie vor einen Anführer sahen, zeigte die erstaunliche Tatsache, dass ihm im Jahre 1684 dann noch eine Anzahl von Freunden auf dem Wege zum Kaiser folgten. Den Anfang machten Prinz Karl von Commercy und Prinz Baudemont, beides Lothringer, dann der Vetter Commercys, Prinz Turenne aus dem Hause Bouillon. Auch Prinz Conti schwenkte nochmals um und nahm seinen Bruder mit. Es folgten Graf Brionne und sogar der Schwiegersohn des Kriegsministers Louvois, der Herzog von la Roche Guyon, mit seinem Bruder. Sie alle wollten Ruhm im Kampfe gegen die Türken erwerben. Von den hohen adligen Söhnen hatten nur die beiden Prinzen Conti, der junge Turenne und Blanchefort, ein Sohn des Marschalls Crequi, die Erlaubnis König Ludwigs XIV. mehr oder weniger erzwungen, gegen die Türken in den Krieg ziehen zu dürfen. Die anderen machten sich ohne die Einwilligung des Königs, der über den fast kreuzzugartigen Wetteifer der Söhne des Adels nicht erbaut war, auf den Weg. Dazu kamen fast eintausend sogenannte französische Volontäre.

Der Habsburger Kaiser Leopold I. hatte während des 20jährigen Waffenstillstandes mit dem Osmanischen Reich nach der Schlacht am St. Gotthard sträflich gegen den Grundsatz „si vis pacem para bellum" [16] verstoßen. Sein zahlenmäßig geringes und noch dazu schlecht ausgerüstetes, wild zusammen gewürfeltes Heer war alles andere als eine homogene Einheit. Die Liste der Offiziere verzeichnete eine Sammlung aller Nationen des Reiches: deutsche Reichsfürsten, Wallonen, Lothringer, ungarischer Adel, Spanier und Italiener.

Unter dem Einfluss des spanischen Botschafters am Wiener Hof, Marquis Borgomaniero, hatte der Kaiser seine Truppen vorzugsweise an Frankreichs Grenze verlegt und das zu seinem Reich gehörende Ungarn völlig vernachlässigt. Die dortigen Befestigungen waren verfallen, und Aufstände unter dem Grafen Emmerich Thököly, einem Kuruzzenhauptmann, der später mit Hilfe der Türken Kuruzzenkönig wurde, und seiner Anhänger hatten das Land in Unruhe versetzt. Von den Kuruzzen stammte der Fluch: „Kruzzitürken", als diese sengend und brennend vor Wien erschienen.

Die wenigen kaiserlichen Garnisonen in Ungarn waren in Streit mit den Einwohnern geraten, und schon 1667 hatten sich ungarische Magnaten erstmals gegen Leopold I. verschworen. Doch viele von ihnen wurden verraten und gnadenlos hingerichtet.

Der Kaiser war zwar ein durchaus gutmütiger Mensch – freundlich und freigiebig – er hielt es jedoch für seine Regentenpflicht, gegen seine Widersacher erbarmungslos vorzugehen. In einem Schreiben nach Madrid nimmt er Stellung: „Hungarische Sachen sind in gutem Statu, ich will mich aber der Occasio bedienen und in Hungaria die Sache anderst einrichten; obwohl ich sonst nit gar bös bin, so muss ich es diesmal per forza sein und hoffe bald alles in guten Stand zu bringen." [17]

Als Folge des kaiserlichen Durchgreifens war in Ungarn eine militärische Gewaltherrschaft entstanden und damit die Aufhebung sämtlicher Verfassungsrechte der Bevölkerung. Die Aufständischen unter Graf Thököly wussten sich daraufhin nicht mehr anders zu helfen, als das Osmanische Reich und Frankreich um Hilfe zu bitten.

Kriegerische Tradition des Osmanenreiches

Zum Verständnis der folgenden Ereignisse sei ein Rückblick auf die lange Tradition der kriegerischen Auseinandersetzungen mit dem Osmanischen Reich gestattet. Die osmanischen Türken waren der Rasse nach Mongolen, der Religion nach Mohammedaner. Zu Beginn des 14. Jahrhunderts waren sie aus Asien eingedrungen. Seit Sultan Mohammed II. Fatik am 29. Mai 1453 Konstantinopel erobert hatte, wurde die Türkenherrschaft zum Schrecken und zur Gefahr für die christlich-abendländische Kultur. 1521 eroberte Sultan Suleiman II. Kunini die Stadt Belgrad und ein Jahr darauf die Johanniter-Festung Rhodos. Nochmals vier Jahre später war ganz Ungarn vom türkischen Heer überrannt, und im Jahr 1529 standen die Türken erstmalig vor den Toren Wiens, das allerdings gehalten werden konnte. Der Nachfolger dieses wohl mächtigsten Sultans und großen Gesetzgebers verspielte dann wieder dessen gewaltige Erfolge. In der Seeschlacht bei Lepanto verlor die Kriegsflotte des Sultans Selim II. Mest gegen die Flotte Don Juan d'Austrias, und es begann ein einhundertjähriger Verfall des osmanischen Staatswesens. Mitte des 17. Jahrhunderts ergriff die Türken jedoch erneut ihre Eroberungslust. Unter Sultan Mohammed IV. fiel dessen Großwesir Mohammed Köprülü wieder in Ungarn ein und bedrohte Österreich.

Mohammed IV. war 1648 nach der Ermordung seines Vorgängers durch aufständische Janitscharen und deren Reiterei, den Spahis, in sein Amt eingesetzt worden. Er herrschte mit orientalischem Pomp. Zu Jagden, an denen alle Würdenträger des Osmanischen Reiches teilnahmen, wurden 40.000 Treiber aufgeboten. Bei seinem polnischen Heereszug 1672, dem letzten an dem er teilnahm, führte er einen riesigen Hofstaat mit sich: einen für die Chassekin, die Sultansfrau, und einen weiteren für die augenblicklich bevorzugte Odaliske, die Nebenfrau.

Die Regierungsgeschäfte überließ er dem Großwesir Mohammed

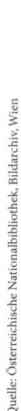

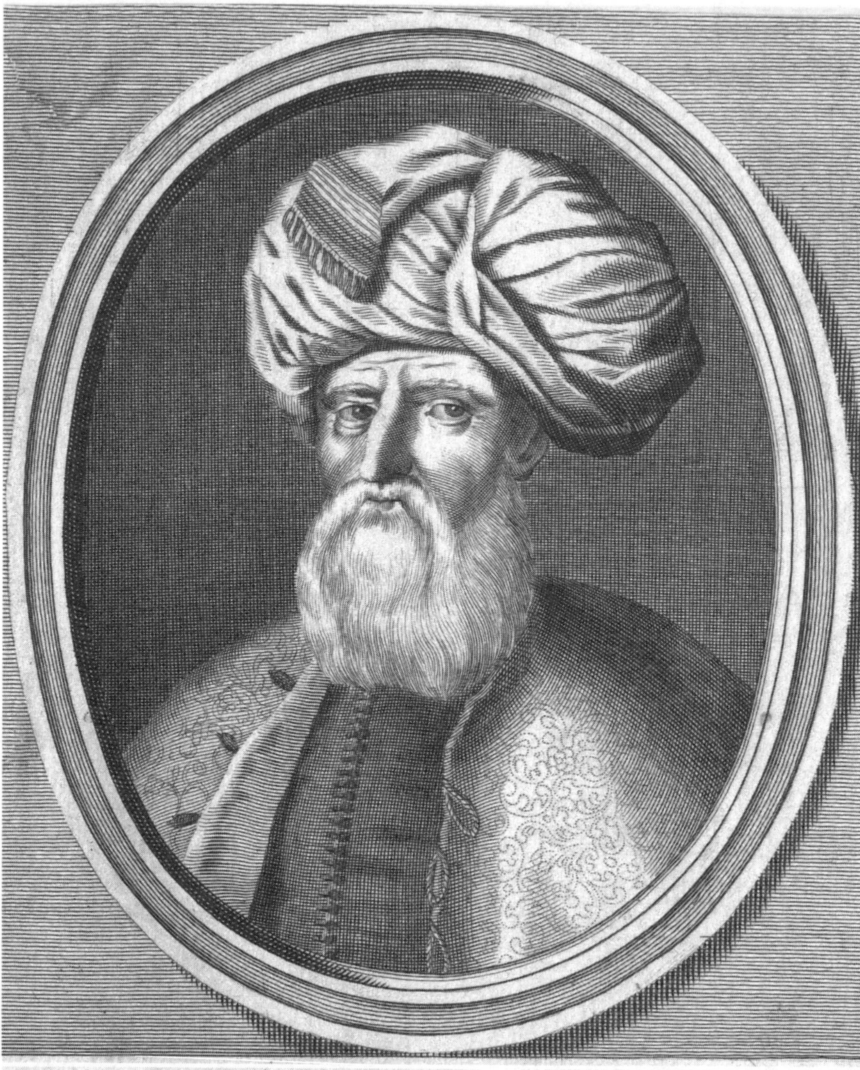
CAVA MUSTAFA PASCIA
DI ROMANIA

Türkischer Großwesir Kara Mustafa

Quelle: Österreichische Nationalbibliothek, Bildarchiv, Wien

Köprülü, der noch im Greisenalter 1656 unvermittelt zu dieser Würde kam und ein unbeugsamer, nur seiner Pflichterfüllung lebender und durch seine Blutjustiz allseits gefürchteter Herrscher war. Nachfolger wurde sein Sohn Achmed Köprülü, der die Schreckensherrschaft seines Vaters abschwächte. Für politische Vergehen erfolgte nicht mehr eine sofortige Hinrichtung, sondern es wurde als Bestrafung lediglich eine Mekkafahrt angeordnet. Diesen beiden tüchtigen Großwesiren, Vater und Sohn, gelang es, den hundertjährigen Verfall des Osmanischen Reiches aufzuhalten und die alte Größe wiederherzustellen.

Zum Kaimakan – Stellvertreter des Großwesirs Achmed Köprülü – stieg sein Jugendfreund Kara Mustafa auf, der später die Nachfolge Achmed Köprülüs als Großwesir antrat. Dieser Sohn eines anatolischen Obsthändlers – verschlagen, roh und grausam – war durch hemmungslosen Ehrgeiz an sein Ziel gelangt.

Bereits im Jahr 1663 war es erneut zum Krieg mit dem Kaiserreich gekommen. Die Festung Großwardein wurde damals noch vom Großwesir Mohammed Köprülü erobert. Erst die für die Kaiserlichen siegreiche Schlacht von St. Gotthard am Fluss Raab vom 1. August 1664 unter dem Oberbefehlshaber der Reichstruppen, dem italienischstämmigen genialen Reichsmarschall Montecuccoli, konnte einem weiteren Vorstoß des Osmanischen Reiches Einhalt gebieten.

Marschall Montecuccoli hat in seiner Schrift „Anfangsgründe der Kriegskunst" Regeln für den Kampf gegen die Osmanen aufgestellt, die auch zur Eugens Zeiten noch Gültigkeit haben sollten: „Zum Kriegführen sind vornehmlich drei Dinge notwendig: Geld, Geld, Geld. Es wird ferner gesagt, dass für den Soldaten nichts wichtiger sei als die Disziplin und dass in Kriegen der Führer einen einmal gefassten Plan unentwegt durchführen müsse. Man soll auf dem Marsch nach vorn und seitwärts aufklären, den Feind womöglich angreifen, bevor er seinen Aufmarsch vollendet hat und ihn mit Kavallerie und ausgesuchten Leuten verfolgen, wenn man ihn geschlagen hat. Im Falle, dass der Gegner überlegen ist oder eine feste Stellung eingenommen hat, soll des Abends oder bei Nacht angegriffen werden. Den Türken gegenüber, die zumeist in überlegenen Massen an leichter Reiterei aber in Unordnung und mit viel Geschrei angriffen, sei insbesondere geboten, die Armee gut beisammen zu halten, die umliegende Gegend fleißig zu rekognostizieren und in der Ordnung zu marschieren, wie man sie schlagen will." [18]

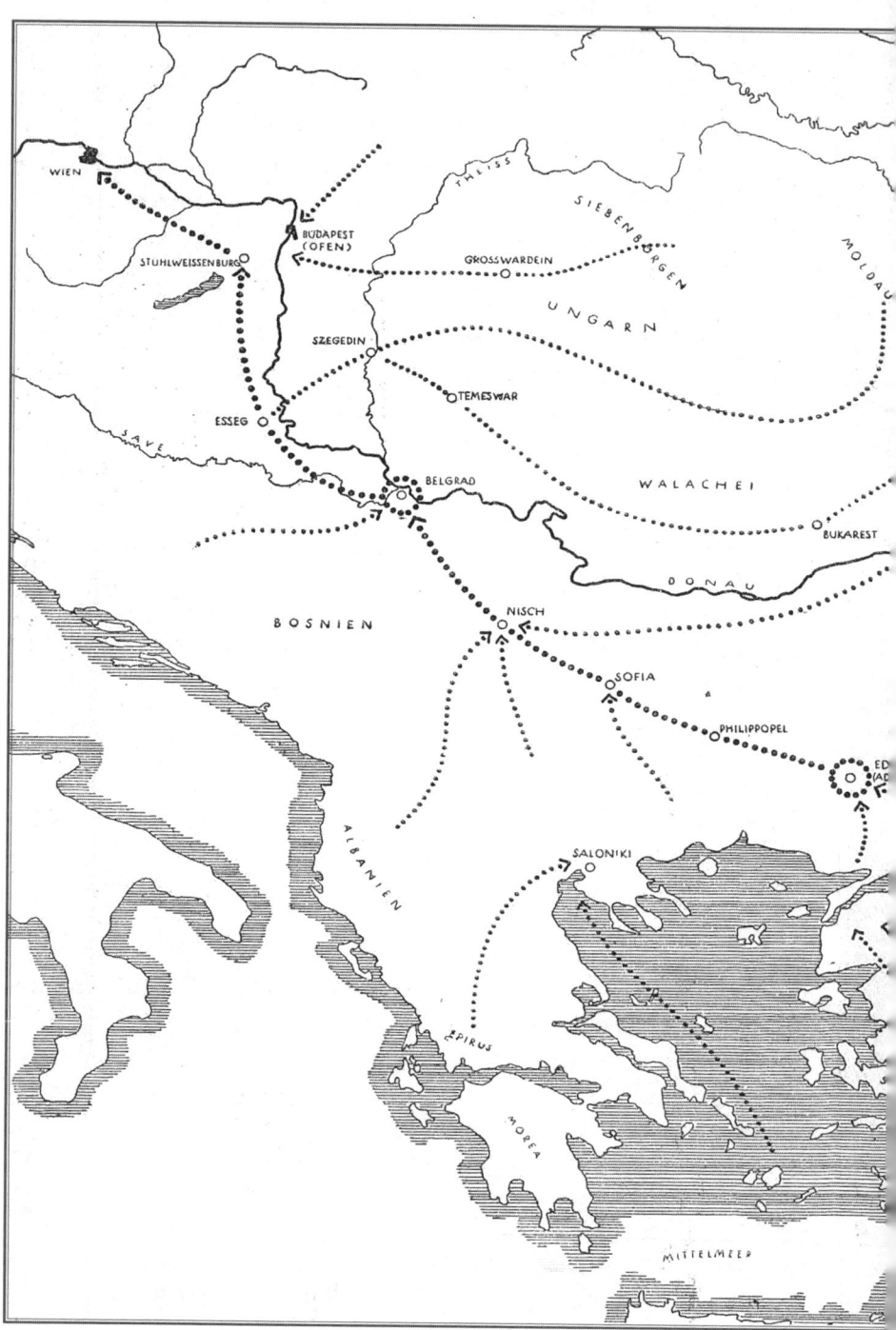

Die Versammlung des Heeres Kara Mustafas 1682/83

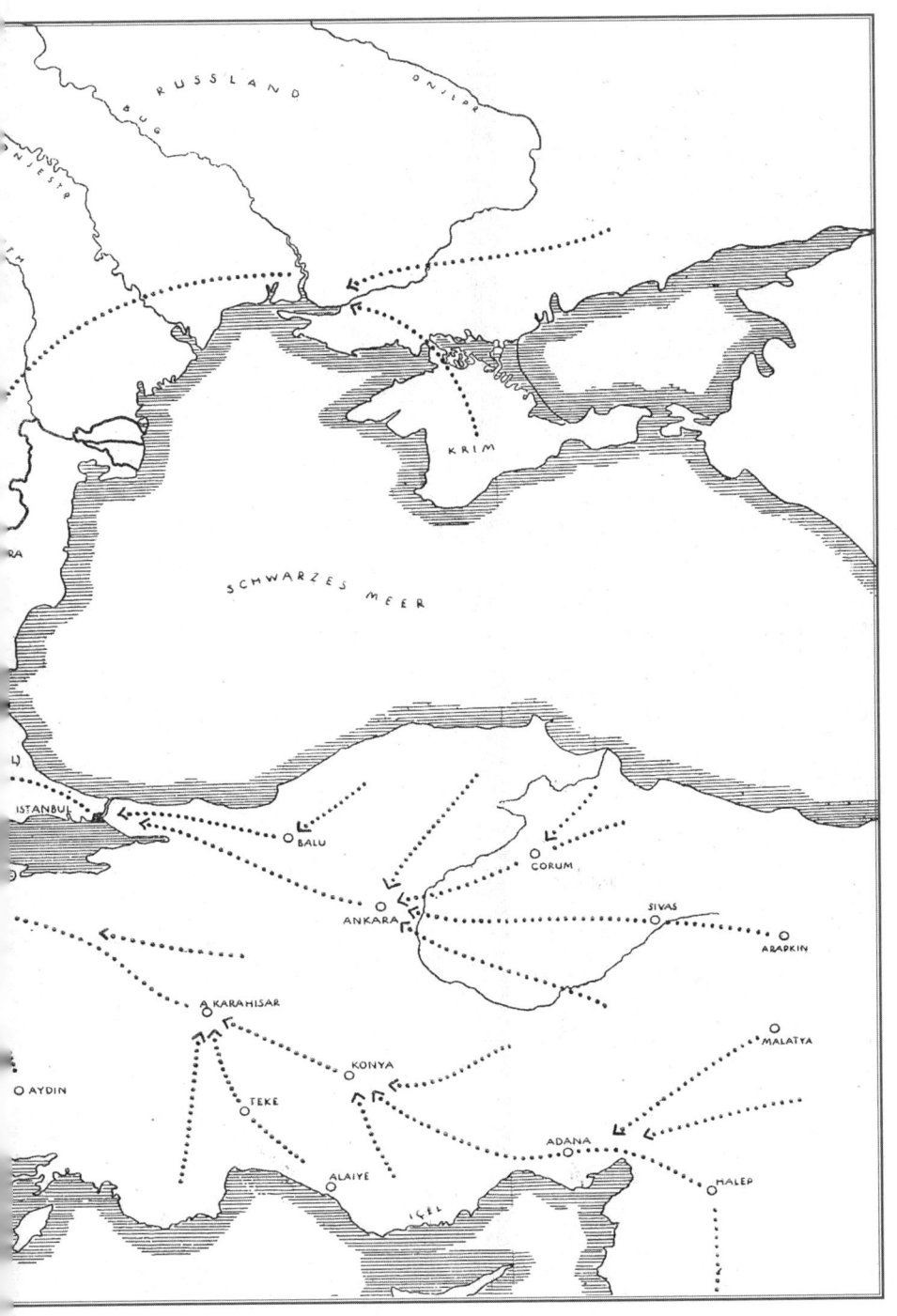

Die Türken vor Wien

Die Türken wussten um die Schwäche des Kaiserreiches unter Leopold I. und brannten nur so darauf, die Scharte von St. Gotthard auszuwetzen. Um jedoch den Frieden mit der Hohen Pforte zu erhalten, wurde Graf Albrecht Caprara im Jahr 1682 als Sonderbotschafter mit großem Gefolge und wertvollen Geschenken für den Sultan vom Kaiser nach Konstantinopel gesandt. Doch seine Mission brachte keinen Erfolg. Sultan Mohammed IV. erklärte dem Kaiser den Krieg. Er wollte dieses Mal den „Goldenen Apfel", wie die Osmanen Wien nannten, endgültig ergreifen. In seiner Kriegserklärung schreibt er „Wir sind im Begriffe, Dein Ländchen mit Krieg zu überziehen. Vor allem befehlen wir Dir, uns in Deiner Residenzstadt zu erwarten, damit wir Dich köpfen können. Wir werden alle Ungläubigen den grausamsten Qualen aussetzen und dann dem schändlichsten Tod übergeben." [19]

Den Oberbefehl über die Reichstruppen übergab der Kaiser seinem hervorragenden, fähigen Feldherrn, Generalleutnant Herzog Karl V. von Lothringen und Bar, König von Jerusalem, Markgraf zu Pont á Mousson und Nomény, Graf von Provence, Blankenberg und Zütphers. Dieser war am 3. April 1643 in Wien als Sohn von Herzog Franz II., einem kaiserlichen General, der von Frankreich ins Exil vertrieben worden war, geboren worden. Herzog Karl bezog Stellung am Fluss Raab, um das Eindringen der türkischen Scharen zu verhindern.

Die türkische Armee war 1682 aus Konstantinopel aufgebrochen. Kriegsvölker aus allen Teilen des Osmanischen Reiches hatten sich aus der Gegend zwischen Euphrat und Tigris, aus Amadis und Bagdad, aus Ober- und Untersoria, aus Kleinasien und Panphilien, aus Achaia und Amasia versammelt. Dazu kamen Hilfstruppen aus der Walachei, Moldaner und Kosaken, insgesamt 175.000 Mann, das stärkste Heer, das jemals von einem Sultan ins Feld geschickt wurde. Das Osmanische Reich stand zu dieser Zeit auf dem Zenit seiner territorialen Macht in Europa. Seit 1526, nach dem Sieg bei Mohács, hat-

Kaiserlicher Generalleutnant Ludwig Wilhelm Markgraf von Baden
(1655-1707)

ten die Türken den größten Teil Ungarns in ihrem Besitz. Ihr Reich erstreckte sich vom Fluss Dnjester über die Fürstentümer Walachei, Moldau und Siebenbürgen bis nach Bosnien und Griechenland.

Doch der Großwesir drang in Richtung auf den niederösterreichischen Grenzfluss Leiha vor. Das machte die Stellung Herzog Karls an der Raab nutzlos. Daher befahl er seinem Fußvolk, am linken Ufer der Donau nach Wien zu ziehen. Er selbst bewegte sich mit der Reiterei am rechten Ufer bis nach Hainburg. Insgesamt betrug seine Truppenstärke 35.000 Mann. Markgraf Ludwig von Baden war die Deckung des Rückzuges, unter anderem mit dem Dragonerregiment Savoyen, befohlen worden. Dabei erlitt der ältere Bruder Eugens seine tödliche Verwundung. Ein Pfeil hatte sein Pferd getroffen und ihn im Sturz herab gerissen. Hufe seiner eigenen Reiterei verletzten ihn dann tödlich.

Als Prinz Eugen in Passau beim Kaiser vorsprach, schien die Lage des Reiches nahezu hoffnungslos. Flüchtlingsscharen hatten sich in Passau eingefunden, überall herrschte Untergangsstimmung. Das Regiment, das sein Bruder bis zu dessen Tode befehligt hatte und das seinen Namen trug, konnte der Kaiser indess an den jungen Prinzen nicht übergeben. Es war bereits an den Oberstleutnant Heissler von Heitersheim vergeben worden. Heissler hatte als einfacher Soldat zu dienen begonnen und war später bis zum Feldmarschall aufgestiegen. So blieb Eugen nichts anderes übrig, als sich als kriegsfreiwilliger Volontär bei einem der Regimenter seines Vetters, des Markgrafen von Baden, zu verdingen.

Sultan Mohammed führte seinen Heereszug bis Belgrad. Allein sein Harem bestand aus 100 Wagen, derjenige der Sultanin war mit Gold und Silber beschlagen, das Zaumzeug der Pferde mit besticktem Samt überzogen. Genauso prächtig sahen die Wagen des Großwesirs aus. Während noch Sultan Murad IV. mit seiner Frau und zwei Pagen ins Feld gezogen war, übertraf der Zug des Sultans Mohammed IV. an Pracht alles Dagewesene. Seine eigenen Soldaten begannen sogar zu murren, das Heer der Weiber des Harems sei nicht viel kleiner als das der Männer. Der türkische Aufmarsch ließ Erinnerungen aufkommen an die prachtvollen Feldzüge der alten persischen Könige Darius und Xerxes.

Beim Einzug in Belgrad standen 12.000 Janitscharen Spalier. Hinter ihnen 4.000 Spahis, hoch zu Ross. Nach dem Sultan ritt der Großwesir mit seinen beiden Söhnen, dahinter zu Fuß die Leibwache,

Bosniaken mit Krummsäbeln, langen Mützen und roten Pumphosen, weißen Leinenstiefeln und weiten Hemdärmeln.

Da der an sich unsoldatische Sultan den Krieg selbst nicht miterleben wollte, übergab er am 14. Mai 1683 die „Standarte des Gesetzes" an seinen Seraskier, den Kronfeldherrn Kara Mustafa. Damit vereinte letzterer im Kriegsfalle die gesamte zivile und militärische Macht in seinen Händen. Im Frieden war er nur höchster Beamter des Sultans.

Den Tod des geliebten Bruders hatte Eugen noch nicht überwunden, da musste er – gerade 20 Jahre alt – seine erste Schlacht durchstehen, und das unter schwierigsten Bedingungen. Am 7. Juli 1683 traf die Vorhut des osmanischen Heeres bei Petronell auf die Hauptarmee des kaiserlichen Oberbefehlshabers Herzog Karl von Lothringen. Im wilden Reitergetümmel musste Eugen – wir würden heute sagen im Nahkampf – mit seinem Degen in der Hand um sein Leben kämpfen. Die Truppen des Herzogs wurden von diesem jedoch so überlegen geführt, dass der Gegner trotz einer zehnfachen Überlegenheit zunächst zurückgeworfen werden konnte.

Die Grausamkeit der dennoch immer weiter vorrückenden Türken, die Verwüstung des Landes durch Tartarenschwärme und das Elend der Zivilbevölkerung, die dem Feind in die Hände gefallen war, ließen den jungen Prinzen, in seiner zusätzlichen tiefen Trauer um seinen einzigen Freund und Bruder, den Einstieg in das Soldatenleben von der schlimmsten Seite erfahren. Nicht zu Unrecht wurden die Heerscharen des Großwesirs Kara Mustafa „Geisel der Menschheit" genannt.

Der – wie bereits erwähnt – vom Kaiser in einem vergeblichen Friedensangebot zum Sultan gesandte Graf Caprara musste gezwungenermaßen eine Strecke mit dem türkischen Heer bis vor Wien marschieren und berichtete später über das Mordbrennen, das hauptsächlich den Tartaren im Heer anzulasten war. „Sie sind von Ansehen wüst, eher Wilde denn Menschen. Sowohl in Kleidung und Nahrung. Die letztere besteht aus rohem Fleisch, auch von Pferden. Sie legen sich aufs Stehlen und Rauben. Ihre Waffen sind Pfeile und Säbel. Sie haben Pferde in gutem Atem, die den ganzen Tag ohne Futter laufen können und leicht über einen Fluß schwimmen. Die Tartaren dienen zum Streifen und Brennen und versehen das türkische Lager mit vielen Sachen." [20]

Die letzte Stunde Wiens schien jetzt gekommen. Denn bald schon wälzte sich das osmanische Heer auf Stadt und Festung Wien zu und schloss sie ein. Der kaiserlichen Besatzung von 12.000 Mann – drei Tage vorher waren noch zwei Infanterieregimenter eingetroffen – unter der Führung des tapferen und tüchtigen Rüdiger von Starhemberg und des Wiener Bürgermeisters Andreas Liebenberg standen die Belagerungstruppen des Großwesirs in einer Stärke von 175.000 Mann gegenüber. 25.000 weitere Krieger hatte Kara Mustafa vorläufig noch als Reserve-Korps unter Pascha Ibrahim an der Raab lagern lassen.

Allerdings waren die Truppen des Großwesirs kämpferisch nicht alle gleich stark. Die 20.000 Tartaren konnten nur sengen und brennen, im Gefecht versagten sie jedoch. Weitere 10.000 christliche Hilfsvölker von der Moldau und der Walachei unter dem Fürsten Serban Cantacuzino galten als nicht verlässlich. Die 40.000 Mann des Vasallenführers Fürst Thököly waren bis auf weiteres für die Kriegsführung in Oberungarn verblieben. Dennoch stand den Verteidigern der Festung eine gewaltige Übermacht gegenüber. Nur der Tatsache, dass kaiserliche Truppen die Wasserstraße Donau bis zuletzt offen halten konnten, war es zu verdanken, dass der Nachschub gewährleistet wurde. Unter anderem trafen im letzten Moment noch 1000 Zentner Schießpulver vom Erzbischof von Salzburg ein, dazu Schlachtvieh für die Verpflegung der Soldaten und der verbliebenen Stadtbevölkerung von 60.000 Menschen. Die Besoldung der Truppe, eine wichtige Voraussetzung für deren Moral, war dem Bischof von Wiener Neustadt, Graf Kollonitsch, zu verdanken. Er hatte den Primatialschatz des Erzbischofs von Gran in Höhe von 40.000 Gulden, der nach Wien in Sicherheit gebracht worden war, beschlagnahmen und an die Soldaten auszahlen lassen.

Am 15. Juli brachten die Türken ihre Kanonen in Stellung. Diese schwiegen nur bei Regen, wenn die Lunte nicht gezündet werden konnte. 62 Tage dauerte die Belagerung. 53 Anstürme der Janitscharen schlug die tapfere Besatzung zurück und machte selbst mehr als 30 Ausfälle.

Neun Wochen lang hielt der unaufhörliche Beschuss der Kanonen gegen die Wälle und die Stadt an. Die kaiserlichen Verteidiger hatten zuvor sämtliche hölzernen Schindeldächer abdecken lassen, um Feuersbrünsten vorzubeugen. Die Dachbalken tauchte man in

Reiterstandbild des Prinzen Eugen von Savoyen-Carignan in Wien

Pech, um sie nachts als Beleuchtungsfackeln auf den Wällen zu verwenden.

Die Beschädigungen in der Stadt waren groß. Fast alle Gebäude wurden getroffen. Mehrere Einschläge hatte die Hofburg zu verzeichnen, sowie der Turm, das Dach und das Innere der Stephanskirche. Die Wiener Bevölkerung musste die Nächte im Freien verbringen. Die Toten konnten nicht mehr beerdigt werden und verpesteten zusammen mit Tierkadavern die Luft. Außerdem waren die Abwasserkanäle teilweise stark beschädigt worden. Die Angst vor dem Ausbruch von Seuchen wuchs ständig. War es doch erst vier Jahre her, seitdem die Pest die Stadt so fürchterlich getroffen hatte.

Die Türken brachten 5000 Mineure vor die Stadt. Stollen wurden unter die Schanzen getrieben und Sprengladungen gelegt. Die erste Explosion am 23. Juli 1684 schickte nach Aussage eines türkischen Offiziers 200 „Giauren" – Ungläubige – in das ewige Feuer der Hölle. Um weitere Grabungen des Feindes frühzeitig zu erkennen, wurden Wasserkübel an die Mauern gestellt. Kräuselte sich die Wasseroberfläche, war das ein Zeichen dafür, dass türkische Mineure bei der Arbeit sind, und die Verteidiger begannen ihrerseits, an der betreffenden Stelle zu graben. Trafen sie im Schacht auf Türken, fing ein erbitterter Kampf unter der Erde an.

Die Lebensmittel in der Stadt waren bald aufgebraucht, und sogar Haustiere – Pferde, Hunde und Katzen – mussten dran glauben.

Als die Truppen des Herzogs Karl von Lothringen vor Wien ankamen, kämpfte Eugen am 13. Juli 1684 mit dem Dragonerregiment seines gefallenen Bruders an der Burgbastei Wiens gegen eine türkische Abteilung, woran heute noch ein dort stehendes, stolzes Reiterdenkmal des Prinzen erinnert. Die Stellungen an der Leopoldstadt und auf der Praterinsel konnte der Herzog jedoch nicht halten und musste sich auf den Bisamberg zurückziehen.

Am 7. September versammelte sich endlich das Entsatzheer bei Tulln. Herzog Karl von Lothringen hatte mit seinen Unterführern, Markgraf Ludwig Wilhelm von Baden, Herzog Julius Franz von Sachsen-Lauenburg und Feldmarschall Markgraf Hermann von Baden ein Kontingent von 20 Reiterregimentern und 44 Kompanien Infanterie, insgesamt 21.000 Mann und 70 Geschütze aufgeboten. Die Sachsen unter dem Kurfürsten Johann Georg, mit den Generalen Goltz und Fleming, stellten 10.000 Mann Fußtruppen, die Bayern unter dem Markgrafen von Bayreuth ebenfalls 10.000 Mann. Außerdem waren die Reichstruppen in einer Stärke von 11.000 Mann unter dem Fürsten von Waldeck von Passau aus anmarschiert.

Auch der Polenkönig Jan III. Sobieski traf mit 14.000 Panzerreitern in blitzender Rüstung – mit Lanzen bewaffnet – ein. Sobieski war ein tapferer General, zwar eitel und ruhmsüchtig, andererseits aber ein großer Förderer der Künste und Wissenschaften. Als Sohn eines Krakauer Kastelans, 1624 geboren, hatte er sich schon frühzeitig durch Mut und Umsicht ausgezeichnet. Er war 1667 Kongressmarschall geworden und hatte seinen bedeutendsten Sieg als „Schrecken der Tartaren" im November 1673 über ein Kosakenheer bei Chorzin errungen. Daraufhin wurde er am 21. Mai 1674 zum König von Polen gewählt.

Als Kara Mustafa Kunde von der Ankunft der kaiserlichen Hilfstruppen erhält, begeht er einen schweren strategischen Fehler. Anstatt sich dem Aufmarsch der verbündeten Gegner mit seiner Übermacht entgegenzustellen und die Einheiten einzeln zu schlagen, entscheidet er sich im Wettlauf gegen die Zeit, die Belagerung Wiens fortzuführen.

*Johann III. Sobieski, König von Polen
(1624-1696)*

Den Schlachtplan für diesen weltgeschichtlich bedeutenden Befreiungsangriff stellte Karl von Lothringen auf. Er musste allerdings wohl oder übel den Oberbefehl auf Anweisung des Kaisers dem Polenkönig überlassen, der sein starkes Kontingent nur gegen die Zusage des Kaisers gestellt hatte, ihm den Oberbefehl zu überlassen. Als großer Feldherr agierte der Lothringer allerdings mit solcher Souveränität und Diplomatie, dass Sobieski letztlich alle seine taktischen Vorschläge befolgte. Nach einem überlieferten handschriftlichen Verzeichnis des Herzogs von Lothringen hatten sich 65.000 Mann des alliierten Entsatzheeres versammelt. Dazu kamen 168 Geschütze. Für besonderen Glanz sorgten viele fürstliche Freiwillige, darunter zwei Herzöge von Neuburg, Brüder der Kaiserin, ein Herzog von Württemberg, einer von Hannover, zwei von Sachsen und einer von Sachsen-Eisenach. Dazu ein Fürst von Anhalt mit zwei Söhnen, ein Fürst von Hohenzollern, ein Landgraf von Hessen sowie eine weitere Anzahl hoher Adliger. Alle waren gekommen, um den Sieg des Kreuzes über den Halbmond zu erringen.

Nach einer Messe in der Kapelle des heiligen Leopold setzte sich das Heer in der Morgenröte des 12. September unter Trommeln und Trompetenklang – in drei Heeressäulen – den Kahlenberg hinab in Bewegung.

Auch der Großwesir hatte seine Truppen in drei Haufen aufgeteilt, in einen linken und einen rechten Flügel, jeder unter dem Befehl eines Paschas. Das Zentrum mit den Janitscharen und Spahis stellte er unter seinen Oberbefehl.

Die gesamte türkische Reiterei rückte dann zum Fuße des Kahlenberges vor. Bei Nußdorf wollte Kara Mustafa das christliche Heer vernichtend schlagen. Der Herzog von Lothringen hatte allerdings die Strategie des Großwesirs erkannt und setzte seine gesamte Artillerie in den Hohlwegen vor Nußdorf ein. Nach heftigem Beschuss gelang es daraufhin General Caprara, mit dem Heister'schen und einem sächsischen Regiment die türkische Linie zu durchbrechen. Nach blutigen Gefechten wurde Nußdorf, wovor der Großwesir die Hälfte seiner Streitkräfte gelegt hatte, eingenommen. Die aus dem Wald kommende polnische Reiterei musste mehrfach erfolglos gegen die befestigte Türkenschanze anrennen, deren Reste noch heute stehen. Erst als das Regiment des Generals Düwald und ein weiteres von Sachsen-Lauenburg den verschanzten Türken in die Flanke fielen, konnte die bereits zurückweichende polnische Panzerreiterei aufgehalten und die Schanze genommen werden.

Damit war das Zeltlager der Türken erreicht, wo Reste des Türkenheeres verzweifelt versuchten, mit ihren Rüstwagen noch eine Wagenburg zu errichten. Doch die wilde Flucht der Masse des türkischen Heeres in die Weite der ungarischen Tiefebene war nicht mehr aufzuhalten. Zuletzt rettete der Großwesir die grüne Fahne des Propheten, bevor er sich der wilden Flucht seiner Landsleute anschließen musste.

An den Wiener Stadtmauern kämpften immer noch jene Janitscharen in den Laufgräben, die von der Niederlage noch nichts erfahren hatten. Als jedoch die Befreiten unter lautem Jubel aus der Stadt herausströmten, war auch der letzte türkische Widerstand gebrochen. Alle verbündeten Fürsten und Generale hatten mit dem Degen in der Hand in vorderster Linie gekämpft, auch König Sobieski.

Prinz Eugen war bei dem Kontingent des Markgrafen von Baden am linken Flügel des vorrückenden Befreiungsheeres eingesetzt.

1.000 Tote musste das Entsatzheer beklagen, darunter den edlen Prinzen Croy, den hannoveranischen General Poland und den polnischen Kronschatzmeister Modrzewski. Dazu kamen etwa 3.000 Verwundete. Der Verlust der Türken wurde mit 20.000 Mann beziffert.

Der zahlenmäßig ungleiche Kampf sprach für die Tapferkeit des Befreiungsheeres, das allerdings modern bewaffnet und straff geführt einem zum Großteil noch mit Pfeil und Bogen ausgestatteten Haufen gegenüberstand. Die Türken hatten allein ihre Überzahl und ihre Grausamkeit in die Waagschale werfen können, die jedoch als zu leicht befunden wurde.

Aus Angst, in eine Falle zu geraten – der polnische König befürchtete, die überstürzte Flucht der Türken sei nur eine Kriegslist – hielt König Sobieski dann Generalleutnant Karl von Lothringen davon ab, sofort dem Gegner nachzusetzen. Dadurch wurde jedoch der totale Sieg verschenkt.

Die Rettung Wiens galt im ganzen Abendland damals als Wunder. Nicht hoch genug einzuschätzen waren Mut und Durchhaltewillen der Besatzungen der Stadt und Festung Wien. In den letzten Tagen vor der Befreiung war der unermüdliche Wiener Bürgermeister noch einer Seuche zum Opfer gefallen.

Riesengroß war die Beute der siegreichen Truppen. Alles hatten die fliehenden Türken zurückgelassen: Waffen und Fahnen, Rossschweife, die Zeichen des Krieges, sowie sämtliches Vieh, darunter 10.000 Büffel, Ochsen, Kamele, Ziegen und Schafe, darüberhinaus tausende Tonnen von Getreide, Mehl und Zucker. Dazu große Mengen einer bisher unbekannten gerösteten Bohne, die als Kaffee einen Siegeszug in Europa antreten sollte. Das türkische Genussmittel war der Anlass zur Gründung des ersten Wiener Kaffeehauses Kolschnitzky, in dem das Gebräu aus Bohnen als Getränk angeboten wurde.

Diese Beute bedeutete die Rettung aus großer materieller Not für die verbündeten Truppen des Kaisers. Denn die zwar rücksichtslos von der Bevölkerung eingetriebene Kontribution reichte nicht aus für Unterkunft und Ausrüstung der Soldaten, die außerdem oft monatelang ohne Sold leben mussten, da die Schatullen des Kaisers leer waren.

Das ebenfalls zurückgelassene Zelt des Großwesirs beschrieb der Polenkönig Sobieski, der als Oberbefehlshaber meinte, das Recht zu haben, die erste Nacht darin zu verbringen, als groß wie eine Stadt und mit einem für europäische Verhältnisse nicht vorstellbaren Luxus. Es gab darin Gärten mit Springbrunnen, einen künstlichen Bach und riesige Badezimmer mit parfümiertem Wasser. Die Schlafzimmer waren mit kostbaren Wandteppichen und ebensolchen Möbeln ausgestattet. In den weit verzweigten Gängen des Zeltes wurde erst am dritten Tag nach der Schlacht in einem Raum eine Frau des Großwesirs entdeckt. Neben ihr lag auf einem Bett die geköpfte Leiche eines jungen Mädchens. Die Frau sagte aus, das Mädchen sei so unvorstellbar schön gewesen, dass der Großwesir sie nicht in die Hände der Ungläubigen fallen lassen wollte. Deshalb habe er das Mädchen mit eigener Hand getötet.

Fünf Tage nach der Befreiung Wiens setzte dann doch noch die vereinte Streitmacht den Türken nach. Markgraf Ludwig von Baden nahm die Stadt Parkan im Sturm und eroberte danach den befestigten Brückenkopf Gran mit seiner hoch auf einem Felsen gelegenen Festung. Damit war der Feldzug für die Verbündeten erfolgreich beendet.

Kurze Zeit später ließ der Sultan den Großwesir Kara Mustafa in Belgrad mit der seidenen Schnur erdrosseln. Doch auch Sultan Mohammed IV. selbst ereilte sein Schicksal. Ein Volksaufstand 1687 verjagte ihn von seinem Thron.

Kaiser Leopold, dem von den mutigen Taten Prinz Eugens berichtet wurde – inzwischen hatte letzterer mächtige Fürsprecher gefunden, so den Kurfürsten Max Emanuel von Bayern und den Markgrafen Ludwig von Baden – versprach Eugen das nächste frei werdende

Regiment. Tatsächlich wurde er einige Wochen später Oberstkommandeur des Dragonerregimentes Kuefstein, dessen bisheriger Kommandeur, Hans Heinrich Graf Kuefstein, vor kurzem gefallen war. Von da an erhielt dieses Dragonerregiment den ehrenvollen Namen Savoyen und trug ihn noch bis in die Zeit des Ersten Weltkrieges.

Ausrüstung und Bewaffnung des Dragonerregimentes Savoyen

An der Spitze eines Dragonerregimentes stand der Oberstinhaber mit seinem Stab. Das Regiment war in zehn Kompanien gegliedert. Je zwei davon bildeten eine Eskadron. Der Oberst und Regimentskommandeur befand sich in der Leibeskadron, sein Stellvertreter in der Oberstleutnanteskadron. Die übrigen Eskadrone führten die Namen der Rittmeister, die ihre Chefs waren. Den Titel Rittmeister gab es allerdings nur bei den Kürassieren, bei der übrigen Kavallerie hießen sie Hauptleute. Die Kompanien wurden in zwei Peletons geteilt, letztere geführt von den Kornets. In der Feldschlachtordnung formierten sich die Eskadrone in zwei Glieder, der Abstand zwischen den Gliedern musste fünf Schritte betragen.

Ein Dragonerregiment hatte einen Gesamtsollstand von 2.051 Mann. Dazu gehörten eine Grenadierkompanie von 200 Fußsoldaten mit einem Hauptmann, einem Leutnant und einem Fähnrich. Die Fußsoldaten trugen mehrere vier Pfund schwere Handgranaten mit sich.

Die Fahne eines Regimentes bestand aus weißer Seide und zeigte auf der einen Seite die Mutter Gottes, auf der anderen Seite das Wappen des Oberstinhabers. Sie wurde von der Leibeskadron getragen.

Die Uniformen von Eugens Fußsoldaten bestanden aus roten Röcken, roten Hosen, schwarzen Schößen und ebensolchen Aufschlägen sowie gelben Knöpfen. Bei der Reiterei komplettierte ein blitzender Helm und ein Brustpanzer das stolze Outfit. Dazu wurden Reitstiefel getragen, deren Stulpen über das Knie reichten. Andere Regimenter besaßen ihre eigenen bunten Uniformen. Einheitliche Kampfanzüge kannte man noch nicht. Die Uniformen der Offiziere hatten die selben Farben, bestanden jedoch aus besserem Tuch, dazu ein Hut mit Goldstickereien und Samtbordüren. Um den Leib geschlagen wurde eine schwarz-gelbe Schärpe. Rangabzeichen gab es noch keine.

Zur Uniform gehörten bei den Unteroffizieren Holzstöcke, bei den Offizieren dagegen Rohrstöcke, die je nach Rang mit silbernem oder goldenem Knauf verziert waren. Hoch zu Pferde wurde der Stock so getragen, dass die Spitze auf dem rechten Fuß des Reiters stand. Das obere Ende des Stockes wurde mit der rechten Hand schräg weggespreizt. Dabei musste der Knauf zu sehen sein. Die einfachen Soldaten durften von Unteroffizieren mit dem Stock geschlagen werden; die Unteroffiziere nur von den Offizieren und Adjutanten, und die Adjutanten ihrerseits nur von Offizieren. Die Offiziere zu schlagen war nicht erlaubt.

Bis zum Ende des 17. Jahrhunderts war die Bewaffnung der Regimenter noch die gleiche wie im Dreißigjährigen Krieg. Die Musketiere, heute die Infanteristen, trugen die Pike, eine lange Stange mit einer scharfen Spitze, und den Musketierdegen.

Die Pike wurde zu Zeiten Eugens nach und nach durch Feuerwaffen ersetzt. Dadurch änderte sich auch der Typ des Musketiers. Waren vorher besonders Kraft und Gewandtheit für den Einsatz von Pike und Degen im Zweikampf notwendig, so erforderte die Feuerwaffe jetzt mehr Geschicklichkeit, Gefühl und Disziplin.

Die Feuerwaffe, eine Luntenschlossmuskete, konnte bei Regen nicht eingesetzt werden, da die Pulverladung mittels einer brennenden Lunte gezündet wurde. Deshalb fanden zwar die Schlachten nicht im Saale statt, wohl aber meistens bei gutem Wetter. Der Ladevorgang war kompliziert und dauerte bei geübter Mannschaft drei Minuten.

Abgelöst wurde diese umständliche Waffe dann durch die Erfindung der Steinschlossflinte. Ein Feuerstein erzeugte durch Reibung einen Funken, der die Pulverladung zündete. Auch diese Flinte war noch ein Vorderlader, jedoch jetzt konnte der Musketier schon pro Minute zwei Schuss abfeuern. Der Offizier kommandierte die jeweiligen Kugelsalven der Reihen in der Schlachtordnung. Die Bleikugel flog bis zu 200 Meter. Eine Treffergenauigkeit war nur bis ca. 100 Meter gegeben.

Der berühmte französische Festungsbauer Marschall Vauban verbesserte die Waffe dahingehend, dass der Musketier jetzt auch bei aufgepflanztem Bajonett schießen konnte. Vorher war das nicht möglich. Wenn nach dem Schuss keine Zeit zum Nachladen mehr war, musste das Bajonett aufgepflanzt werden. Wenn zum Schießen keine Zeit mehr blieb und es zum Zweikampf Mann gegen Mann kam, wurde die Flinte wieder zur Pike.

Die Reiterei war mit der Bajonettflinte bewaffnet, die auf dem Rücken übergehängt wurde, sowie mit dem Dragonerdegen. Notfalls waren die Soldaten auch in der Lage, zu Fuß kämpfen zu können.

Eine Ausnahme unter den Dragonern der Reiterei bildete die Abteilung der Kürassiere, die hauptsächlich zur Erkundung der gegnerischen Bewegung eingesetzt wurden, in den heutigen Streitkräften vergleichbar mit der vornehmen Waffengattung der Panzeraufklärer. Die Kürassiere waren bewaffnet mit der Flinte, die sie quer auf dem Rücken trugen, und dem drei Fuß langen Stoßdegen, zusätzlich mit einem Paar Pistolen im Sattelhalfter. Sie trugen Stulpenhandschuhe.

Die Artillerie stellte die jüngste Waffengattung dar. Vorher waren die Kanonen den Infanteriekompanien zugeteilt worden. Bis 1685 bestand das Artilleriekorps aus sechs Kompanien mit insgesamt 600 Mann, die 87 leichte und 36 schwere Kanonen bedienten, sowie 17 Wurfgeschütze. Unter Kaiser Karl VI. wurde das Artilleriekorps auf 1.000 Mann aufgestockt. Da die Reichweite der Geschütze begrenzt war, mussten diese bei der Schlachtaufstellung immer vor Reiterei und Infanterie aufgestellt werden; sie gingen deshalb bei einem unglücklichen Verlauf der Schlacht stets verloren. Für ein Überschießen von hinten gab es noch keine Möglichkeit. Die Geschütze waren pferdebespannt.

Die Artilleristen trugen weite, bis an die Knie reichende graue Röcke mit breiten Aufschlägen und schmalem Kragen, auf dem Kopf einen Dreispitz mit bordierter Krempe. Hosen aus Kalbsfell komplettierten die Uniform. Ein Degen war am Lederkoppel befestigt. Die Offiziere trugen Stoßdegen mit Portepee.

Krieg gegen die Türken

Die jetzige Stellung von Prinz Eugen als Oberst enthob ihn seiner größten finanziellen Sorgen, denn die Position war nicht nur äußerst ehrenhaft, sie war auch einträglich. Sein Sold als Regimentskommandeur betrug 12.000 Gulden im Jahr. Doch Eugen musste andererseits erhebliche Schulden abzahlen. Seine Flucht aus Paris hatte er, wie bekannt, als Mittelloser begonnen. Außerdem war auch sein jetziger Sold nicht immer sicher, er floss aus der Kasse seines Regimentes, aus der auch sämtliche ihm unterstellten Offiziere zu bezahlen waren; die Mittel dazu kamen häufig unregelmäßig.

Seine Angehörigen, Mutter und Brüder, waren durch Ludwig XIV. ihrer großen Besitzungen und Einkünfte verlustig gegangen. Von ihnen war nichts zu erwarten. So wandte sich Eugen mehrfach an den Chef seines Hauses, Herzog Viktor Amadeus von Savoyen, mit dem Ersuchen um finanzielle Unterstützung. Ein eigenhändiges Schreiben Prinz Eugens vom 18.12.1683 verwahrt das Turiner Staatsarchiv.

Auch Jahre später, als Eugen auf der Reise mit seiner Mutter nach Madrid vom spanischen König zum Ritter des Goldenen Vließes ernannt wurde, war seine finanzielle Lage noch schwierig. Der Prinz war zwar stolz über die Auszeichnung, kam jedoch gleichzeitig in große Verlegenheit, denn die zum hohen Orden gehörige schwere goldene Kette im Wert von 3.000 Gulden hatte er selber zu bezahlen. Da er die Summe nicht aufbringen konnte, musste er sich wiederum mit einem Bittbrief vom 8. Februar 1688 nach Turin an seinen Gönner, Herzog Viktor Amadeus, wenden. Darin schrieb er, die Kette sei unerlässlich, damit er als Prinz des Hauses Savoyen „in mäßiger Weise schon um der Ehre des königlichen Hauses Savoyen willen, wie ein Fürst seinesgleichen und als General erscheinen könne." [21] Der Herzog seinerseits war offensichtlich freigiebig, denn alle Schreiben Eugens aus dieser Zeit an Viktor Amadeus schlossen mit dem Ausdruck tiefster Dankbarkeit.

Die Schlacht gegen die Türken war siegreich geschlagen. Jetzt konnte Eugen an eine kurze Erholung denken. So nahm er gerne die Einladung des bayerischen Kurfürsten Max Emanuel nach München an, wo er am dortigen Hof an ausgelassenen Faschingsfesten mit dem Kurfürsten und dessen Geliebter, der schönen Gräfin Kaunitz, Gemahlin des kaiserlichen Gesandten in München, teilnahm. Um überhaupt dorthin reisen zu können, musste Eugen den wertvollen Ring, den ihm sein Vetter Prinz Conti beim Abschied geschenkt hatte, verkaufen. Die Rückreise allerdings, im beginnenden Frühjahr, trat er schon mit drei ihm von Max Emanuel verehrten wertvollen Pferden und mit einer Dotation des Kurfürsten von 1.000 Gulden an.

Im Alltag zurück wurde ihm im Februar 1684 die Fortsetzung des Feldzuges gegen die Türken befohlen. Als Folge des Zustandekommens der „Heiligen Liga" zwischen Papst Innozenz XI., dem Kaiser, dem König von Polen, sowie der Republik Venedig, sollten die Türken aus ganz Ungarn vertrieben werden.

Der Vater der „Heiligen Liga", Innozenz XI., war ein ernster, melancholischer Asket, der in Como geboren wurde. Seine Sommerresidenz Castel Gandolfo hat er nie besucht, vielmehr hauste er wie ein Einsiedler, immer in die selbe Soutane gekleidet, in einfachen Gemächern. Selbst die Vatikanischen Gärten soll er nie betreten haben. In nur wenigen Jahren war es ihm gelungen, den maroden Haushalt des Kirchenstaates in Ordnung zu bringen und zahlreiche Wohlfahrtseinrichtungen zu schaffen.

Der französische König hatte sich schon vorher der in ganz Europa verbreiteten Kreuzzugsstimmung nicht ganz entziehen können. Bereits am 15. August 1681 schlossen Kaiser und Reich mit Ludwig XIV. in Regensburg einen 20jährigen Waffenstillstand. Um den Rücken im Kampf gegen die Osmanen frei zu bekommen, musste der Kaiser die Okkupationen Ludwigs sanktionieren, ein hoher Preis!

Als es 1684 zur erneuten Schlacht gegen die Türken kam, wurde Eugen in der Schlachtordnung am linken Flügel der Reiterei eingeteilt, unter dem Reitergeneral Fürst Salm. Die Festungen Viesegrad und Waitzen fielen. Ende Juni befand sich die verbündete Armee in Pest, um die Belagerung von Ofen, einem Teil des heutigen Budapest, in Angriff zu nehmen. Entgegen dem Urteil aller anderen Generä-

Kaiserlicher General und Minister Karl Theodor Fürst von Salm
(1648-1710)

le äußerte jedoch nur Feldmarschall Starhemberg seine Befürchtung, die türkische Festung Neuhäusel im Rücken sei ein Grund, die Belagerung nicht zu wagen. Und er sollte Recht behalten. Die Belagerung musste unter starken Verlusten aufgegeben werden.

Prinz Eugen jedoch verfolgte unter dem Oberbefehl des Markgrafen von Baden in den Kämpfen vor Ofen mutig den Feind und erbeutete im schneidigen Angriff eine Anzahl feindlicher Kanonen. Das Regiment Savoyen kam anschließend ins Winterquartier nach Schlesien. Eugen selbst verbrachte die kalte Jahreszeit in Wien und in Italien. Ein Schreiben an den Herzog von Savoyen wurde von Italien aus abgeschickt. [22]

Der nächste Feldzug gegen die Türken verzögerte sich bis zum Juni 1685. Erst dann trafen die Hilfstruppen aus dem Reich bei Parkany ein. Die verhängnisvolle Scharte des letzten Jahres bei der Belagerung Ofens sollte ausgewetzt werden; die Festung Neuhäusel musste fallen. Dieses Mal waren die Truppen gut bewaffnet und versorgt. Das war dem neuen Hofkriegsratspräsidenten, Graf Rabatta, zu verdanken, der sich unermüdlich und mit entsprechendem Rückhalt für die Ausrüstung der Hauptarmee eingesetzt hatte.

Am 16. Juli 1685 begann die Belagerung der Festung Neuhäusel durch ein Korps unter dem Befehl des Feldmarschalls Graf Caprara. Der größte Teil der Hauptarmee, mit dabei Eugen und sein Regiment, sollten zuvor die von den Türken ausgebaute Festung Gran entsetzen. Der Herzog von Lothringen besiegte vor Gran das türkische Heer, wobei Eugens Regiment sich mehrfach auszeichnete. Von diesem Sieg beflügelt, wagte Caprara den Sturm auf die Festung Neuhäusel und nahm erfolgreich die letzte Befestigung der Türkenherrschaft in Ungarn ein.

Eugen kehrte daraufhin mit allen Generälen der vereinigten Armee nach Wien zurück. Dort verbrachte er bei seinem großen militärischen Vorbild, dem älteren nahen Verwandten Markgraf Ludwig von Baden, einige Wochen. Die Mutter des Markgrafen, Luise Christiane, war die Schwester von Eugens Vater, eine geborene Prinzessin von Carignan. Der kaiserliche Feldherr, Markgraf Ludwig Wilhelm von Baden, hatte sein ungestümes Temperament von seiner streitsüchtigen Mutter geerbt. Er war halsstarrig – Geduld kannte er nicht – galt aber als schneidiger Offizier. Der französische Gesandte am kaiserlichen Hof und spätere Feldmarschall Ludwigs XIV., Vendôme, beschrieb den 35jährigen, später als „Türkenlouis" berühmt gewordenen

Handschrift Prinz Eugens
Untypische Unterschrift des Prinzen auf einem französischen Schreiben.
46 Jahre hat er alle deutschen Dokumente mit „Eugenio von Savoy" unterschrieben.

Feldherrn: „Er besitzt großen Mut. Im Kampf hat er einen klaren und sicheren Blick. Er ist sehr geschäftig, wachsam, immer auf dem Pferd und vor allem geeignet, ein großer General zu werden, vorausgesetzt, dass ihm sein Eigendünkel nicht in die Quere kommt. Auch ist er in Lob und Tadel nicht immer gerecht. Zusammengenommen besitzt er alle Tugenden, die einer haben muss, um eines Tages ein Heer wendig zu führen, aber er hat auch alle Fehler, die einem die Lust nehmen könnte, es ihm anzuvertrauen." [23]

Der Markgraf, von Eugens militärischem Talent überzeugt, verwandte sich bei Kaiser Leopold I. so intensiv für seinen Schützling, dass der Kaiser Prinz Eugen am 14. November 1685 beförderte. Mit erst 22 Jahren wurde er Generalfeldwachtmeister, in der Deutschen Wehrmacht dem Generalmajor und in der Bundeswehr dem Brigardegeneral entsprechend. Viele seiner älteren Kameraden waren allerdings durch diese Beförderung übergangen worden. Der Markgraf soll ihn dem Kaiser mit den Worten empfohlen haben: „Dieser junge Savoyarde wird mit der Zeit alle diejenigen erreichen, welche die Welt jetzt als große Feldherren betrachtet." [24]

Im Frühling des Jahres 1686 begleitete Prinz Eugen, wie bereits erwähnt, seine in Brüssel lebende Mutter nach Spanien. In Madrid wurden beide vom spanischen König mit größter Aufmerksamkeit aufgenommen. Einige Historiker meinten sogar, Eugen habe mit dem Gedanken gespielt, in spanische Dienste einzutreten. Doch dafür gibt es keine Beweise, zumal der Prinz nicht schnell genug wieder nach Wien kommen konnte, denn er wollte den nächsten Feldzug gegen Ofen nicht versäumen.

Wieder wurden Hilfstruppen aus dem Reich angefordert, dieses Mal auch aus Brandenburg. Der Große Kurfürst Friedrich Wilhelm schickte vereinbarungsgemäß 7.000 Mann unter General von Schöning. Die Vereinbarung zwischen dem Kaiser und dem Kurfürsten von Brandenburg vom 22. März 1686 war das für 20 Jahre abgeschlossene „ganz enge Bündnis". Es kam dadurch zustande, dass der Kaiser den Schwiebuser Kreis in Schlesien an Brandenburg abtrat. Dieser sollte dann aber, wie in einem Zusatzvertrag geregelt, vom Kurprinzen Friedrich, dem späteren ersten preußischen König, bei seinem Regierungsantritt wieder an das Kaiserreich gegen eine Dotation von 10.000 Dukaten zurückgegeben werden. Ein wahrhafter kurioser Vertrag, aber er erfüllte für den Kaiser seinen Zweck.

Insgesamt waren 34.000 Mann Hilfstruppen versammelt. Das Heer des Kaisers hatte eine Gesamtstärke von 100.000 Mann. Das Oberkommando lag wieder beim Lothringer Herzog Karl. General Prinz Eugen befand sich bei der Armee des bayerischen Kurfürsten Max Emanuel, der sich im Jahr davor mit der Tochter des Kaisers, Maria Antonia, vermählt hatte.

Die Belagerung Ofens begann am 21. Juli 1686. Blutige Kämpfe mit beiderseitig hohen Verlusten tobten hin und her. Laufgräben an die Festung wurden gezogen; die tapfer verteidigenden Türken machten Ausfälle. Bei einem dieser Ausfälle, der von Eugens Reiterei schneidig zurückgeworfen wurde, stürzte der Prinz, sein Pferd war unter ihm getroffen worden. Bei einer anderen Kampfhandlung traf ihn ein Pfeil in die rechte Hand.

Als der Großwesir Suleiman versuchte, ein Entsatzheer heranzubringen, wurde dieses jedoch unter großen Verlusten zurückgeschlagen. Prinz Eugen persönlich erhielt den Auftrag, dem Kaiser die frohe Botschaft des Sieges nach Wien zu bringen – eine hohe Auszeichnung. Am nächsten Tag schon kehrte er jedoch zur Belagerungsarmee zurück, gerade noch rechtzeitig, um am 2. September 1686 beim Hauptsturm und der Befreiung Ofens von der Türkenherrschaft, die 145 Jahre angedauert hatte, dabei zu sein.

Das kaiserliche Heer drang darauf noch bis zur Festung Szegedin an der Donau vor. Markgraf Ludwig, der sich besonders ausgezeichnet hatte, wurde zum Feldmarschall ernannt.

Den Winter verbrachte Eugen mit dem bayerischen Kurfürsten in Venedig. Die Schönheit der Dogenstadt berührte ihn. Was ihn aber am meisten interessierte, war das reichhaltige Waffenarsenal Venedigs.

Im Jahr 1687 begannen erneut Kämpfe gegen die Türken. Zunächst schien es, als sei dieses Mal der Großwesir im Vorteil. Die kaiserlichen Truppen mussten erstmalig einen Rückzug antreten. Doch ihre strategische Überlegenheit brachte auch bei der Schlacht von Mohàcs, am Berg Harsan, den Kaiserlichen letztendlich wieder den Sieg. Prinz Eugen, der mit seiner Kavalleriebrigade daraufhin den fliehenden Feind verfolgte, ließ seine Reiter vor dem verschanzten Lager der Türken absitzen und erstürmte an der Spitze seiner jetzt Infanteristen mit gezogenem Säbel die Wälle. 12.000 Türken kamen bei diesen Kämpfen ums Leben. Die Verluste der Kaiserlichen hingegen waren gering. Erneut wird es Eugen übertragen, die Nachricht des großen Sieges dem Kaiser zu überbringen. Der Kaiser ernennt daraufhin den erst 24jährigen General am 4. November 1867 zum Feldmarschall-Leutnant, was wiederum eine große Auszeichnung für den Prinzen bedeutet.

Die Türken waren zwar in vielen Schlachten geschlagen worden, solange sie aber Belgrad mit den strategisch wichtigen Flüssen Donau und Save beherrschten, war ihre Macht in Europa nicht gebrochen. Das Angriffsziel für das folgende Jahr hieß also folgerichtig Belgrad.

In der Mitte des Jahres 1687 trafen wieder die Hilfstruppen aus dem Reich bei der kaiserlichen Armee ein. Den Oberfehl hatte dieses Mal, da der Herzog von Lothringen krank darniederlag, der tapfere Kurfürst Max Emanuel. Mit 50.000 Mann marschierte dieser nach Belgrad. Anfang August wurde die Save überschritten, Ende August trafen die Geschütze der Artillerie ein und begannen mit dem Beschuss der Festung, wobei zwei Breschen in die Festungsmauer geschlagen wurden. Prinz Eugen, der immer vorne dabei war, erhielt einen Schuss ins Bein, oberhalb des Knies. Ein zusätzliches Lungenleiden zwang ihn zur Heimreise nach Wien. So verpasste er, da er erst im Januar 1689 seine Wiedergenesung an den Herzog von Savoyen melden konnte, den Fall der Festung und Stadt Belgrad am 6. September 1688.

Feldzug in Oberitalien

Schon träumte der Kaiser von der Wiedererrichtung des byzantinischen Reiches, als Ludwig XIV. ihn jäh aus seinen Träumen riss. Am 24. September 1688 setzten französische Truppen über den Rhein und besetzten die Pfalz. Der Franzosenkönig schoss damit allerdings weit übers Ziel. Es bildete sich eine breite Allianz gegen ihn. Mit dem Kaiser, sowie Spanien, Schweden, den Seemächten England und Holland und mächtigen Reichsfürsten waren ihm dieses Mal bedeutende Gegner erstanden, die nun beschlossen, sich der französischen Hegemonialpolitik zu widersetzen.

In England hatte Wilhelm von Oranien, der Generalstatthalter der Niederlande, den Königsthron bestiegen und damit die enge Verbindung der bisherigen Throninhaber aus dem Hause Stuart mit Frankreich in der „Glorreichen Revolution" beendet.

Der Kaiser stand jetzt allerdings in einem Zweifrontenkrieg. Prinz Eugen wurde daraufhin von Leopold beauftragt, auch seinen Onkel, Herzog Viktor Amadeus von Savoyen, der über ein mächtiges Heer verfügte, ins kaiserliche Lager zu ziehen.

Der Herzog von Savoyen war ein tatkräftiger, äußerst mutiger Mann, der sich zum Ziel gesetzt hatte, sein Land weiter zu vergrößern. Dazu war ihm jedes Mittel recht. Einerseits sah er die immer größer werdende Allianz gegen Frankreich äußerst positiv, denn das ständig erstarkende Frankreich erschien ihm als Nachbar nicht ganz geheuer. Die Armee Ludwigs XIV. war derzeit die übermächtigste und größte in Europa. Andererseits wollte er auch das Kaiserreich nicht allzu stark sehen; dazu kamen ihm die Aderlässe des Kaisers im Kampf gegen die Türken gerade recht. So lavierte er hin und her, um sich endgültig dann auf die Seite des Siegers schlagen zu können.

Die Grausamkeit, mit der die französischen Truppen in der Pfalz hausten, schmiedete die Allianz noch fester zusammen. Eintausend Ortschaften wurden von den Franzosen niedergebrannt, Heidelberg,

Mannheim, Speyer und Worms brutal zerstört. Französische Offiziere und Soldaten schändeten sogar die Kaisergräber im Dom zu Speyer. Als Zeuge dieser Zerstörung und als Mahnmal steht noch heute das ausgebrannte Schloss in Heidelberg [25].

Der bisher kaum gekannte Terror, der auf Befehl Ludwigs XIV. ausgeübt wurde, mag dazu beigetragen haben, dass der Herzog von Savoyen sich im Jahr 1690 doch noch endgültig auf die Seite des Kaisers stellte; sein Hauptantrieb soll jedoch die Überlegung gewesen sein, auf Seiten des Kaisers fettere Beute machen zu können. Als Eugen ihn allerdings in Turin aufsuchte – angeblich war der Herzog bereits Verbündeter des Kaisers – traf er ihn zu seinem Erstaunen in geheimer Zusammenkunft mit dem französischen Botschafter an. Jedoch am 4. Juli 1690 wurde dann ein Vertrag zwischen Kaiser und Herzog Viktor Amadeus geschlossen. 100.000 Dukaten zahlte der Herzog in die leere Kriegskasse des Kaisers. Eine gewaltige Summe. Dafür erhielt er die Alpenfestung Pignerolo und durfte künftig den Titel „Königliche Hoheit" tragen. [26]

Um einen Zweifrontenkrieg zu vermeiden, beschwor der Herzog von Lothringen den Kaiser, ein Friedensabkommen mit der Pforte zu schließen. Prinz Eugen sah ebenfalls durch die Aufteilung des Heeres an zwei Kriegsschauplätzen große Gefahren. Jedoch der Kaiser hatte Rücksicht zu nehmen auf seine Verbündeten Polen und Venedig. Zudem bangte er um die gewaltige finanzielle Unterstützung des Papstes, falls der Krieg gegen das Osmanische Reich eingestellt würde. Aus diesen Gründen konnte er auf die Forderung des Herzogs von Lothringen nicht eingehen. Hinzu kam, dass die Türken meinten, durch den Angriff Frankreichs auf den Kaiser für sich selber Vorteile in der Fortführung des Krieges zu haben und auf die überzogenen Friedensbedingungen des Kaisers nicht eingingen.

Am 3. April 1689 erklärte Kaiser Leopold im Namen des Reiches Frankreich den Krieg. Prinz Eugen wurde zur Armee seines Onkels, Viktor Amadeus, versetzt. Mit 7.000 kaiserlichen Soldaten marschierte er nach Italien, wo sich 9.000 Piemonteser und ein Kontingent Spanier anschließen sollten. Prinz Eugen war schon vorausgeritten und musste erleben, wie Herzog Viktor Amadeus, ohne auf die kaiserlichen Truppen zu warten, voreilig mit seinen Soldaten gegen den Feind losschlug. Empört über die planmäßige Verwüstung seines Landes durch die Franzosen, insbesondere über die Brandschatzung von Chambery und Annecy, wollte der Herzog den Feind möglichst schnell über die Grenzen seines Landes zurücktreiben.

Doch gerade das war es, worauf der französische Generalleutnant Catinat, ein hervorragender Stratege und tapferer Offizier, nur gewartet hatte. Er plante, den Herzog aus seinen festen, gut verschanzten Stellungen bei Villafranca zu locken. Dazu setzte er zum Sturm auf Saluzzo an, wo der Herzog wichtige Magazine angelegt hatte.

Am 18. August 1689 griffen dann die Truppen des Herzogs bei der Abtei von Staffarda Catinats Armee an und kassierten eine empfindliche Niederlage, mit der Folge, fast ganz Savoyen zu verlieren. Auch Saluzzo musste sich ergeben; eine große Anzahl von Städten und Dörfern gingen in Flammen auf. Dass Viktor Amadeus mit seinen Truppen noch einen einigermaßen geordneten Rückzug vornehmen konnte, hatte er nur dem wagemutigen Einsatz seines Vetters, Prinz Eugen, zu verdanken, der mit seiner Reiterei den Rückzug deckte. Sogar beim Gegner wurde der mutige Kampf des Prinzen lobend vermerkt, wie der französische Schriftsteller Quincy in seinen Memoiren schreibt.

Auch hier war es wieder französische Politik, sengend und brennend das besetzte Gebiet völlig zu verwüsten.

Als endlich die kaiserlichen Truppen ankamen, hielten diese Catinat davon ab, seinen Sieg bei Staffarda endgültig zu machen. Der Herzog sammelte sein Heer im Lager von Moncalieri. Dort trafen auch die lang erwarteten spanischen Einheiten unter dem Gouverneur von Mailand, Graf Fuensalida ein, einem starrsinnigen, rechthaberischen und aufbrausenden Mann.

Damit waren die Verbündeten jetzt personell stärker als das französische Heer. Doch immer, wenn Eugen darauf drang, nun endlich anzugreifen, traf er auf Ausflüchte und den Widerstand des Spaniers. Unzufrieden mit dieser Entwicklung im alliierten Heer und verbittert über Fuensalida, berichtete der Prinz am 13. Oktober 1688 aus Moncalieri an den Kaiser:

„Niemand will mehr mit ihm unterhandeln, denn jeder scheut die Ausbrüche seiner Heftigkeit. Der Herzog, welcher sich nach Turin begab, will nicht mehr nach dem Lager zurückkehren, das zu verlassen die Spanier durch nichts zu bewegen sind. Er hält es für unvereinbar mit seiner Ehre, bei einem Heer zu verweilen, welches in die geringste Bewegung zu bringen, er nicht der Herr ist. Im Kriegsrat antworten die Spanier immer nur mit zweideutigen, halbverständlichen Worten, und wenn endlich irgendeine Sache dennoch beschlossen würde, so finden sie eine Stunde später so viele Hindernisse, daß man wieder nicht zur Ausführung gelangt. Wenn diese Leute ebensoviel Befähigung und Eifer für das öffentliche Wohl hätten, als sie Geschicklichkeit und Schlauheit besitzen, um an ihr Ziel zu gelangen, welches nur in völliger Untätigkeit besteht, so würden unsere Angelegenheiten sich in einem ganz anderen Zustand befinden. Ich zweifle nicht, daß, wenn die Feinde gegen uns marschierten und um die Hälfte schwächer wären als wir, wir bis Mailand zurückweichen würden und nichts die spanischen Generale aufzuhalten vermöchte." [27]

Eugen schloss mit der Versicherung, diese Wahrheit sei in der ganzen Armee bekannt. Als auf Grund der spanischen Verzögerungstaktik dann die Festung Susa kapitulieren musste, blieb der Armee des Herzogs nichts anderes übrig, als sich in die Winterquartiere zurückzuziehen. Verbittert beschwerte sich Eugen wieder und wieder über die Hilflosigkeit und fehlende Entschlusskraft des Kaisers in dieser Lage.

An allen Fronten war die Situation nicht günstig. Die Rheinfront litt unter dem Mangel an Truppenstärke, ebenso die Verteidigung in Ungarn gegen die Türken. Immer wieder beklagte Eugen die Verzettelung der Truppen, wodurch die Möglichkeit einer Schwerpunktbildung genommen wäre. Auch im Osten verschlechterte sich die militärische Lage für den Kaiser zusehends, sämtliche Eroberungen in Serbien gingen verloren. Selbst einige zusätzliche Regimenter, die der Kaiser in Eilmärschen dorthin befahl, konnten nicht verhindern, dass das türkische Heer sogar Belgrad wieder einnahm. Verbittert schrieb der Prinz daraufhin im Dezember an Tarino, er werde eher den Dienst quittieren, als noch einmal einen so unfähigen Feldzug mitzumachen.

Erschwerend kam hinzu, dass der Nachschub für die Truppen in Italien ausblieb. Es fehlte an Verpflegung und an Ausrüstung für den Winter. Auf Eugens drängende Nachfrage in Wien erhielt er nur Ausflüchte, nicht jedoch das angeforderte und dringend benötigte Geld. So schrieb er an seinen Freund, den Grafen Tarino: „Es bedürfe eines weit geschickteren Mannes als er es sei, um die Soldaten mit Nichts zu bezahlen, er fürchte nicht die Franzosen, um so mehr aber die Erschöpfung seiner Truppen, die halb ruiniert in den neuen Feldzug ziehen müssten." [28]

Da fast ganz Piemont von den Franzosen verwüstet worden war, wurde dem Prinzen der Befehl Wiens übermittelt, seine Truppen in die Grafschaft Montferrat, die im Besitz des Herzogs von Mantua war, ins Winterquartier zu verlegen. Doch sowohl der Herzog, als auch die gesamte aus Bauern bestehende Bevölkerung, waren Freunde der Franzosen und bekämpften in einem Partisanenkampf die ruhebedürftige kaiserliche Armee. Das erschwerte zusätzlich die notwendige Versorgung der Truppe, die bereits zu hungern begann. „Niemals" schrieb Eugen an Tarino, „habe ich verräterischere Schurken gesehen, als in diesem Lande, wo man von nichts als von Meuchelmord reden hört, und täglich kommen mir Nachrichten zu, dass man mich vergiften wolle und dass man hoffe, mich lebend oder tot nach Casale zu bringen." [29]

Der Herzog von Mantua, der im Sold des französischen Königs stand, verteilte sogar Waffen an die Bauern, die Überfälle auf kaiserliche Behausungen machten und Offiziere in die Berge verschleppten. Erst als Eugen, um diesem Zustand ein Ende zu bereiten, mit 400 Mann gegen Vignale, dem Hauptquartier der Partisanen, zog und dort ein Blutbad anrichtete, konnte das Winterquartier als einigermaßen sicher angesehen werden. Herzog Viktor Amadeus drängte daraufhin Eugen dazu, selbst nach Wien aufzubrechen, um dem Kaiser diese unerträglichen Zustände zu schildern und um Abhilfe zu bitten.

Im März 1691 trug der Prinz dem Kaiser und dem Hofkanzler, Graf Stratmann, seine Vorschläge für eine bessere Versorgung und Koordinierung der vereinigten Armeen vor. Es gelang ihm darüberhinaus, den Kaiser von einer offensiveren Kriegsführung zu überzeugen. Hierzu erhielt er die Zusage vom Hofe, die Truppenstärke des Heeres in Piemont um 20.000 Mann zu erhöhen. Um dieses Ziel jedoch zu erreichen, waren die Hilfstruppen aus Bayern notwendig. Der Kurfürst sollte einige Regimenter stellen.

Einen großen Erfolg für die Sicherstellung des Soldes konnte Eugen beim König von England verbuchen, der für Marsch und Unterhalt 400.000 Taler zusagte.

Im Mai 1691 kehrte Prinz Eugen sodann zu seinem Korps nach Piemont zurück, wo er zu seiner großen Erleichterung erfuhr, dass während seiner Abwesenheit Graf Fuensalida durch den, dem Kaiser ergebenen Marquis Leganez im Oberfehl der spanischen Truppen ersetzt wurde.

Die militärische Lage an der Piemonter Front war allerdings sehr unerfreulich. Catinat hatte im April 1691 Nizza erobert, im Mai Avigliano und im Juni Carmagnola. Turin befand sich in größter Gefahr. Der herzogliche Hof musste nach Vercelli ausweichen. Deshalb übergab der Herzog an Eugen das Kommando über die Verteidigung Turins, womit er den Prinzen auszeichnete und ihm sein großes Vertrauen bewies. Da Catinat dann wider Erwarten von einem Angriff auf Turin absah – ein Zusammentreffen mit dem Prinzen, der auch in der französischen Armee bereits einen Namen hatte, schien ihm wohl nicht angeraten – zog Herzog Viktor Amadeus mit seinen verbündeten Truppen über die Grenze Frankreichs ins Gebiet der Dauphiné. Es fiel die Stadt Grap, und der Weg nach Grenoble schien frei. Erstmalig seit der Regentschaft Ludwigs XIV. hatten feindliche Truppen französischen Boden betreten.

Da traf die kaiserlichen Verbündeten ein harter Schlag. Im piemontesischen Lager waren die Blattern ausgebrochen und verschonten auch den Herzog nicht. Der gab daraufhin den Befehl zum Rückzug. Als das Heer bei Saluzzo anlangte, wo es vom wiedergenesenen Herzog erwartet wurde, war der Feldzug dort beendet, wo man im Frühjahr aufgebrochen war.

Erneut musste Prinz Eugen daraufhin zum Rapport nach Wien reisen, wo er seiner Enttäuschung über das Fehlen eines Gesamtkonzeptes im jetzt Dreifrontenkrieg – gegen Frankreich, Italien und die Türken – vorbrachte. Seiner Meinung nach war das Oberkommando den dreifachen Forderungen nicht gewachsen. Wohl als Ausgleich dafür, dass trotz des unermüdlichen Einsatzes des Prinzen das Jahr so wenig erfolgreich verlaufen war, ernannte der Kaiser ihn zum Feldmarschall. Prinz Eugen hatte zu diesem Zeitpunkt noch nicht einmal zehn Jahre in der kaiserlichen Armee gedient. Fast zur gleichen Zeit erhielt auch sein Gegner Catinat, der von bürgerlicher Herkunft war, vom Franzosenkönig die Marschallswürde verliehen. Allerdings hatte er dafür dreimal länger dienen müssen als Eugen.

In der Rangfolge der kaiserlichen Marschälle, von denen es derzeit etwa 20 gab, nahm Eugen jedoch nur den fünften Platz ein. Am 4. Februar 1693 schrieb er an Tarino, dass die Marschälle Herzog von Savoyen, Caprara, Leganez und Pálffy dienstrangmäßig höher stünden als er.

Auch der Feldzug des Jahres 1693 brachte nicht die von Eugen sehnlichst erwünschten Fortschritte auf dem italienischen Kriegsschauplatz. Der Herzog von Savoyen belagerte Stadt und Festung Pignerolo über drei Monate lang vergeblich, während Catinat in seinem Rücken in Richtung Turin marschierte. Der Herzog brach daraufhin die Belagerung ab und versuchte in Eilmärschen, Catinat zu stellen. Am 4. Oktober 1693 kam es zur Schlacht bei Marsaglia. Trotz erbitterter Gegenwehr Prinz Eugens, der das Zentrum der kaiserlichen Schlachtaufstellung anführte, musste der Herzog unter großen Verlusten seine Truppen nach Turin zurückziehen. Beide Flügel waren geschlagen worden.

Diese Niederlage bewog den Savoyer, heimlich Kontakte zu den Franzosen herzustellen. Er spielte mit dem Gedanken, die Seiten zu wechseln, konnte sich aber noch nicht endgültig entscheiden, den Schritt zu vollziehen. Also wartete er ab, allerdings nicht, ohne den Franzosen die nächsten Vorhaben der kaiserlichen Truppen zu verraten. Über diesen Verrat schrieb Catinat an seinen König „Im Einvernehmen mit dem Herzoge wie es scheint, oder mit einem seiner Minister, fortwährend Nachricht, die sich immer vollkommen bestätigen und uns im Voraus von der Bewegung der Feinde unterrichten." [30]

Im Sommer 1696 schloss der Herzog dann einen Waffenstillstand mit Frankreich. Nun blieb dem Kaiser nichts anderes übrig, als im Herbst in ein Neutralitätsabkommen für Italien einzuwilligen. Voller Empörung über den Verrat von Herzog Viktor Amadeus forderte Prinz Commercy den Herzog zum Duell heraus, zu dem es allerdings dann nicht kam.

Prinz Eugen blieb die traurige Pflicht, sein ausgeblutetes Heer, das lange schon ohne Sold war – der Nachschub an Verpflegung fehlte völlig – über die Alpen zurückzuführen. Wien schien seine Italienarmee vergessen zu haben. Verbittert und unter Depressionen leidend, erschienen Eugen die sechs Jahre, die er erfolglos in Italien gekämpft hatte, als verlorene Zeit. In einem Brief an Guido von Starhemberg schrieb er: „Ich kahn länger dieses Elendt nit ansehen, sondern bin genzlich gesunnen zu quittieren weilen mir solchergestalt nit mehr zu dienen verlanget." [31]

Der Austritt des Herzogs von Savoyen aus der großen Allianz und sein verräterisches Überschwenken auf die Seite Ludwigs XIV. bedeutete eine erhebliche Schwächung des kaiserlichen Heeres. Die Lage des Kaisers war, wenn auch noch nicht verzweifelt, so doch sehr ernst geworden. Denn auch der Krieg am Rhein nahm keinen günstigen Verlauf. Die Franzosen waren vorgerückt und hatten Heidelberg 1693 ein zweites Mal eingenommen. Auch mit den Türken, die bereits 1690 Belgrad zurückeroberten, musste wieder gerechnet werden. Überall war der Kaiser in die Defensive gedrängt worden, und so blieb ihm nichts anderes übrig, als im September 1697 mit Ludwig XIV. Frieden zu schließen, wobei Straßburg und das gesamte Elsass französisch wurde. Folgerichtig bezeichnete der Volksmund die Friedensschlüsse von Nymwegen und Ryswick als Frieden von „Nimmweg" und „Reißweg".

Der Sieg bei Zenta

Als Prinz Eugen aus Italien wieder in Wien eintraf, dankten ihm der Kaiser und sein Hofkriegsratspräsident, Graf Gundacker von Starhemberg, und sprachen ihm für seine Leistungen großes Lob aus. Im Wiener Kriegsarchiv befindet sich ein gleichlautendes Schreiben von Starhemberg an Eugen, datiert vom 21. Oktober 1696.

Für Eugens Zukunft zeichnete sich noch nicht ab, wo ihn der Kaiser als nächstes einsetzen würde. Der Prinz hatte erkennen lassen, dass er nach dem frustrierenden Feldzug in Italien gerne wieder nach Ungarn ginge, wo er seinerzeit den ersten Ruhm als Feldherr erwarb.

Dort hatte sich allerdings zwei Jahre zuvor ein bedeutender Wechsel im Oberbefehl der kaiserlichen Armee vollzogen. An die Stelle des Markgrafen Ludwig von Baden, des vom Feinde gefürchteten „Türkenlouis", der nach dem Tode des Reichsfeldmarschalls Karl von Lothringen die gegen Frankreich kämpfenden Reichstruppen befehligte, war Kurfürst Friedrich August II. von Sachsen getreten. In die Geschichte ist er eingegangen als August der Starke. Dieser Beiname bezog sich allerdings nicht auf seine eher mangelhafte Feldherrenkunst, sondern mehr auf die Beziehungen zur Damenwelt. Zum Oberbefehl war er nur gekommen, weil er sonst dem Kaiser seine 8.000 Mann starke Truppe vorenthalten hätte.

Dem Kaiser schien es daher geraten, ihm einen tüchtigen und erfahrenen Offizier an die Seite zu stellen. Und seine Wahl fiel auf Eugen. Der Prinz wäre aber auch hier nur wieder Adlatus und Berater gewesen. Doch da kam ihm der Zufall oder das Schicksal zu Hilfe. Anstelle des ein Jahr vorher verstorbenen Königs von Polen, Johann Sobieski, wurde der sächsische Kurfürst zum König gewählt. Dieser legte daraufhin den Oberbefehl über die kaiserlichen Truppen nieder. Am 5. Juli 1697 wurde dann Prinz Eugen auf Antrag seiner Förderer und Bewunderer, des Generalleutnants Markgraf Ludwig von Baden und des Präsidenten des Hofkriegsrates Feldmarschall Starhemberg,

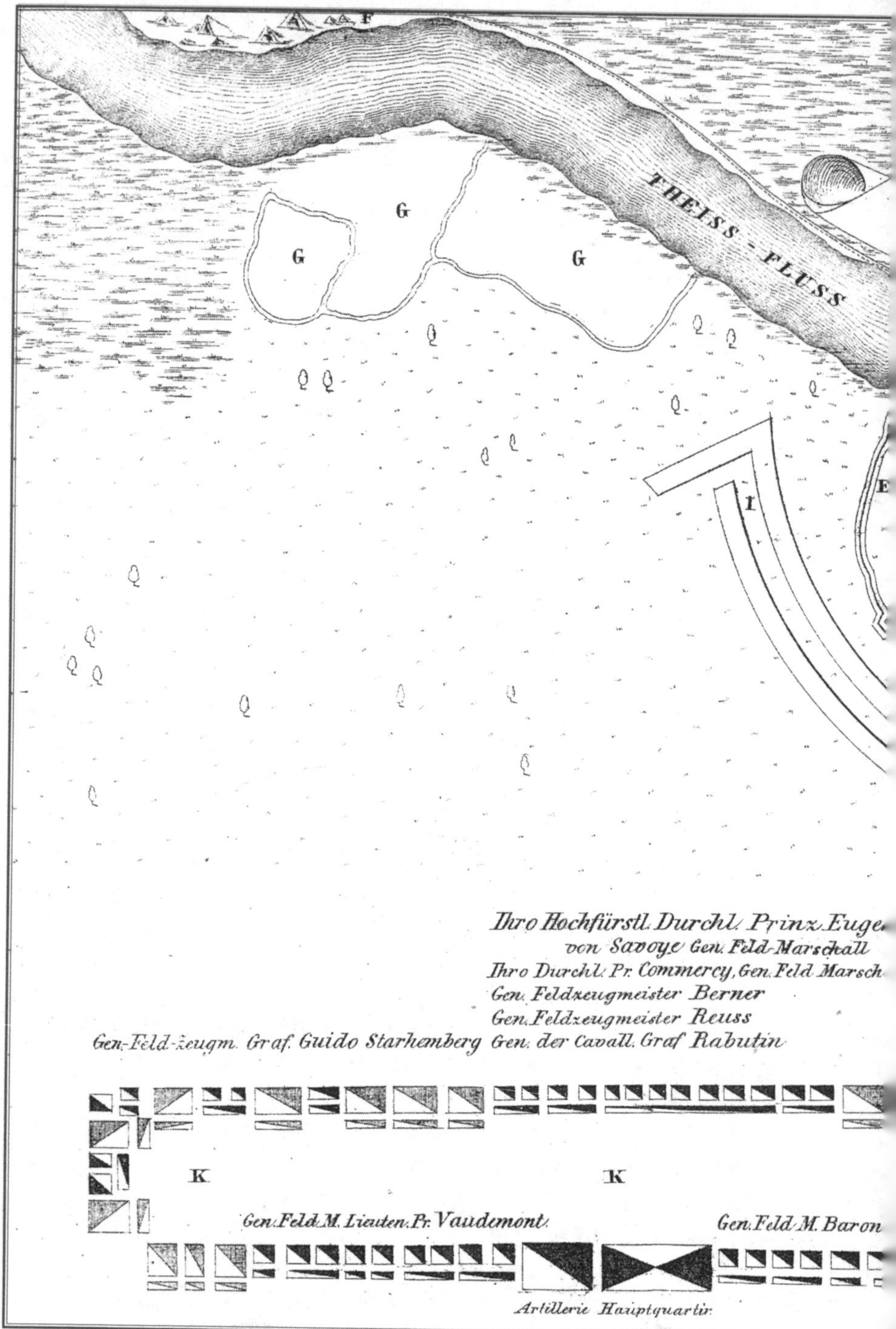

F
G
G
G
THEISS - FLUSS
I
E
Ihro Hochfürstl. Durchl. Prinz Euge
von Savoye Gen. Feld-Marschall
Ihro Durchl. Pr. Commercy, Gen. Feld Marsch
Gen. Feldzeugmeister Berner
Gen. Feldzeugmeister Reuss
Gen.-Feld-zeugm. Graf. Guido Starhemberg
Gen. der Cavall. Graf Rabutin
K
K
Gen. Feld. M. Lieuten. Pr. Vaudemont
Gen. Feld. M. Baron
Artillerie
Hauptquartir

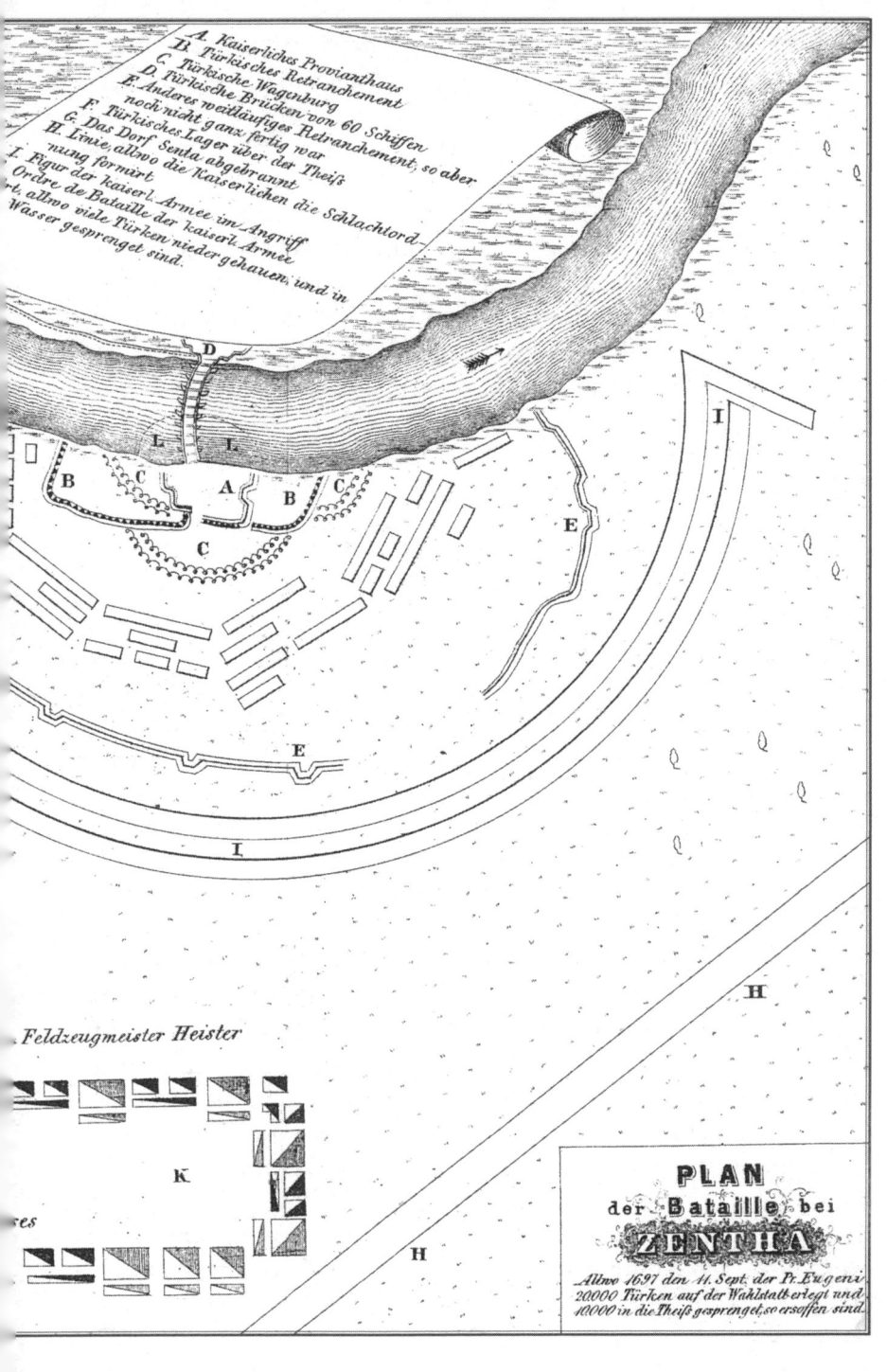

zum Oberbefehlshaber ernannt. Starhemberg erklärte dem Kaiser: „Er wisse niemand zu nennen, der mehr Verstand, Erfahrung, Fleiß und Eifer zu des Kaisers Dienst, der eine großmütigere und uneigennützigere Gesinnung, der die Liebe der Soldaten im höheren Grade besitze als der Prinz." [32]

Mit 34 Jahren hatte es Eugen jetzt geschafft. Endlich konnte er seine Vorstellungen umsetzen und so auftreten, wie es ihm aufgrund seiner fürstlichen Geburt und seiner Feldherrnkunst zustand.

Damals waren die Ränge der Generalität wie folgt eingeteilt: An der Spitze der kaiserlichen Armee stand der Generalleutnant als unmittelbarer Stellvertreter des Kaisers im Oberbefehl. Diesen Posten hatte Prinz Eugen dann von 1707 bis zu seinem Tode inne. Mit Zustimmung des Reichstages wurde er später darüber hinaus noch zum Reichsfeldmarschall ernannt. Dazu war für den Prinzen eine Ausnahme gemacht worden, da dieser Titel sonst nur an regierende Reichsfürsten vergeben werden durfte. Unter dem Generalleutnant standen die Feldmarschälle. Darunter dann die kommandierenden Generäle der Infanterie und Kavallerie, sowie die Artilleriegeneräle oder Feldzeugmeister. Eine Stufe niedriger rangierten die Feldmarschall-Leutnants, dann die Generalfeldwachtmeister, und dahinter kam der Rang des Oberst. Letztere waren die Kommandeure der einzelnen Regimenter und wurden durch den Oberstleutnant vertreten. Als Vorläufer des Generalstabes standen dem Generalleutnant als Oberbefehlshaber der Generalquartiermeister und dessen Stab zur Seite, vornehmlich im Range von Oberstleutnants.

Eugen erhielt jetzt den kaiserlichen Befehl, sich unverzüglich zu seinem Heer im Lager von Kolluth am linken Donauufer zu begeben, 40 km aufwärts der Draumündung. Er fand ein demotiviertes Heer vor, mit dem es in keiner Weise zum Besten stand. Der sächsische Kurfürst hatte es als Oberbefehlshaber nicht vermocht, sich die Achtung seiner Offiziere und das Vertrauen, geschweige denn die Zuneigung seiner Soldaten zu erwerben. Die Offiziere mussten darüber hinaus mit Entsetzen feststellen, dass der Kurfürst von Kriegsführung, und gar von einer solchen gegen die Türken, nichts verstand. Den Soldaten gegenüber zeigte er weder Sorgfalt noch Interesse und verwirrte sie durch seine Unsicherheit in der Befehlsgebung. Schon jeder junge Offizier musste damals zu Beginn seiner Ausbildung lernen, dass es nichts Schlimmeres für eine Truppe gibt, als wenn diese zur Überzeugung kommt, schlecht geführt zu sein. So war es nicht verwunderlich, dass beide Feldzüge, die August führte, nicht erfolgreich waren.

Die Musterung seiner neuen Truppen erbrachten für Eugen das Ergebnis, dass er über ganze 16 kaiserliche und 9 sächsische Infanterieregimenter verfügte, dazu kamen 8 kaiserliche und 3 sächsische Kavallerieregimenter mit einem Gesamtsollstand von 70.000 Mann; tatsächlich waren es aber nur 31.000 Mann. Nicht mehr zugeführte Rekruten hatten das Absinken der Sollstärke bewirkt. Als er die Nachricht bekam, dass seine Streitkräfte nur 31.142 Mann stark seien, sagte er: „Ich danke für die Meldung. Ich bin der 31.143ste, und bald werden wir mehr sein." [33]Wie ein Lauffeuer ging seine optimistische und motivierende Aussage durch das ganze Lager.

Der Generalstab fehlte völlig. In der Kriegskasse befand sich außerdem „kein Kreuzer Geld". Eugen musste sich 1.000 Gulden vom Grafen von Haberstein, seinem Adjutanten, borgen, um die nötigsten Anschaffungen vornehmen zu können. Die Überprüfung der Proviantierung sah noch trostloser aus. Es waren noch für vier Wochen Mehl, für drei Tage Pferdefutter und für zehn Tage Backholz vorhanden. Sonst nichts.

Die vordringlichste Aufgabe war es jetzt, schnellstens Proviant auf der Donau nachzuziehen, Magazine anzulegen, Peterwardein und Szegedin zur Festung auszubauen. Zum Glück konnte sich Eugen wenigstens auf einige der ihm untergebenen Generäle fest verlassen. Unter anderem auf den einzigen, ihm zugeteilten Feldmarschall, Prinz Karl von Lothringen-Commercy, seinen Freund und alten Waffengefährten, sowie auf die beiden Infanteriekommandeure und Generäle, Graf Sigbert Heister und Graf Guido von Starhemberg, einem entfernten Verwandten des Hofkriegsratspräsidenten. Beide Infanteriekommandeure waren zwar älter als Eugen, Heister sogar schon 50 Jahre alt – eine Tatsache, die noch Konfliktstoffe in sich bergen sollte – jedoch beide hervorragende, begabte und energische Offiziere, die ihre Soldaten mitreißen konnten.

Für die Kavallerie dienten unter ihm Prinz Thomas von Vaudémont, der sich schon mit Eugen als Freiwilliger dem Kaiser angeschlossen hatte und sich durch Tapferkeit, Schneid und Entschlussfähigkeit in den vorausgegangenen Schlachten bewährt hatte, sowie ein weiterer Spross einer vornehmen französischen Familie, Graf Johann

Ludwig Bussy-Rabutin, ein ebenfalls schneidiger, bei Hofe hoch angesehener Reiterführer.

Doch was nützen brillante Unterführer, wenn kein Geld und nicht genügend Ausrüstung und Proviant zur Verfügung stehen! Eugen sendet sofort Oberst Graf Solani nach Wien, um dem Hof die Missstände seines Heeeres deutlich zu machen und Hilfe anzufordern.

Hauptaufgabe des Prinzen ist es zudem, die weit zerstreuten Heeresteile mit der Hauptarmee zusammenzuführen. Er weiß, nur mit konzentrierter Kraft kann er, wenn überhaupt, dem türkischen Ansturm standhalten.

Die Zeit drängt, denn am 17. Juli 1697 erhält Eugen die Kunde, dass erstmalig feindliche Truppen gesichtet wurden. Dann trifft die Nachricht ein, eine gewaltige türkische Flotte ankere auf der Donau vor Belgrad. Sultan Mustafa II., so wird ihm gemeldet, stehe mit dem Hauptheer bei Nissa, jedoch gäbe es noch keine Anzeichen, ob er dies- oder jenseits der Donau vorrücken werde.

Glücklicherweise traf zum richtigen Zeitpunkt als Verstärkung das Korps des Grafen Auersperg ein, das zur Sicherung an die Theiß verlegt wurde. Doch immer noch gab es keine Nachricht von der Reiterei Vaudémonts und Rabutins.

Als dann Sultan Mustafa mit dem Hauptheer die Brücke der Donau bei Pancsova überschritt, durchschaute der Prinz dessen Pläne, die Türken nördlich der Donau vorrücken zu lassen, um die kaiserliche Infanterie von der noch fehlenden Reiterei abzuschneiden und um ungehindert von dort nach Oberungarn und Siebenbürgen operieren zu können. Sultan Mustafa II. hatte seinem Volk und seinen Soldaten neue Zuversicht und neuen Schwung durch seine siegreichen Feldzüge gegen den sächsischen Kurfürsten verschafft.

Sofort legte Eugen vor die Festung Titel ein Korps von acht Infanteriebataillonen und 800 Reitern, denn Vaudémont war endlich mit seiner Reiterei eingetroffen. Der Feind sollte vor Peterwardein aufgehalten werden.

Der Prinz selber brach vom Lager auf und marschierte an den Fluss Theiß, wo er sich nun auch mit der Kavallerie Rabutins vereinigen konnte. Von dort zog er mit einer Streitmacht von 50.000 Mann in Gewaltmärschen wieder zurück, um das strategisch so wichtige Peterwardein zu schützen. Das Korps vor Titel hatte mittlerweile vor der gewaltigen türkischen Übermacht zurückweichen müssen. In der

Nacht vom 7. September traf dann die kaiserliche Armee nach einem achtstündigen Gewaltmarsch vor Peterwardein ein.

Das Hauptheer der Türken hatte, wie Beobachter meldeten, das Lager Kovil verlassen, um die nun frei gewordene Theißlinie zu besetzen. Sofort setzte Eugen mit seiner Streitmacht in sommerlicher Gluthitze den Türken durch die ungarische Steppe nach; wiederum in Eilmärschen, dieses mal nach Norden, um vor dem Feind Szegedin zu erreichen.

Die Disziplin und Ordnung, in der die Truppe diese äußerst kräftezehrenden Märsche absolvierte, zeigt, dass es dem Prinzen in der kurzen Zeit von zwei Monaten gelungen war, der demoralisierten Armee wieder Zuversicht und Rückrat zu geben. Dem Kaiser meldete der Prinz „nur wenige Tage braucht der Feind mir zu geben um die Soldaten Eurer Majestät zusammenzuziehen und dann werde ich mit Gottes Hilfe seine Pläne zerstören." [33]

Am 10. September erhält Eugen die Nachricht, der Feind habe bereits beim Dorfe Zenta komplett über die Theiß gesetzt. Der Prinz schenkt jedoch dieser Meldung keinen Glauben. Vielmehr lässt er seine Truppen in Schlachtordnung auf das nicht mehr weit entfernte Dorf Zenta vorrücken. Im Morgengrauen des 11. September stößt Eugens Vorhut auf den Feind.

Vorstürmenden Husaren gelingt es, einen türkischen Pascha gefangen zu nehmen. Eugen selbst führt ein Verhör mit diesem durch und erfährt unter Androhung einer sofortigen Hinrichtung des Paschas, dass der Sultan seinen Plan, direkt auf Szegedin vorzustoßen, aufgegeben habe. Auf die Nachricht des Heranrückens der kaiserlichen Truppen hätte Mustafa II. sich dann entschlossen, die Theiß zu überqueren und sich gegen Oberungarn und Siebenbürgen zu wenden.

Als Eugen endlich mit seinen Truppen vor dem brennenden Dorf Zenta eintrifft, findet er die Aussagen des Paschas bestätigt. Von einer Anhöhe aus kann er selber beobachten, dass der Sultan den Hauptteil seiner Reiterei bereits über eine von französischen Pionieren erbaute, aus 60 Schiffen bestehende Brücke über die Theiß gesetzt hat. In dem Brückenkopf am rechten Ufer befand sich noch das gesamte Fußvolk des türkischen Heeres, innerhalb einer zweifachen Umwallung, mit zahlreichen Geschützen.

Eugen erfasst sofort die Situation. Nur ein umgehender Angriff, auch wenn es schon Nachmittag ist und seine Truppen einen zehnstündigen Gewaltmarsch hinter sich hatten, konnte den Erfolg bringen. Am nächsten Morgen hätte der Sultan den Rest seiner Truppen übersetzen und seinen Marsch ungehindert fortsetzen können. Dabei wären die Kaiserlichen überdies durch die Türken am Übersetzen über die Theiß gehindert worden.

Sofort befahl er eine Schlachtordnung, die vorsah, dass Heister mit 14 Bataillonen und 53 Schwadronen südlich des Brückenkopfes am steil abfallenden Ufer der Theiß den rechten Flügel bildete, Commercy und Rabutin mit 21 Bataillonen und Schwadronen das Zentrum und Starhemberg weit ausholend mit 16 Bataillonen und 59 Schwadronen den linken Flügel. Der Angriff erfolgte zeitversetzt so, dass auch Starhemberg im Norden an den Fluss und die türkischen Wälle kommen konnte. Prinz Eugen, der sich im Zentrum des Angriffs befand, erkannte unbefestigte Sandbänke im Fluss, die Starhemberg die Möglichkeit gaben, den Feind mit Infanterie und Geschützen vom Rücken her unter Feuer zu nehmen.

Der Gegner sah sich daraufhin abgeschnitten, und eine große Anzahl von Türken, angeblich 10.000 Mann, ertranken in der reißenden Theiß. 20.000 Türken wurden außerdem erschlagen. So war das Ende nach Eugens eigenen Worten „ein gräuliches Blutbad, sowohl in dem Tranchement, als auch auf der Brücke und im Wasser." [34] Der Prinz schrieb danach an den Kaiser, er selbst hätte es kaum für möglich gehalten, wie geschickt seine Soldaten die befestigten Wälle hinaufgeklettert seien. Insgesamt 30.000 Mann hatten die Türken am Ende verloren. Neben mehreren anderen Wesiren auch den Großwesir Elmas Mohammed. Gefangene wurden nicht gemacht. Sultan Mustafa selbst und seine Reiterei stoben in wilder Flucht in Richtung Temesvar davon.

Als die kaiserlichen Truppen am nächsten Tag das Lager der Türken auf der jenseitigen Flussseite besetzten, wurde erst die ganze Größe des Sieges deutlich: 100 Geschütze, 423 Fahnen und sieben Rossschweife, die Zeichen des Krieges, das Siegel des Sultans, das bei dem gefallenen Großwesir gefunden wurde, und außerdem die gut gefüllte Kriegskasse der Türken mit drei Millionen Piaster waren die Beute.

Das kaiserliche Heer hatte dagegen nur verhältnismäßig geringe Verluste zu beklagen. 28 Offiziere und 401 Soldaten waren gefallen, 133 Offiziere und 1435 Mann verwundet. Unter den Toten war auch Graf Heister und der sächsische General Reuss. Der Prinz schreibt daraufhin an den Kaiser: „Den tapferen Heldengeist der gesamten Armee kann meine schwache Feder nicht genug entwerfen, noch weniger sattsam loben und preisen. Das muss ich als ihr geringes Haupt zu ihrem unsterblichen Nachruhm attestieren." [35] Von seinen, des Prinzen eigenen Erfolgen kein Wort.

In Wien fand gerade eine Sondersitzung der Hofkammer statt, in der die Verteidigung Peterwardeins und die Sicherung Siebenbürgens erörtert wurden, als der Klang von Trompeten die Ankunft des Prinzen Vaudémont ankündigte, der die Kunde des Sieges überbrachte. Neider am Hof, unter ihnen Caprara, wollten den großen Sieg Eugens taktischen Fehlern der Türken zuschreiben, doch diese fanden beim Kaiser kein Gehör.

Seinem Naturell folgend, hätte der Prinz den Sieg umgehend nutzen wollen, um die niedergeschlagenen Osmanen mit einer erfolgreichen Belagerung Belgrads endgültig zum Frieden zu zwingen, doch die Jahreszeit war für ein solches Vorgehen zu weit fortgeschritten. Zudem bremste der Geldmangel – wie so häufig – dieses Vorhaben aus und ließ nicht einmal die Erstürmung des näher liegenden Temesvar zu.

Einen Streifzug unternahm der Prinz trotzdem noch vor dem nahenden Winter. Mit einer Anzahl eigens ausgesuchter Soldaten, einem kleinen Korps von 4.000 Reitern und 2.500 Infanteristen mit zwölf Geschützen, fiel er in Bosnien ein. Zweck war, den Gegner noch mehr in Angst und Schrecken zu versetzen. Auch seine Feldherren Commercy, Vaudémont und Starhemberg wollten unbedingt mit von der Partie sein. So zogen sie entlang des Flussbettes der Bosna, setzten bei der Grenzfeste Brod über die Save und erreichten am 23. Oktober 1697 die Festung Sarajevo. Die türkische Besatzung floh daraufhin nach Ermordung eines kaiserlichen Parlamentärs und ausgiebiger Plünderung aus der Stadt. Auf seinem Rückmarsch kam der Prinz den flehentlichen Bitten der christlichen Bevölkerung der Stadt nach, sie doch mitzunehmen.

Bemerkenswert ist, dass Eugen über diesen Streifzug durch ein wildes, gebirgiges Gebiet ein ausführliches Tagebuch mit Schilderungen von Land und Leuten geführt hat, wie es ein solches später nie mehr gegeben hat.

Am 17. November 1697 zog dann der Sieger von Zenta, nach winterlichen Märschen, umjubelt in Wien ein. Seit der siegreichen

Rückkehr des Markgrafen von Baden 1691 wurde kein Heerführer mehr so gefeiert. Prinz Eugen hatte die Liebe des Volkes erobert.

Dem Kaiser überreichte der Prinz das von ihm erbeutete Großsiegel des Sultans, das zuvor noch nie in Feindeshand gefallen war. Der Kaiser seinerseits schenkte Eugen für seine Verdienste einen juwelenverzierten Ehrendegen, dessen Wert angeblich 10.000 Gulden betrug. Von noch größerem materiellen Wert hingegen war eine weitere Dotation des Kaisers, ein herrschaftliches Anwesen, zwischen Dran und Donau gelegen.

Schon einen Monat später legt Eugen Kaiser und Hofrat seinen Feldzugsplan für das folgende Jahr 1698 vor. Ziel ist die Wiedereroberung Belgrads. Doch dazu sollte es nicht kommen. Die Türkengefahr schien erst einmal gebannt, denn am 26. Januar 1698 wurde in Karlowitz ein Friedensabkommen mit den Türken geschlossen, dessen Bedingungen für den Kaiser ungewöhnlich günstig waren. Das gesamte Königreich Ungarn mit Ausnahme des Banates von Temesvar fiel seinem Reich zu. Der ungarische Unruhestifter Thököly musste in die Türkei fliehen. Österreich hatte jetzt nach 16 Jahren Krieg mit dem Osmanischen Reich seinen Besitzstand um ein Drittel seines bisherigen Umfanges vergrößert und war zur Weltmacht aufgestiegen.

Mit großen Feierlichkeiten wurde dann 1699 der russische Zar Peter in Wien empfangen und traf dort auch mit dem Prinzen zusammen. Bevor jedoch die Bekanntschaft vertieft werden konnte, veranlassten Aufstände in Russland den Zaren, eilends in sein Land zurückzukehren.

Am 13. März 1699 erhielt der Prinz unerwarteten Besuch seines älteren Bruders, des Grafen Ludwig Thomas von Soissons. Dieser war bei Ludwig XIV. in Ungnade gefallen. Zwar hatte er 1695 im Feldzug in den Niederlanden militärischen Ruhm erworben, doch dann wurde dem König hinterbracht, der Graf habe sich negativ über ihn geäußert. Daraufhin entzog ihm Ludwig XIV. die Pension. Seine Großmutter, die Prinzessin von Carignan, hatte ihn bereits vorher enterbt, weil er unter seinem Stand geheiratet hatte. Mittellos versuchte er in Venedig in die Armee der Signoria einzutreten, wurde jedoch abgewiesen. Der gleiche Versuch beim Herzog von Savoyen war ebenfalls erfolglos, brachte ihm darüberhinaus in Paris den Ruf eines Verräters ein. Sein Gesuch, wieder nach Frankreich einreisen zu dürfen, wur-

Münzprägung zum Sieg bei Zenta

de daraufhin schroff abgelehnt. In dieser Notlage wurde er jetzt beim Sieger von Zenta, seinem jüngeren Bruder, vorstellig.

Der französische Botschafter am kaiserlichen Hof, Villars, berichtete nach Versailles „da ist er nun an einem Hof, an dem der Jüngere in hohem Ansehen steht und sich ein herrliches Schloss hat bauen lassen, während der Ältere durch eigene Schuld ins Unglück geraten, nicht mehr weiß, wohin er sein Haupt legen soll." [36]

Eugen hatte Mitleid mit Ludwig Thomas; sein Bruder, wie er ein Soissons, durfte nicht untergehen. Als der Spanische Erbfolgekrieg ausbrach, wurde er in das kaiserliche Heer aufgenommen. Im Alter von 45 Jahren fiel er im Kampf auf den Wällen von Landau. Seine vier unmündigen Kinder nahm Eugen zu sich, nachdem deren Mutter ins Kloster gegangen war, und kümmerte sich um sie so liebevoll, als seien es seine eigenen gewesen.

Auch mit seinen übrigen Geschwistern hatte der Prinz nicht viel Freude. Sein zweiter Bruder, Philipp, war nach einem abenteuerlichen Leben als Priester, als Soldat und als venezianischer Kapitän aus Frankreich verbannt worden. Ein Wanderleben durch viele europäische Länder führte ihn schließlich nach England. Dort fiel er noch einmal durch eine Affäre mit der Herzogin von Portsmouth auf. 1693 erlag er dann den Pocken. Der vierte Bruder des Prinzen, Emanuel, war schon 1676 im Alter von 14 Jahren gestorben. Von Eugens drei jüngeren Schwestern war die Kleinste bereits als Kind gestorben. Die beiden anderen, Marie Jeanne Baptiste, das Fräulein von Soissons, und Louise Philiberte, bekannt als Fräulein von Carignan, wurden am Hofe Ludwigs XIV. eingeführt, wegen ihres liederlichen Lebens jedoch bald daraus verstoßen. Das Maison Soissons hatten sie in eine Spielhölle und ein Bordell verwandelt. Schließlich mussten die Behörden einen Schließungsbefehl veranlassen. Das Fräulein Soissons wurde aus Paris ausgewiesen. Die Pfälzerin Liselotte von Orleans schrieb am 26. Januar 1697, sie habe „gar ein schändliches Leben geführt, alle Jahre einen Bastard daher gesetzt und man weiß nicht, wer der Vater ist; jeden Abend sich sternblind gesoffen und mit Kerlen herumgeschlagen." [37] Als sie ihre Mutter in Brüssel besuchte, versuchte diese, sie in einem Kloster unterzubringen. Von dort floh sie jedoch mit einem abtrünnigen Priester nach Genf, wo sie 1705 starb. Das Fräulein von Carignan lebte eine Zeit lang in einem Kloster in Savoyen und starb 1722.

Am 16. Januar 1700 berichtet der französische Botschafter nach Versailles, dass Prinz Eugen vom Kaiser zum Mitglied des Geheimen Rates ernannt worden sei. So geheim schien der Rat indess nicht gewesen zu sein, wenn sogar die Franzosen davon Kenntnis hatten. In der Tat war die Erhebung nicht viel mehr als ein Gunstbeweis des Kaisers, denn dem Rat gehörten ein großer Kreis verdienter Beamter, Adliger und Offiziere an. Vor Jahren hatte der Geheime Rat noch größere Bedeutung gehabt, doch jetzt trat er fast nicht mehr zusammen und konnte so kaum noch Ratschläge erteilen. Immerhin war es für den Prinzen der erste Schritt und der Beginn seiner politischen Laufbahn.

Spanischer Erbfolgekrieg

Es schien bereits, als könnte das Habsburger Reich sich von den Kriegen in Ost und West erholen, da trat das schon lange erwartete Ereignis ein, das erneut zu schweren Auseinandersetzungen führen sollte: am 1. November 1700 starb nach langer Krankheit der letzte spanische Habsburger König Karl II.

Schon zu Lebzeiten König Karls II. hatte der Oranier Wilhelm III. von England als Mittler versucht, die Spannungen um das Erbe der spanischen Lande zwischen Frankreich und dem Kaiserreich durch verschiedene Teilungsverträge zu mindern. England wollte auf diese Weise versuchen, eine Machtzusammenballung, sowohl auf französischer als auch auf kaiserlicher Seite, zu verhindern und somit ein europäisches Gleichgewicht herzustellen.

Ludwig XIV. und Wilhelm III. von England hatten sich auf den Erben geeinigt, der keinem der großen Herrscherhäuser angehörte und von dem sie erwarteten, dass er keiner Seite ein starkes Übergewicht verschaffen würde: auf den deutschen Wittelsbacher Kurprinzen von Bayern. Die Erbberechtigung ergab sich durch dessen Großmutter, die Schwester Karls II., was auch die Ansicht der Spanier war. Zum Ausgleich für den Machtzuwachs der Wittelsbacher sollte Frankreich aus dem spanischen Erbe Neapel, Sizilien und die Toskana erhalten, der Kaiser dagegen Mailand. Den Wittelsbachern wollte man das eigentliche Spanien mit den Niederlanden zusprechen. Als der Kurfürst von Bayern, Max Emanuel, gerade im Begriff war, nach Mailand aufzubrechen, um seinen Sohn – einen Enkel Kaiser Leopolds I. und seiner ersten Gemahlin, der Infantin Margaretha von Spanien – zum Prinzen von Asturien zu proklamieren, starb der junge Kurprinz ganz plötzlich an den Pocken. Der Teilungsvertrag, den der Kaiser allerdings radikal abgelehnt hatte, war damit hinfällig geworden. Jetzt standen sich im Erbstreit nur noch Frankreich und das Kaiserreich gegenüber.

Das spanische Reich war durch Eroberungen seiner tüchtigen Herrscher gewaltig groß geworden. Neben dem eigentlichen Spanien gehörten die Königreiche Aragon und Kastilien dazu, sowie der größte Teil Italiens, Mailand, Sizilien, ferner die Balearen und Sardinien, die Toskana und der Golf von Genua. Im Nordwesten außerdem die Niederlande, das heutige Belgien. Außerhalb von Europa Mexiko, Mittelamerika, die Antillen und Südamerika mit Ausnahme von Brasilien. Selbst in Asien waren die Philippinen und die Mariannen spanisch, ebenso große Teile Afrikas und die Kanarischen Inseln. Begreiflich, dass jetzt die Möglichkeit, dieses riesige Erbe anzutreten, die Mächte in Atem hielt.

Ludwig XIV., wie auch Leopold I. hatten beide Schwestern des spanischen Königs Karls II. geheiratet, durch ihre Mütter waren sie außerdem noch Enkel Philipps III. Beiden war klar, dass eine unmittelbare Vereinigung der spanischen Monarchie mit einem ihrer Häuser ein solches Übergewicht auf eine Seite Europas gebracht hätte, dass die übrigen Mächte, allen voran die Seestaaten, im Interesse ihrer Selbsterhaltung und ihrer Freiheit, sich niemals damit einverstanden erklärt hätten.

Ludwig XIV. hatte deshalb von vornherein nicht den Dauphin, sondern seinen zweiten Sohn, Philipp von Anjou, als Erbe ausersehen. Der Kaiser stellte ebenfalls Überlegungen in dieser Richtung an. Auch wenn er stets der Ansicht war, dass die beiden Reiche eigentlich zusammengehörten, wollte er lediglich seinen zweiten Sohn, Erzherzog Karl, den König von Rom, der nicht die Kaiserkrone tragen sollte, als König von Spanien sehen.

König Karl II. von Spanien könnte man als Symbol des jetzt nach und nach untergehenden spanischen Reiches bezeichnen. Jahrelang siechte der König dahin. Immer wieder neue Krankheiten traten auf, von denen seine Epilepsie die wohl schwerste war. Dauernde Exorzismen, die ihm die Kirche auferlegte, schwächten darüberhinaus seine Statur und lähmten seine Entscheidungskraft. Entsprechend zerrüttet waren Staatshaushalt und Verwaltung. Die ehemals enormen Einnahmen aus Übersee flossen nicht mehr, der korrupte Adel bereicherte sich, wo er nur konnte. Die Bevölkerung verarmte zusehends, riesige Scharen von Banden auf den Straßen und Bettler waren das äußere Zeichen dafür. Das einzige, was in Spanien blühte, war die Inquisition. Immer schneller drehte sich das Rad des Staates auf den Abgrund zu.

Doch zurück zum Streit der Erben. In Spanien stellte die katholische Kirche die größte und absolute Macht dar. Da Spaniens Geistlichkeit unter der Führung von Papst Innozenz XII. ausgesprochen franzosenfreundlich war, übte sie entscheidenden Einfluss auf den willensschwachen König aus, einen Enkel Ludwigs XIV., den Herzog von Anjou, zu seinem Nachfolger zu bestimmen. Während des Tages setzten ihm ständig zwei Beichtväter in diesem Sinne zu, die sogar nachts bei ihm im Zimmer schliefen. Von dem psychologischen Druck und durch immer häufigere Exorzismen zermürbt, unterschrieb Karl am 3. Oktober 1700 endlich das sogenannte Angsttestament. Sogar der Papst hatte ihm vorher noch geschrieben, der König könne sein Reich nur retten, wenn er den Enkel des Franzosenkönigs zu seinem Nachfolger mache; nur ein geändertes Testament würde sein Gewissen erleichtern und einen grauenhaften Bürgerkrieg verhindern. Damit hatte der Primas von Spanien, Kardinal Portocarrero, den Sieg gegen die Habsburger Widersacher errungen. Kurz darauf, am 1. November 1700, verstarb der unglückliche König.

Der Habsburger Kaiser jedoch hatte auf der ganzen Linie versagt. Untätig hatte er zugesehen, wie durch die Kirche der Einfluss Frankreichs auf Karl II., seinen Schwiegersohn, und den spanischen Hof immer größer wurde, während der seiner Berater entsprechend abnahm. Ein spanischer Kurier, der die Nachricht vom Tode des Königs und dessen letzten Willen überbrachte, wurde folgerichtig zuerst nach Versailles gesandt, neun Tage bevor er endlich in Wien eintraf.

Ludwig XIV. zog sich danach drei Tage lang mit seinen Ministern im Hause der Madame de Maintenon, seiner Mätresse, zur Beratung zurück. Er hatte zu entscheiden, ob er den bereits beschriebenen Teilungsvertrag annehmen oder auf das Testament zurückgreifen sollte. Der 62 Jahre alte König entschied sich, es auf einen Krieg mit dem Habsburger Kaiser ankommen zu lassen und stellte am 16. November 1700 unter großem Pomp seinen Enkel, den Herzog von Anjou, dem französischen Volk als neuen König Philipp V. von Spanien vor: „Meine Herren, hier steht der König von Spanien, er ist von Geburt für diese Krone berufen, der verstorbene König vermachte sie ihm in seinem Testament, die ganze Nation hat sich für ihn entschieden und hat ihn inständig von mir erbeten. Es ist eine Fügung des Himmels, ich habe mit Freude eingewilligt." Und zu seinem Enkel gewandt: „Werden Sie ein guter Spanier, das ist im Augenblick Ihre vornehmste Pflicht, aber vergessen Sie, um die Einigkeit zwischen beiden Nationen zu erhalten, nie, daß Sie als Franzose geboren sind. Das ist das Mittel, diese glücklich zu machen und den Frieden in Europa zu erhalten." [38]

Noch am selben Tag ließ Ludwig XIV. starke Truppenverbände unter Führung des bisherigen französischen Botschafters am spanischen Hof, Marquis d'Harcourt, an der Grenze zu Spanien aufmarschieren.

Am Wiener Hof herrschte über die Ausrufung Philipps zum spanischen König Entsetzen und tiefe Resignation. Bis zuletzt hatte man geglaubt, die Tochter des Kaisers und Frau des verstorbenen spanischen Königs, Maria Anna, würde auf Grund ihrer Herkunft ein solches Testament nicht zulassen. Nachdem der Kaiser sich zwei Tage zum Gebet zurückgezogen hatte, legte er scharfen Protest in Madrid ein. Er bestritt die Echtheit des Testamentes und wies energisch darauf hin, dass nur er als Habsburger das Recht habe, die Nachfolge zu bestimmen.

Leopold I. konnte und wollte diese Schmach jedoch nicht kampflos hinnehmen und rief zu den Waffen. Starhemberg bestellte daraufhin den Hofkriegsrat ein, zu dem die Feldmarschälle Caprara, Commercy und Prinz Eugen gehörten. Caprara und Commercy, sowie eine große Zahl von Politikern und Offizieren verwiesen jedoch auf die ruinöse finanzielle Lage des Wiener Hofes. Nicht nur die kaiserliche Schatulle sei leer, auch die Erblande wären erschöpft, so warnten sie. Österreich sei von den langen vorausgegangenen Kriegen derart ausgeblutet, dass ein neuer Krieg nicht anzuraten wäre. Man solle lieber verhandeln. Zwar hatten die Habsburger 86.000 Mann einsatzfähige Truppen im Sollplan aufgestellt, bei Einsatz aller finanziellen Reserven konnten jedoch sofort nur 15.000 Mann davon besoldet werden. Wohingegen Frankreich 200.000 Mann aufbieten konnte.

Einzig und allein Eugen befürwortete den Krieg. Er wollte, wie der Kaiser, diese Entwicklung nicht dulden und schlug diesem in flammender Rede vor, gegen Frankreich zu marschieren. „Was will man Mailand und Brüssel ohne Schwertstreich den Bourbonen überlassen. So erkenne Deutschland nur gleich die französische Oberhoheit an, etwas Schlimmeres kann auch nach dem unglücklichsten Kampfe nicht eintreten. Wer nur zaudere, hätte von vorneherein keine Chance auf Erfolg. Es hieße, unerschrocken gegen den Feind zu marschieren. Auf den ersten Sieg hin würden sich die Bundesgenossen schon einstellen." [39]

Dem Kaiser waren diese Worte aus dem Herzen gesprochen, und so wurde Prinz Eugen der Oberbefehl über die italienische Armee erteilt. Wenigstens Mailand sollte er für das Reich erobern.

Mit Feuereifer ging Eugen daran, seine Armee aufzustellen. Falls machbar, wollte er so früh wie irgend möglich gegen Mailand marschieren. Seine Regimenter und Schwadrone sollten von 24.000 auf 45.000 Mann gebracht werden. Außerdem brauchte er Kanonen und Munition, Zuführung von Proviant, Ochsen, Pferde, Feldlagergerät und diverses weiteres Kriegsmaterial. Als seine Unterführer forderte er wieder Commercy und Guido von Starhemberg, sowie Vaudémont als Reitergeneral und Herberstein an. Bis ins Detail organisierte und plante Eugen bei Tag und Nacht, um letztlich doch einsehen zu müssen, dass der Termin des Kriegsbeginnes auf das nächste Frühjahr verschoben werden musste. Damit war sein Vorhaben, dem Gegner zuvorzukommen, undurchführbar geworden.

Ein weiterer Umstand sollte sich außerdem negativ für Eugen auswirken, als Hofkriegsratspräsident Rüdiger von Starhemberg, der zu höchstem Ruhm gekommene Verteidiger von Wien, verstarb. Der Kaiser berief daraufhin den 60jährigen Grafen Mansfeld auf den verwaisten Posten, einen Höfling, der mehr für politische Intrigen als für Umsicht und Entschlusskraft bekannt war. Der Prinz hielt ihn für eine Fehlbesetzung. Wie sollte er von so einem Mann die totale Unterstützung für seinen Feldzug in Italien erwarten können? Um diesen überhaupt finanzieren zu können, musste er sich beim Finanzier und Bankier Samuel Oppenheimer um Darlehen bemühen.

Es war mittlerweile Mai 1701 geworden, der Prinz hatte seine Infanterie, seine Kürassiere und die Kavallerie von Kärnten über den Brenner nach Bozen und dann weiter nach Rovereto gezogen. Eine ungeheure Leistung, von der Welt bestaunt. Am 6. Mai 1701 kommt er in Rovereto an. Die französische Armee, um 10.000 Mann stärker als die von Eugen, steht unter dem Befehl des tüchtigen Feldmarschalls Catinat.

Den Marschall von Frankreich, Catinat, beschreibt Saint-Simon:

„Catinat war einfachster Herkunft, er stammte aus einer ganz jungen Juristenfamilie, er besaß viel Scharfblick, Umsicht, hatte gute Kenntnisse, war jedoch kein allzu angenehmer Befehlshaber, weil er

Abb. 5: Prinz Eugen zu Pferd
Gemälde von Johann Gottfried Auerbach

Abb. 6: Kaiser Joseph I. – Anonymer Künstler

Abb. 7: Wien vom Belvedere aus gesehen – Gemälde von Bernardo Bellotto, gen. Canaletto

Abb. 8: Ludwig Wilhelm Markgraf von Baden, der Türkenlouis (1655-1707)
Anonymer Künstler

Abb. 9: Das Siegel Sultan Mustafas II.
Teil der reichen Kriegsbeute der Sieger

Abb. 10: Prinz Eugen und sein Stab in der Schlacht bei Zenta am 11.9.1697
Gemälde von Jan van Huchtenburgh

wenig mitteilsam, streng und lakonisch war und weil er bar jeden Eigennutzes ohne irgend etwas zu fürchten, unerbittlich für Aufrechterhaltung der Ordnung sorgte. Zudem gab es für ihn weder Weiber noch Wein und Spiel, man konnte ihm also schwerlich etwas anhaben." [40]

Catinat hatte am Fuß des Monte Baldo zwischen Etsch und der Ostseite des Gardasees feste Stellung bezogen. Da fasste Eugen einen tollkühnen Entschluss, den die Nachwelt später mit Hannibals Alpenüberquerung verglich und der ganz Europa total verblüffte. Der Prinz wollte Catinat, der einen frontalen Angriff auf seine gut ausgebauten Stellungen erwartete, täuschen, indem er das wagte, was allgemein für unmöglich gehalten wurde: das Gros seiner Truppen über die östliche Felsseite des Gardasees, ohne Wege und Straßen, zu führen.

Sofort nach seiner Ankunft in Rovereto sendet Eugen infolgedessen Offiziere und Pioniere aus, um Berge, Schluchten und Täler der Lessinischen Alpen zu erkunden. Von Soldaten und Bauern wird unter größten Anstrengungen ein Pfad von neun Fuß Breite in die Felsen geschlagen und gesprengt, in eine Gebirgswelt des Monte Baldo, in die nach Aussagen der Bauern noch niemals vorher ein Mensch seinen Fuß gesetzt hatte. Infanterie und Kavallerie quälten sich dann über das noch schneebedeckte Gebirge. Die Pferde mussten geführt werden, das Gepäck der Trainwagen auf die Schultern der Soldaten geladen, die Geschütze und die Wagen auseinander genommen und mit Seilen hochgewunden oder auf die wenigen zur Verfügung stehenden Tragtiere verladen werden. Doch nach vier Tagen unerhörter Strapazen steht Eugens Heer endlich in der weiten lombardischen Ebene.

Catinat, total überrascht, das kaiserliche Heer plötzlich im Süden, in seinem Rücken, zu sehen, wartet ab. In seiner festen Stellung fühlt er sich auch vom Süden her vor einem Angriff sicher. Doch Eugen will erreichen, dass Catinat jetzt seine Kräfte teilt und führt seine listige Täuschung fort. Mit mehreren starken Abteilungen setzt er über den Po, so dass der Gegner annehmen muss, der Prinz marschiere auf Neapel zu, um diese Stadt einzunehmen. Und tatsächlich, Catinat gibt seine starke Stellung auf, in der Absicht Neapel und Mailand zu schützen und verteilt sein Heer in mehrere Abteilungen über Oberitalien.

Als Eugen die Kunde davon erhält, überschreitet er in der Nacht vom 8. auf 9. Juli 1701 die Etsch bei Castelbaldo und zieht mit seinen Truppen durch das sumpfige, von Kanälen durchzogene Gelände wieder nach Norden in Richtung Gardasee. Die von Catinat zurückgelassenen Sperren werden jetzt vom Rücken her bedroht, so dass Catinat die Truppen über den Mincio zurückzieht. Dadurch hat Eugen das Etschtal und den Gardasee als gute und sichere Verbindungsstraße gewonnen.

Bei Carpi greift er überraschend das feindliche Hauptheer, das unter dem Befehl seines ehemaligen Gegners von 1692, Marschall Tessé, steht, an. Es gelingt ihm ein leichter Sieg, und damit erhält er die strategische Oberhand. Er hat das Gesetz des Handelns wieder einmal an sich gerissen. Catinat muss daraufhin seine Truppen hinter den Fluß Oglio zurückziehen, und Mailand ist ernstlich bedroht.

Als Ludwig XIV. von der Niederlage erfährt, entzieht er Catinat den Oberbefehl und ersetzt ihn durch den Herzog von Villeroy. An Catinat schreibt er voller Verzweiflung: „Ich habe Sie nach Italien geschickt, um gegen einen jungen, unerfahrenen Prinzen zu kämpfen. Er hat alle Regeln der Kriegskunst über den Haufen geworfen. Aber Sie scheinen hypnotisiert und lassen ihn ganz wie er will gewähren." [41]

Etwas besseres konnte Eugen nicht geschehen, denn Catinat, wie er wusste, war ein hervorragender Heerführer gewesen. Villeroy dagegen galt als Höfling und Salonoffizier ohne Feldherrentalent, von unstetem, haltlosen Charakter und unterwürfig der Maintenon gegenüber. Seine Karriere verdankte er der Tatsache, dass er in der Kindheit ein Gespiele Ludwigs XIV. gewesen war. Der Prinz kannte ihn, denn Eugens Mutter nahm mit ihm an spiritistischen Seancen teil. Saint-Simon nennt Villeroy beißend: „Ein Mann, eigens dazu geschaffen, um bei einem Ballfest zu präsidieren, als Schiedsrichter bei einem Karussellspiel zu fungieren, und wenn er die Stimme hätte, in den Opern die Rolle des Königs und Heroen zu singen, sehr geeignet in der Welt der Vornehmen den Ton anzugeben – aber zu nichts sonst." [42]

Kaum hatte Villeroy den Oberbefehl übernommen, meinte er in einem leichten Sieg über die Kaiserlichen seinem König sein Feldherrentalent beweisen zu müssen. Die Unterstützung des Königs, der ihm weitere 32 Bataillone mitgab, glaubte er, wie er in einem Brief nach Versailles schrieb, nicht nötig zu haben, er werde Eugen auch so über die Alpen zurückjagen. Mit Spaniern und Piemontesern verfügte er über 50.000 Mann, Eugen dagegen nur über 30.000.

Als sich der Prinz in einer günstigen Stellung hinter dem Fluss Oglio in der Nähe der Stadt Chiara verschanzte, legte dies Villeroy als Schwäche der Kaiserlichen aus und setzte sich überheblich mit seinem Heer in der Nacht vom 1. September in Bewegung, um am Morgen danach in voller Schlachtordnung die verschanzten Truppen anzugreifen.

Hier zeigte sich einmal wieder, dass eine, wenn auch an Köpfen unterlegene, jedoch gut und klug geführte Truppe einer feindlichen Übermacht durchaus Paroli bieten kann. Eugen weiß, dass es die Stärke der Franzosen ist, im ersten gewaltigen Ansturm die Entscheidung zu suchen. Wird dieser zurückgeschlagen, ist in der Regel das französische Pulver bereits verschossen. Er befiehlt seinen Infanteristen und der Artillerie, das Feuer erst zu eröffnen, wenn der Feind nur wenige Schritte vor den Schanzen steht. Diese Taktik bewährt sich bestens. Ein noch zusätzlicher Flankenangriff lässt den Ansturm Villeroys zusammenbrechen und zwingt ihn zum Rückzug. Die Franzosen verlieren 2.700 Mann, darunter 200 Offiziere, wohingegen die Verluste der Kaiserlichen gering sind.

Wenn der Abwehrsieg der Kaiserlichen bei Chiara auch kein entscheidender Erfolg war, bewirkte er jedoch, dass Villeroy sich nach diesem Schlag, ebenso wie Catinat vorher, unschlüssig zeigte und keinen weiteren Angriff mehr unternahm. Beide Armeen hielten sich über zwei Monate lang unbeweglich in ihren Lagern am Oglio.

Ein Versuch Eugens, im Februar 1702, die Stadt Cremona – berühmt durch den Geigenbauer Stradivari – einzunehmen, misslang, weil die Kürassiere Vaudémonts, ohne die es nicht möglich war, die Stadt gegen die Übermacht der Franzosen zu halten, im tiefen Morast nicht vorangekommen waren. Es gelang dem Prinzen jedoch, einen noblen Gefangenen zu machen: Marschall Villeroy, den er auf seinem Rückzug mitnahm. Der Herzog von Saint-Simon berichtet aus der Sicht der Franzosen darüber in seinen Memoiren:

„Prinz Eugen hatte in Erfahrung gebracht, dass sich in Cremona ein alter Aquädukt befand, der sich weit ins Land erstreckte und der in der Stadt im Keller eines Hauses endete, das von einem Priester bewohnt war. Er hatte überdies erfahren, dass der Aquädukt vor kurzem gereinigt worden war und infolgedessen nur wenig Wasser führte und dass die Stadt ehemals durch eben diesen Aquädukt einmal überrumpelt worden war. Er ließ ganz im geheimen ausfindig machen, wo sich der Eingang befand; er gewann den Priester, in dessen Haus der Aquädukt endete, für sich; das Haus lag in unmittelbarer Nachbarschaft eines Stadttors, das vermauert und kaum bewacht war. Darauf ließ er möglichst viele, eigens ausgewählte Soldaten, als Priester und als Bauern verkleidet, nach Cremona hineinströmen, sie alle zogen sich in dieses befreundete Haus zurück, bewaffneten sich dort im Verborgenen mit Unmengen von Äxten. Als das alles bewerkstelligt war, gab Prinz Eugen dem Prince Thomas de Vaudémont – Premierleutnant in seiner Armee und einziger Sohn eben des Mannes, der als Gouverneur den König von Spanien in Mailand vertrat – eine große Abteilung; er weihte ihn in seinem Plan ein und beauftragte ihn, sich des Brückenkopfes zu bemächtigen. Das ganze Unternehmen wurde genauestens und in aller nur denkbaren Verschwiegenheit durchgeführt. Der erste, dem etwas auffiel, war Crenans Koch, der, als er beim Morgengrauen Lebensmittel besorgen wollte, sah, dass die Straße von Soldaten in ihm unbekannten Uniformen wimmelte. Sporenstreichs eilte er zurück in das Haus seines Herrn, den er unverzüglich wecken ließ; weder Crenan noch seine Diener wollten ihm Glauben schenken; aber da er im Zweifel war, kleidete Crenan sich hurtig an , eilte hinaus und wurde allzubald von den Tatsachen überzeugt. Zur selben Zeit war das Infanterieregiment feldmarschmäßig ausgerüstet auf einem großen Platz angetreten; ein glücklicher Zufall, der Cremona rettete. Entragues wollte Parade abhalten und begann damit in den ersten Morgenstunden. Als es zu dämmern begann und seine Bataillone schon voll bewaffnet in Bereitschaft standen, glaubte er am Ende der Straße, ihm gegenüber, eine Ansammlung von Infanterietruppen wahrzunehmen. Er wusste, dass aufgrund der am Vorabend gegebenen Order niemand marschieren und niemand außer ihm Besichtigung machen durfte. Er argwöhnte sofort eine Überrumpelung, marschierte ohne Zögern auf diese Truppen los, die er tatsächlich als Kaiserliche erkannte, griff sie an, schlug sie zurück, hielt jedem neuen Angriff stand und entfachte einen so hartnäckigen Kampf, dass er der ganzen Stadt Zeit gab, zu erwachen und der Mehrzahl der Truppen die Möglichkeit, zu den Waffen zu greifen und herbeizueilen, während sie ohne ihn alle im Schlaf erwürgt worden wären. Zu eben dieser Morgenstunde saß der Marschall Villeroy, bereits vollständig angekleidet, in seinem Zimmer und schrieb; er hörte Lärm, er verlangte ein Pferd, schickte jemanden nachzusehen, was es gäbe, und erfuhr, den Fuß schon im Steigbügel, von mehreren Seiten zugleich, dass der Feind in der Stadt sei. Er ritt, nur von einem Generaladjutanten und einem Pagen begleitet, die Straße entlang, um auf den großen Platz zu gelangen, wo sich im Alarmfall stets alles zu sammeln pflegte. An der Straßenbiegung stieß er auf feindliche Wachposten, die ihn anhielten und festnahmen. Er begriff sofort, das jeder Widerstand sinnlos sei; er nahm den Offizier beiseite, gab sich zu erkennen, versprach ihm 10.000 Pistolen und ein Regiment, wenn er ihn freiließe; der Offizier zeigte sich unzugänglich , er erwiderte, er haben dem Kaiser zu lange gedient, um ihn jetzt zu verraten, und führte Villeroy auf der Stelle zum Prinzen Eugen, der ihn nicht eben allzu freundlich empfing. Indessen brachte man auch den inzwischen gefangengenommenen und tödlich verwundeten Crenan; als der Marschall seiner ansichtig wurde, seufzte er auf und meinte, er wäre gerne bereit, mit ihm zu tauschen." [43]

Entgegen der Aussage Saint-Simons in seinen Memoiren, wurde Villeroy von Prinz Eugen und seinen Offizieren mit der damals üblichen Ritterlichkeit Gefangenen gegenüber behandelt. Er wurde zunächst auf Schloss Innsbruck gebracht, später auf ein Schloss in Graz. Er konnte sich dort völlig frei bewegen. Nach neun Monaten wurde ihm die Rückkehr nach Frankreich gestattet. Für seine Freilassung schickte er an Eugen 50.000 Livres, die der Prinz, ganz nobler Fürst, umgehend nach Versailles an Villeroy retournierte.

Der schlecht vorbereitete und deshalb erfolglose Versuch der Einnahme Cremonas hatte für den Prinzen ein ihm gar nicht genehmes Nachspiel. Anstatt des unfähigen Salonoffiziers Villeroy schickte König Ludwig jetzt einen seiner besten Marschälle nach Italien. Nachfolger Villeroys als Oberbefehlshaber wurde der Herzog Ludwig von Vendôme, ein leiblicher Vetter Prinz Eugens. Die Mutter Vendômes war die Schwester von Eugens Mutter. In den Adern Vendômes floss das Blut Ludwigs XIV. Sein Großvater war ein Sohn Heinrichs IV. Der französische Philosoph Voltaire vergleicht die Charaktereigenschaften Vendômes mit denen des Prinzen:

„Man glaubt nicht, dass er seine Pläne so reiflich überlegt wie Prinz Eugen oder sich so gut auf die Kunst der Heerführung versteht. Er schenkt den Einzelheiten zu wenig Aufmerksamkeit und lässt es zu, das die militärische Disziplin vernachlässigt wird, zu viel seiner Zeit geht mit Essen und Schlafen drauf;...am Tag des Kampfes macht er dies alles durch seine Geistesgegenwart und Urteilskraft wett , die durch die Gefahr nur noch geschärft wird, und auf solche Tage des Kampfes war er immer aus; nach allen Berichten scheint er weniger zur Führung eines Verteidigungskrieges geeignet als Prinz Eugen, jedoch ebenso befähigt für Offensivoperationen...Vendôme war bei jeder Gelegenheit, wo er nicht direkt dem Prinzen Eugen gegenüberstand, siegreich; sobald letzterer an der Spitze seiner Truppen stand, war es mit dem Übergewicht Frankreichs vorbei." [44]

Saint-Simon zeichnet auch für diesen Marschall von Frankreich ein Porträt in seinen Memoiren: „Er war mittelgroß, ein wenig vierschrötig, aber behende und kräftig; sein Gesicht war edel gebildet, der Ausdruck hochmütig, er besaß natürliche Grazie in den Gesten und in der Sprache, viel angeborenen Verstand, den er aber niemals ausgebildet hatte, eine Redegewandtheit, die sich, von natürlicher Kühnheit unterstützt, allmählich in verwegenste Dreistigkeit verwandelte; genaue Kenntnis der Gesellschaft und des Hofes und eine präzise Einschätzung der Persönlichkeiten, bei scheinbarer Gleichgültigkeit eine stete Wachsamkeit, ein unermüdliches Streben, aus dieser Kenntnis in jeder Weise Nutzen zu ziehen; vor allem war er ein bewundernswerter Höfling."

Dann allerdings kann er seine Abneigung gegen Vendôme nicht verbergen. Wenig appetitlich fährt er fort: „Seine Unreinlichkeit war unüberbietbar. Er tat sich noch etwas darauf zugute; die Einfaltspinsel fanden, er sei ein schlichter Mann. In seinem Bett wimmelte es von Hunden und Hündinnen, die es neben ihm miteinander trieben und ihre Jungen warfen. Er selbst legte sich niemals den geringsten Zwang an. Er pflegte zu behaupten, daß jedermann dieselben Gewohnheiten habe, aber nicht so aufrichtig sei wie er, es zuzugeben. Er stand, wenn er bei der Armee war, ziemlich spät auf, setzte sich auf seinen Nachtstuhl, erledigte dort seine Post und erteilte von dort seine Tagesbefehle. Für jeden, der mit ihm zu tun hatte, das heißt für die Generäle und die hochgestellten Persönlichkeiten war das die gegebene Zeit, um mit ihm zu reden. Er hatte die Armee an diese Peinlichkeit gewöhnt. Auf dem Nachtstuhl pflegte er, meist in Gesellschaft von zwei oder drei seiner nächsten Vertrauten, ein ausgiebiges Frühstück einzunehmen und sich, sei es beim Essen oder auch beim Zuhören oder beim Erteilen seiner Befehle, ebenso ausgiebig zu entleeren: und immer stand eine Menge von Zuschauern um ihn herum. Man muß diese beschämenden Einzelheiten erwähnen, um sich ein rechtes Bild von ihm machen zu können. Er entleerte sich gründlich: wenn das Becken bis zum Überlaufen voll war, zog man es weg und trug es unter den Augen der ganzen Gesellschaft vorbei, um es auszuschütten, und das oft mehrmals hintereinander. Wenn er rasiert wurde, diente dasselbe Becken als Rasierschüssel." [45]

Der König stattete seinen neuen Oberbefehlshaber Vendôme mit erheblicher Verstärkung aus, denn die Verwegenheit, die Eugen mit seinem schlecht ausgerüsteten, laufend auf Nachschub wartenden Heer der Welt zeigte, hatte auch in Frankreich starken Eindruck gemacht.

Auf Grund der Erfolge des Prinzen gelang es nun der Wiener Diplomatie, eine Anzahl deutscher Fürsten zu Gestellung von Hilfstruppen für das kaiserliche Heer zu bewegen. Die Worte Eugens vor dem Hofkriegsrat, „marschieren wir erst, dann werden wir schon Verbündete finden", bewahrheiteten sich jetzt. Der erste neue Bundesgenosse war der Kurfürst von Brandenburg. Um mit seiner Hilfe rechnen zu können, stimmte der Kaiser zu, dass der Hohenzoller die Königswürde annehmen dürfe.

Eugen hatte sich allerdings strikt dagegen ausgesprochen. Sein Urteil lautete: man müsse "die Minister hängen", die den Kaiser dazu geraten haben, denn er fürchtete die Entstehung einer weiteren Großmacht neben den Habsburgern. Dem Prinzen schwebte dagegen ein vom Kaiser gelenktes Gesamtreich Deutscher Nationen als starke Mitte Europas vor. In des Kaisers Zugeständnis erblickte er indess eine weitere Berechtigung des französischen Hegemoniestrebens und eine Schwächung der kaiserlichen Autorität. Er fand seine Pläne für eine Zusammenführung aller deutschen Länder unter der Kaiserkrone ernsthaft durchkreuzt. Mit klugem Weitblick sah Eugen schon damals voraus, dass die „Libertät" der Fürsten für den Reichsgedanken und für das Ganze gefährliche Folgen haben würde, womit er seiner Zeit weit voraus war.

Für die Königswürde stellte der Kurfürst von Brandenburg 10.000 Mann. Aus Dänemark kamen weitere 6.000 Mann für das kaiserliche Heer in Italien, das Haus Hannover folgte. Der größte diplomatische Erfolg Kaiser Leopolds I. war jedoch der Abschluss der „Großen Alli-

Max Emanuel, Kurfürst von Bayern
(1662-1726)
Stich von Joh. Alexander Böner

anz" am 7. September 1701. Darin waren fast alle deutschen Staaten mit Ausnahme von Bayern und Köln vereint. Der Seestaat England fürchtete allerdings um seinen Seehandel, sollte das spanische Amerika in französischen Besitz kommen und zögerte noch mit einem Beitritt, veranlasste aber bereits Holland, sich der Allianz anzuschließen.

England und Holland hatten sich nach langen Verhandlungen mit dem Kaiser über eine Erbfolge verständigt. Sie wollten zwar die Thronfolge Philipps von Anjou nicht antasten, wohl aber eine enge Verbindung zwischen Spanien und Frankreich verhindern. Die beiden Länder waren bereit, einem unausweichlichen Machtzuwachs Frankreichs eine Verstärkung des Kaisers gegenüber zu stellen. Infolgedessen sagten sie dem Kaiser das Anrecht auf den Besitz Mailands, der Toskana, Siziliens und der spanischen Niederlande zu. Für sich selbst forderten sie dagegen die amerikanischen Kolonien und die kaiserliche Garantie für die Sicherheit des Handels und der Handelsflotten.

Die Verzögerungstaktik Englands hatte seine Gründe: Als der Stuartkönig Jakob II. durch seine Rekatholisierungsbestrebungen und seine Verbindung mit Frankreich großen Widerstand im Volk erzeugte, wurde er in der „Glorreichen Revolution" vertrieben und Wilhelm von Oranien übernahm als Wilhelm III. den Thron. Nach dem Tode Jakobs II. erklärte jedoch der Franzosenkönig Ludwig XIV. in hochmütiger Verblendung, und um seinen zähesten Feind Wilhelm zu kränken, den Sohn Jakobs II. zum rechtmäßigen König von England. Letzteres rief nicht nur in der englischen Bevölkerung Entrüstung hervor, auch König Wilhelm trat endlich der Allianz bei.

Wie bereits erwähnt, verweigerte dagegen Bayern seinen Beitritt zur Großen Allianz. Prinz Eugen war ratlos. Viele Schlachten gegen die Türken hatte er an der Seite des bayerischen Kurfürsten Max Emanuel geschlagen. Ihm verdankte er teilweise seine Karriere, und jetzt sollte gerade dieser Feldherr dem Kaiser die Gefolgschaft aufgekündigt haben?

Des Rätsels Lösung lag Jahre zurück. In Frankreich hatte ein junger Offizier, Louis Hector Villars, durch Schneid und Übersicht im Gefecht die Aufmerksamkeit König Ludwigs XIV. erlangt. Dieser machte dem König dann einen Vorschlag, dem Ludwig sofort zustimmte: der noch völlig unbekannte junge Franzose wurde von Ludwig nach Österreich und nach Bayern geschickt. Seine Aufgabe bestand darin, als Spion in Zivil die Stärke, Kampfart und Bewaffnung der kaiserlichen Armee herauszufinden und seinem König Bericht zu erstatten.

Jedoch, der noch erheblich wichtigere Teil seiner Mission lag in Bayern. Er sollte versuchen, den bayerischen Kurfürsten langsam und vorsichtig dem Habsburger Kaiser zu entfremden und auf die Seite Ludwigs XIV. zu ziehen. Als französischer Edelmann erlangte er nach und nach das Vertrauen Max Emanuels, nahm an den Ausschweifungen des lebenslustigen Kurfürsten teil, und es gelang ihm tatsächlich durch Versprechungen und Einflüsterungen, wonach der Kurfürst zu Höherem geboren sei als nur zum Steigbügelhalter des Kaisers, Zweifel und Begehrlichkeiten bei diesem zu wecken. Besonders das Versprechen Villars, der Kurfürst würde von König Ludwig die spanischen Niederlande zugesprochen bekommen, verfing bei Max Emanuel. Auch überzeugte ihn der junge Franzose von der Berechtigung des Bayern, nach dem Tode des spanischen König Karls II. dessen Erbe anzutreten. Durch die Ehe des bayerischen Kurfürsten mit der Tochter Kaiser Leopolds I., der wiederum mit einer spanischen Prinzessin, der Schwester Ludwigs XIV. in erster Ehe vermählt war, sei der Anspruch Max Emanuels gegeben. Das alles bewog den Kurfürsten, insgeheim die Seite zu wechseln.

Der Spion Villars selbst, später Marschall von Frankreich, hatte die Rückversicherung des Königs in der Tasche. Sollte er auffliegen, hätte er die Ernennung zum Militärattaché und außerordentlichen Gesandten des Königreichs vorlegen können.

Am 15. März 1702 überreichten der Kaiser und die neuen Bundesgenossen die Kriegserklärung der Allianz an Frankreich. Gerade wollte Wilhelm III. von England den Oberbefehl übernehmen, da ereilte ihn bei einem Sturz vom Pferd der Tod.

Seine Schwägerin, Anna Stuart, wurde seine Nachfolgerin. Sie war verheiratet mit dem Prinzen Georg von Dänemark. Die Geburt von 13 Kindern, die bis auf eines das erste Lebensjahr nicht überstanden, hatte sie jedoch depressiv und entschlusslos werden lassen. Ihre Ehrendame und engste Vertraute, Sarah Jennings, eine Tochter aus gutem Hause, war ihr genaues Gegenteil. Erfüllt von Tatendrang übernahm sie im Hintergrund die Zügel der Staatsgeschäfte. Kaum hatte Anna Stuart den Thron bestiegen, ernannte die Königin den Ehemann der Jennings, Churchill, zum Grafen von Marlborough. Der sollte ihren Thron retten, als Ludwig XIV., wie erwähnt, ihren Halbbruder, den Sohn Jakobs II., zum König von England ausgerufen hatte. Der neue Graf Marlborough wurde bald für Eugen ein Freund und treuer Verbündeter.

Die Welt war zwar voller Bewunderung über Eugens Feldherrntaten; um ihn und seine Truppen in Italien sah es allerdings schlecht aus. Durch die Verstärkung des französischen Heeres war seines noch weiter in die Minderzahl gedrängt worden. Dazu fehlte es wieder an Geld, der Nachschub kam nicht. Und in Wien bekamen die Neider Eugens beim Kaiser erneut die Oberhand. Mehrfach betonte der Prinz in seinen Briefen den Wunsch, den Oberbefehl abzugeben, sollten seine dringenden Forderungen nicht erfüllt werden.

Drei volle Monate ließ ihn der Kaiser ohne Nachricht auf seine drängenden Bitten um Verstärkung. Am 3. Juli 1702 schrieb der Prinz daraufhin in einem Brandbrief an den Hofkriegsrat, ohne ein Wunder befürchte er den Untergang seiner Armee. „Wann der Kayser nicht anderst zur sachen thuen, und mit mehrern Volkh auf das schleünigste - mit geldt aber von Zeith zu Zeith Ergäbig – und richtig succurrieren lassen wird, dass sodan die hiesige armée, landt und leith, folglich auch der Zweckh Deroselben allerhöchsten Interesse ohne miracl nicht khöne aufrecht Erhalten werden, sondern Eines mit dem andern zu Grundt gehen muesse". [46]

Auf ein solches Mirakel sich zu verlassen, war allerdings nicht Eugens Sache. Als er erfährt, dass Marschall Vendôme seine Streitkräfte geteilt hat und von beiden Seiten das Heer Eugens zu umzingeln versucht, um in seinen Rücken zu kommen, entscheidet er sich sofort anzugreifen. Am 15. August 1702 mittags trifft er bei Luzzara auf ein Korps von Vendôme. Gleich am Anfang der Schlacht erleidet jedoch der rechte Flügel der Kaiserlichen furchtbare Verluste. Von mehreren Kugeln tödlich getroffen, fällt ihr Kommandeur, Prinz Commercy. Schon beginnen die Soldaten zu weichen, da hetzt Eugen heran, tief erschüttert vom Tod des Freundes. Dennoch schafft er es, seine Männer noch einmal voran zu reißen, und mit Todesverachtung an der Spitze seiner Truppen gelingt es ihm, im Sturm den französischen linken Flügel zu durchbrechen. Um Mitternacht endlich erringen die Kaiserlichen tatsächlich den Sieg über das Korps Vendômes, obwohl letzteres um mehr als ein Drittel stärker ist.

Die Gegner haben allerdings mit solcher Verbissenheit gekämpft, dass die Verluste auf beiden Seiten groß waren. Eugen schreibt an den Kaiser: selbst seine älteren Generäle konnten sich nicht erinnern, dass ihre Offiziere und Soldaten jemals mit solchem Mut und solcher Entschlossenheit gekämpft hätten.

Aus seinem Lager in Flandern beglückwünscht Marlborough den Prinzen zu seinem Feldzug in Italien. Eugen antwortet aus Luzzara. Es ist dieses der erste Briefwechsel der beiden Feldherren, dessen Übersetzung aus dem Französischen lautet:

Im Lager Asch,
4.September 1702
„Monsieur!

Schon lange wollte ich mir die Ehre geben, Eurer Durchlaucht zu schreiben; aber die Hoffnung, Ihnen gute Nachrichten von hier senden zu können, hat mich immer daran gehindert. Der Sieg jedoch, den Eure Durchlaucht soeben über den Feind errungen haben, gibt mir eine ausgezeichnete Gelegenheit, die ich nicht vorbeigehen lassen kann, ohne Sie dazu zu beglückwünschen, was ich wirklich von ganzem Herzen tue. Dieser Sieg folgt auf die großen Unternehmungen, an denen Eure Durchlaucht seit Ihrer Ankunft in Italien teilgenommen haben, und die für die gemeinsame Sache so wertvoll gewesen sind. Wir haben dasselbe Gefühl der Erleichterung und Erlösung wie Eure Durchlaucht angesichts der zahlenmäßigen Überlegenheit des Feindes. Der Anteil Eurer Durchlaucht an diesem Treffen kann nicht hoch genug gepriesen werden, aber ich bitte Sie, zu glauben, dass unter allen Ihren Bewunderern niemand glücklicher ist oder Eurer Durchlaucht mehr Respekt entgegenbringt als ich,
Ihr etc.
Marlborough"

Eugen erwidert darauf:

Aus dem Lager nahe Luzzara,
3. Oktober 1702
„Eure Lordschaft!

Ich fühle mich durch den gestrigen Brief Eurer Exzellenz, in dem Sie mir versichern, dass Sie selbst an den Angelegenheiten dieses Landes Interesse nehmen, desto mehr geehrt, als da es seit langem mein Wunsch war, mit einem Mann bekannt zu werden, der mit solcher Würde das Kommando einer Armee bekleidet, die nur daran gewöhnt ist, einem der größten Könige in dieser Welt zu gehorchen. Ich zweifle nicht daran, dass der Feldzug in Ihrem Bereich so glücklich enden wird, wie er begonnen hat; was die Angelegenheiten dieses Landes betrifft, verhindert die Überlegenheit des Feindes, aus dem jüngsten Treffen Vorteile zu ziehen: es ist zu hoffen, dass die Situation sich ändern und diese Armee bald in den Stand versetzt wird, offensiv zu handeln. Ich erwarte mit Ungeduld Nachrichten aus dem Land, in dem Sie sich befinden, da mir, mehr als anderen, an Ruhm und Ehre liegt.

Euer Exzellenz sehr ergebener und gehorsamer Diener
Eugene de Savoye." [47]

Am 23. Oktober 1702 schreibt der Prinz dann an den Kaiser: „Nunmehr fanget der gemeine Mann, zerrissen und nacked zu werden, der Offizier aber, welcher noch nicht über vier Monate Sold bekommen, sondern alles zur Erhaltung des gemeinen Mannes angewendet hat, bettelarm ist. Vor andern aber geht das Alt-Daunische Bataillon solcher Gestalt zusammen, dass davon nit viel mehr über 100 Mann zu Diensten sind." [48]

Im November bittet Eugen den Kaiser, selbst nach Wien reisen zu dürfen. Er wolle und müsse ihm persönlich den elenden Zustand seiner auf 28.000 Mann zusammengeschrumpften Truppen an Ausrüstung und Verpflegung vortragen, der in keiner Weise mehr zu verantworten sei. Sollte die Genehmigung verweigert werden, werde er den Oberbefehl niederlegen und den Dienst quittieren. Er schließt mit der Bemerkung: „Weillen solchergestalt mir nit mehr zu dienen verlange." [49]

Trotzdem führt der Prinz in der Zwischenzeit noch verwegene Streifzüge gegen Vendômes Truppen, um diese weiter in Angst und Schrecken zu versetzen. Vendôme zeigte dem Prinzen gegenüber so viel Respekt, dass er nichts mehr dagegen unternahm.

Es lag jedoch nicht an der Nachlässigkeit des Kaisers, dass der Nachschub für Eugens Truppen fehlte. Die sich immer mehr zuspitzende finanzielle Misere fand ihren Höhepunkt im Ableben des Oberkriegsfaktors und Bankiers Oppenheimer. Seine Bank war zusammengebrochen [50]. Oppenheimer war der Hauptkreditgeber des Kaisers geworden und zu seinem größten Heereslieferanten aufgestiegen. Er besaß weitreichende Geschäftsverbindungen und an vielen Orten des Reiches Niederlassungen. Für seine Kredite musste der Hofrat Zoll- und Steuerquellen an Oppenheimer verpfänden. Der

General Graf Guido von Starhemberg
(1657–1737)

Zusammenbruch der Bank Oppenheimer hatte dann zur Folge, dass auch der Kredit des Staates bei den verbündeten Siegermächten erschüttert wurde. Das führte wiederum dazu, dass sämtliche Heereslieferungen ins Stocken gerieten.

Die Gegensätze zwischen dem Prinzen und den Ministern der Regierung Mansfeld verschärften sich jetzt außerdem erneut. Eugen scheute sich nicht, den Konflikt in die Öffentlichkeit zu tragen, um Druck auf den Kaiser auszuüben, sich endlich von der korrupten und unfähigen Regierung Mansfeld zu trennen. Auch der Schwager Kaiser Leopolds I., Kurfürst von der Pfalz, warf dem Kaiser in einem Brief rücksichtslos vor, die Korruption am Hofe zu dulden und verlangte die Bestrafung der Schuldigen, insbesondere des Grafen Mansfeld und die Berufung des Prinzen Eugen zum Hofkriegsratspräsidenten. Die Seemächte schlossen sich dieser Forderung an.

Vor seiner Abreise aus Italien übergab Eugen das Kommando an den Feldzeugmeister Graf Guido von Starhemberg. In Wien findet der Prinz dann nach seinem Eintreffen eine völlig verworrene Situation vor. Alle Stellen des Reiches arbeiten gegeneinander, und seine Warnungen vor der katastrophalen Lage werden im Geheimen Rat in keiner Weise ernst genommen. So gleicht Eugens Einsatz für die Verbesserung der Zustände der in Italien verbliebenen, hungernden Truppen dem eines Kampfes gegen Windmühlen. Fast verzweifelt schreibt er an Guido von Starhemberg nach Italien:

„Der Kaiser hat mir auch bestimmte Hilfe versprochen, wie bereits mehrere Male, bis jetzt immer ohne Erfolg. Mit seinen Ministern reden, heißt Worte in den Wind sprechen, klagt man, so klagen sie mit. Hat man lange gesprochen und erklärt man, das Land würde zugrunde gehen, dann stimmen sie zu. Entgegnet man aber, es müsse doch Abhilfe geschaffen werden, so erwidern sie überhaupt nichts. Es herrscht am Hofe eine unglaubliche Unwissenheit." [51]

Einige Tage später schreibt er nochmals an Guido von Starhemberg über die unhaltbaren Zustände im Reich: „Alle Welt denkt an Verräterei, ich tue ihnen diese Ehre nicht an, ich bin überzeugt, daß dahinter nur Dummheit, Faulheit, sehr große Böswilligkeit und eine Habsucht stecken, sie würden wohl gar noch ihren Herrn verkaufen, wenn sie über ihn verfügen könnten: er aber weiß darum und es fehlt ihm nur die Tatkraft um dreinzuschlagen." [52]

In dieser Situation kommen Eugen dunkle Wolken am Himmel zur Hilfe, die gegen Österreich und das Reich aufziehen: Wie in Italien hatte das Jahr 1702 auch auf den übrigen Kriegsschauplätzen keine gravierenden Entscheidungen gebracht. Am Rhein übernahmen die kaiserlichen Verbündeten zwar das Erzstift Köln, und Marlborough überrannte Lüttich, wofür Königin Anna ihn mit dem Herzogtitel belohnte. Markgraf Ludwig von Baden war es gelungen, den französischen Marschall Villars bei Friedlingen zu besiegen und dadurch ein Vordringen der Franzosen in den Schwarzwald zu verhindern.

Im Rücken des Kaiserlichen Heeres hatte jedoch jetzt der mit den Franzosen verbündete bayerische Kurfürst Max Emanuel Ulm angegriffen und besiegt. Dadurch bedrohte er ganz Schwaben. Kaiserlichen Truppen, die von Wien beauftragt worden waren, ihn zu schlagen, kam er zuvor und besiegte sie einzeln, um sich dann im Schwarzwald mit Villars zu vereinen.

Die Gefahr für die Reichstruppen war unübersehbar geworden. Hinzu kam, dass sich in großen Teilen der Truppe durch die lange Abwesenheit des Prinzen zu allem Übel auch noch ein moralischer Verfall abzeichnete. Die Disziplin der Mannschaften war gesunken, die Feldherren und Offiziere waren unaufmerksam geworden.

Als der bayerische Markgraf die Truppen des Grafen Styrum im Schlaf überrraschte und bei Höchstädt vernichtend schlagen konnte, beantragte Eugen beim Kaiser eine strenge Bestrafung des kommandierenden Grafen. Als dann auch noch die Festung Breisach durch eine Nachlässigkeit der Verteidiger an die Franzosen verloren ging – die Festung war für die geplanten Operationen von größter Wichtigkeit – sah sich Eugen gezwungen, ein Exempel zu statuieren. Er befahl ein Kriegsgerichtsverfahren für den Kommandanten der Festung, Graf Arco. Dieser wurde zum Tode verurteilt und 1704, noch ehe er ein Gnadengesuch an den Kaiser stellen konnte, hingerichtet. Mit äußerster Härte ging Eugen jetzt vor, die Disziplin im Heer erneut herzustellen, um sich wieder auf seine Offiziere für den nächsten Feldzug verlassen zu können.

Im Siegesrausch dagegen brach Max Emanuel nach Süden auf, vereinnahmte die Grenzfeste Kufstein und stieß dann bis Innsbruck vor. Dort wartete er dann allerdings vergeblich auf Vendôme, der nach dem Schrecken, den Eugen verbreitet hatte, immer noch tatenlos in seinen Stellungen verharrte.

Da kommt dem Kaiser unerwartet ein Volksaufstand der Tiroler unter dem Kommandanten Martin Sterzinger zur Hilfe. Mit zum Teil nichts anderem als Mistgabeln werden die Bayern in die Flucht geschlagen.

Auch in Ungarn erscheint das Gespenst des Zweifrontenkrieges wieder als Zeichen an der Wand. Ein Aufstand des Fürsten Franz Rákóczy, ein Stiefsohn des verbannten Grafen Thököly, verbreitete sich schnell über ganz Ungarn. Sollten sich die Türken, die ohnehin noch auf Rache für die erlittene Schmach in Zenta sinnen, jetzt den Ungarn anschließen, wäre die Gefahr für das Habsburger Reich unermesslich.

Ernennung zum Hofkriegsratspräsidenten

Wieder einmal in der Stunde größter Not handelte der Kaiser. Am 3. Juli 1703 ernannte er Eugen anstelle des unfähigen Grafen Mansfeld zum Präsidenten des Hofkriegsrates. Der Prinz war eben 39 Jahre alt geworden. Sein Vertrauter, Gundacker von Starhemberg, wurde auf seinen Wunsch hin Präsident der Hofkammer und war somit für die Finanzen des Reiches zuständig. Der richtige Mann am richtigen Platz, denn von Starhemberg hatte auf seinen eigenen Gütern bewiesen, was er mit einer mustergültigen Verwaltung erreichen konnte. Er war zum reichsten Mann des Staates geworden. Allerdings richtete Eugen sofort einen Militäretat ein, der nur ihm unterstand.

In einem Schreiben an den Kaiser legte Eugen nach seiner Berufung einen Treueeid auf den Kaiser ab, ein feierliches Gelöbnis, sich mit seiner gesamten Person für die Sache Habsburgs einzusetzen. Gleichzeitig mahnte er nochmals eindringlich den Ernst der Stunde an. Immer noch ist sein Verhältnis zum Kaiser, bei aller sachlichen Kritik, gekennzeichnet durch die tiefe Dankbarkeit dem Menschen gegenüber, der ihn vor 20 Jahren, nach seiner Flucht aus Frankreich, den Weg bereitete, der ihn jetzt bis in das höchste Amt des Reiches geführt hat.

Eugen schrieb: „Ich bitte um Gotteswillen, Euer kaiserl. Majestät ergreifen geschwinde, starke und kräftige Resolutionen, manutenieren aber auch dieselben und halten mit höchstem Rigor auf Executiones. Vielleicht wird alsdann der Allerhöchste größeren Segen senden ... wozu ich dann meinen allergeringsten Ortes, alle äußersten Kräfte, Gut und Blut mit Leib und Leben in größter Consolation, welche ich von der göttlichen Allmacht erbitten kann, aufopfern werde. Euer kaiserl. Majestät trösten sich daher auch und seien versichert, daß man noch helfen kann, wenn man nur rechtschaffenden Eifer ankehren will. Ich will ... vor Dero kaiserl. Gnaden Füßen mich persönlich niederwerfen, um bei Dero Allerhöchster Präsenz mein immer Möglichs-

*Konferenzzimmer im Belvedere;
Sitzung des Hofkriegsrates unter dem Präsidium des Prinzen Eugen*

tes aussinnen, wie in Einem und Anderen könnte Rat und Hülfe verschafft werden ... Allergnädigster Herr, Dieselbe procastiniren nicht länger die unumgänglichen Resolutionen, widrigens ist augenscheinlich Dero Monarchie verloren." [53]

Mit seiner Ernennung war Eugen zugleich erster kaiserlicher Minister geworden. Damit übernahm er die gesamte Verantwortung für die Leitung und Organisation des Habsburger Heeres. Er hatte das Recht, an allen Staatskonferenzen teilzunehmen und musste dem Kaiser Bericht erstatten über den Einsatz der Generäle und die Beförderung der Offiziere, über die Lage an den verschiedenen Kriegsschauplätzen, sowie über die Bewegungen der Regimenter und ihren Einsatz. Er musste mit anderen Ministern zusammenwirken, um neue Rekruten auszuheben, und er hatte vor allem die Pflicht, die Finanzen der Kriegsmacht sicherzustellen. Eine gewaltige Aufgabenfülle, die es Eugen während des ganzen Jahres 1703 unmöglich machte, an einer der Fronten persönlich zu erscheinen.

Der lähmende Einfluss des Grafen Mansfeld auf Leopold I. allerdings war zu Eugens großem Bedauern keineswegs geschwunden, denn der Kaiser hatte ihn zum Obristkämmerer berufen. Damit war seine Präsenz am Hof noch stärker geworden als vorher.

Als Feldherr hatte der Prinz durch den unverrückbaren Glauben an sich selbst immer spontan gehandelt und die logische Begründung seines Vorgehens erst danach erbracht. Stets konnte er sein Selbstvertrauen auf seine Soldaten übertragen, sowohl in der Masse, wie auch auf den Einzelnen. Wenn andere Feldherren ihre Schlachtpläne erst mühsam entwerfen mussten, der Prinz fühlte sie in sich und handelte danach.

Immer überschaute er die Situation in vollkommener Klarheit, wenn auch der Schlachtverlauf noch so verwirrend war. Dank seines militärischen Genies fasste er im richtigen Augenblick intuitiv die richtigen Entschlüsse. Jetzt musste sich zeigen, ob Prinz Eugen die gleiche Genialität auch auf sein politisches Amt übertragen konnte.

Absolut vorrangig erschien es jedoch dem Prinzen, Moral und eiserne Disziplin im Heer wieder herzustellen, wobei ihm Disziplin ohne Gerechtigkeit nicht möglich schien. Nur so konnte das Reich gegen ständig übermächtige Gegner bestehen. Er schrieb an General Traun: „Man solle ohne Ursach den gemeinen Mann nicht zu sehr anstrengen und die Schärfe nur gebrauchen, wo die Güte, wie öfters geschieht, nicht verfanget." [54]

In unermüdlicher Arbeit begann er nun, den Augias-Stall auszumisten, wobei er sich auch nicht vor unpopulären Maßnahmen scheute. Vornehme Familien sollten in Zukunft Offiziersstellen nicht mehr kaufen können. Es kam jetzt für den Offiziersberuf nur noch auf Können und Bewährung an. Der Aufbau eines ausschließlich dem militärischen Erfolg verpflichteten Offizierkorps war natürlich nicht von heute auf morgen möglich, zumal einflussreiche Kreise alles versuchten, um gegen das Vorgehen Eugens zu intrigieren. Als der Prinz gegen den Widerstand einer vornehmen und einflussreichen Familie den Posten des Regimentskommandeures des Haarach'schen Regimentes an einen verdienten, tüchtigen, aber fremden Offizier übergab, berichtete er über seine Auseinandersetzung am 3. November 1703 an Guido von Starhemberg:

„Das ganze Haus Harrach hat wegen des Regimentes einen furchtbaren Zorn gegen mich, es tut mir leid, aber man muß das tun, was der Dienst des Herren verlangt." [55]

Zur Behebung der Finanzkrise wurden nun endlich auch Hochadel und Klerus zur Kasse gebeten. Auf mehr als drei Millionen Gulden beliefen sich mittlerweile die Fehlbeträge des Fiskus. Ein Fünftel davon konnte jetzt durch Besteuerung von Hochadel und Kirche kurzfristig getilgt werden. So erhielt Eugen von der Hofkammer die Erfolgsmeldung, daß das Silber von zehn – noch nicht einmal der reichsten – Kirchen im Münzamt einen Wert von mehr als 100.000 Gulden ergeben hatte. [56]

Sein Büro hatte Eugen in seinem halbfertigen Stadtpalais in der Himmelpfortengasse in Wien eingerichtet. Von hier aus knüpfte er auch vorsichtig Kontakte zu Herzog Viktor Amadeus von Savoyen, der sich in letzter Zeit, wie Eugen erfahren hatte, politisch wie militärisch von Ludwig XIV. zurückgesetzt fühlte. Der steile Aufstieg seines Verwandten, jetzt bis zum Hofkriegsratspräsidenten und damit zum mächtigsten Mann nach dem Kaiser, ließ Viktor Amadeus zusätzliche Überlegungen anstellen, auf welcher Seite sich die besseren Chancen für sein Land ergeben würden.

Als Ludwig XIV. von der Absicht seines bisherigen Verbündeten, eventuell die Seiten zu wechseln, Nachricht bekam, ließ er überraschend sämtliche piemontesischen Offiziere im Lager bei San Benedetto von Vendôme verhaften und die Mannschaften auf französische Regimenter aufteilen.

Damit waren für Viktor Amadeus endgültig die Würfel gefallen. Ein neuer Bündnisvertrag mit dem Kaiser wurde geschlossen, in dem der Herzog sich verpflichtete, dem Kaiser ein Kontingent von 15.000 Mann zu stellen. Noch drei Tage vor der Festnahme der piemontesischen Truppen durch Vendôme schrieb Eugen am 18. Oktober 1703 an den Kaiser:

„Hier wissen wir von nichts, aber wenn jetzt der Vertrag mit dem Herzog zustande kommt, so verdanken wir das den Franzosen und es wäre eines jener Mirakel des Hauses Österreich, denn ich bin überzeugt, daß der Herzog nicht entschlossen war, mit uns abzuschließen; alle Tage erhob er neue Forderungen, die man nicht annehmen konnte, und das, nachdem man ihm alles, was er verlangte, bewilligte, ja Auersperg [57] seine Instruktionen erheblich überschritten hatte, so daß man von einem Ergebnis viel weiter entfernt war als am ersten Tag des Beginns der Verhandlungen." [58]

Als nächstes kamen Portugal, das vorher auf französischer Seite gestanden hatte, und England überein, eine gemeinsame Flotte zu stellen, mit der der Sohn des Kaisers, Karl, von Lissabon aus Philipp V. angreifen und Spanien erobern sollte. König Don Pedro von Portugal und die Seemächte hatten dazu ein Bündnis geschlossen. Am 12. September 1703 wurde der Kaisersohn in Wien zum König Karl III. von Spanien ausgerufen. Er verließ die Stadt eine Woche später, um sich auf den Weg nach Lissabon zu begeben. Dem Kaiser war der Entschluss, seinen zweiten, geliebten Sohn ziehen zu lassen, schwer gefallen. Er fühlte wohl, dass er ihn niemals wiedersehen werde.

Inzwischen konnte sich Guido von Starhemberg am Fluss Po mit seinem Heer nur deshalb halten, weil Vendôme sich mit seiner mächtigen Streitmacht gegen Tirol wandte.

Sieg bei Höchstädt

Am 10. Juli 1704 trafen die beiden Feldherren Eugen und Marlborough erstmals im Gasthof zum Goldenen Lamm in Groß-Heppbach bei Marbach zu ihrer historischen Begegnung zusammen – ein Treffen zweier von ihrer Sendung tief überzeugter Männer mit wahrhaft europäischer Bedeutung. Beide, obwohl vom Wesen her völlig verschieden, begrüßten sich mit großer Herzlichkeit. Der Grundstock für eine langjährige gegenseitige Bewunderung und Freundschaft wurde gelegt.

Marlborough war groß, dem Aussehen nach ein Bild von einem Mann, so die Herzogin Liselotte von Orleans, ein Familienmensch und guter Gatte, ein Höfling, geschliffen, lässig, immer mit spöttischem Lächeln auf den Lippen und laufend bemüht, sein Vermögen zu vergrößern; Eugen dagegen ein Haudegen mit brauner Gesichtsfarbe, klein, aber ein Energiebündel, ein Junggeselle, dem Geld nichts bedeutet, nur auf sein Schwert konzentriert, erfüllt von einer lebenslangen Feindschaft gegenüber dem Franzosenkönig.

Schon früher, in einem kurzen Brief vom 31. Oktober 1702 an Eugen hatte Marlborough versichert, überall, wo er sein werde, könne der Prinz damit rechnen, einen Freund zu haben, der in ehre und über alle Maßen schätze. Eugen erwiderte, er erwarte sehnlichst den Moment, wo er mit dem Manne bekannt werde, der so erfolgreich das Kommando über eine Armee ausübe, und er hoffe, dass diese Armee bald in die Auseinandersetzungen auf dem Kontinent eingreifen werde.

In Marlborough hatte Prinz Eugen einen ebenbürtigen, genialen Feldherrn und Verbündeten gefunden. Er entstammte einer Familie Churchill auf Rockbear in Devonshire. Sein Vater hatte sich als Kapitän der Kavallerie in Gefechten bei Landsdown Hill ausgezeichnet. Marlborough wurde am 24. Mai 1650 in Devonshire geboren. Als 16jähriger erhielt er eine Fähnrichsstelle in der Garde des Herzogs von York. Er nahm an Kämpfen mit den Mauren in Tanger teil und kehrte als Kapitän im Regiment des Herzogs von Monmouth zurück. 1672 diente er in den Niederlanden. Ludwig XIV. beförderte ihn nach der Belagerung von Nymwegen, bei der er sich durch Mut und Schneid auszeichnete, zum Oberstleutnant. 1677 kehrte er nach England zurück, wo ihn König Karl II. 1683 zum Lord Churchill von Eynmouth in Schottland ernannte. Gleichzeitig wurde er Oberst des 13. Garderegimentes. Von König Jakob II. zum General ernannt, wechselte er nach der „Glorreichen Revolution" auf die Seite von Wilhelm von Oranien. Von diesem zum Generalleutnant und obersten Befehlshaber der Armee befördert, stimmte er der Übertragung der Königswürde an Wilhelm zu und wurde königlicher Kammerherr. Im Krieg – jetzt gegen Ludwig XIV. – erhielt er das Kommando über die englischen Truppen und siegte 1692 bei Walcourt. Anschließend verlor er jedoch seine gesamten Ämter, wurde sogar in den Tower verbracht, weil er angeblich mit Jakob II. insgeheim verhandelt habe. Wilhelms Tod und die Thronbesteigung der Königin Anna führten ihn jedoch nochmals 1704 an die Spitze der englischen Armee in den Niederlanden.

Sir Winston Churchill, der ehemalige britische Premier, beschrieb in seinem Werk über Marlborough das Zusammentreffen der beiden Feldherren Prinz Eugen und Marlborough: „... Sobald Eugen Marlborough getroffen hatte, hat ihre perfekte Kameradschaft und ihre Überlegenheit eine höhere Einheitlichkeit des Kommandos hergestellt, als dies jemals im Krieg der Fall war. Die Prinzen, wie sie unter den Verbündeten genannt wurden, haben alles untereinander geregelt. Keiner der beiden ließ es je zu, dass auch nur der leiseste Ton von Meinungsverschiedenheiten laut wurde. Sie waren offenbar immun gegen jede Art von Eifersüchteleien aufeinander, gefeit gegen jede Art der Intrige oder sonstige Unheilstifterei, und im Felde jedenfalls waren sie praktisch unumschränkte Herren. Kriegsräte fanden oft statt, und viele Meinungen wurden gehört. Aber sobald die Prinzen das letzte Wort gesprochen hatten, beugten sich alle ihrer Entscheidung." [59]

Über eine gemeinsame Parade der Armeen Eugens und Marlboroughs in Großheppach berichtet eine Anekdote: Beim Anblick der aufmarschierenden englischen Truppen wandte sich Eugen an den neben ihm hoch zu Ross haltenden Marlborough und äußerte mit Hinweis auf die vorzügliche Ausrüstung und das gute Aussehen der englischen Soldaten: „Dies alles mag für Geld käuflich sein, aber in dem Blick der Augen Eurer Leute lebt noch etwas, was ich nie in meinem Leben sah." Ein Lob für Marlborough, das dieser mit den Worten erwiderte: „Wenn es so ist, Prinz, so gab Eure Gegenwart ihnen diesen Geist." [60]

Schon einige Tage nach ihrem Treffen bewiesen die beiden Heerführer ihr diplomatisches Geschick, den alt und misstrauisch gewordenen Türkensieger, den „Türkenlouis", Markgraf Ludwig von Baden, auf ihre Seite zu ziehen. Um diesen nicht zu kränken, wurde der Oberbefehl über die gemeinsamen Truppen jeden Tag zwischen ihm und Marlborough gewechselt.

Die Gefahr, dass französische Truppen in starker Zahl über den Rhein übersetzen würden, zwang den Kaiser dann, auch seinen besten Feldherrn, Prinz Eugen, dorthin zu senden. So unterbrach der Hofkriegsratspräsident seine politische Arbeit und begab sich eiligst zur Rheinarmee. Markgraf Ludwig, als rang- und dienstältester Feldherr und Generalleutnant, beharrte jedoch auf seinem Oberbefehl. Um ihn von politischen Seitensprüngen abzuhalten, hielt es Eugen für klug, sich ihm zu unterstellen.

Zur Eugens großer Freude traf auch ein straff geführtes Korps mit 12.000 Preußen unter dem Kommando des Fürsten Leopold I. von Anhalt-Dessau zur Verstärkung ein. Der Fürst wurde später, als berühmt gewordener Feldherr, mit dem Beinamen „Der alte Dessauer" geehrt. Dem preußischen Soldatenkönig hatte er als Berater im Tabakskollegium gedient und Friedrich dem Großen als Feldherr. Er war ein gottesfürchtiger Mann. Vor der Schlacht erbat er Gottes Hilfe, so auch vor der Schlacht bei Kesseldorf gegen die Österreicher am 15. Dezember 1745. Sein Gebet ist überliefert: „Lieber Gott, hilf mich für die Schlacht und nicht den Schurken. Aber wenn du das nicht willst, dann gib es, wie es kommt." [61]. Der alte Dessauer gewann die Schlacht. Eugen bewunderte ihn sehr und hat stets bestens mit ihm zusammengearbeitet, wenngleich er ihm den Spitznamen „der Bullenbeißer" gab.

Die bayerische Armee unter Kurfürst Max Emanuel, die sich mit der französischen unter dem Marschall Marsin vereinigt hatte, sollte von den Verbündeten angegriffen werden. Der Markgraf von Baden und Marlborough, mit dem größten Teil der kaiserlichen Armee, hatten den Angriff zu führen, während Eugen am Oberrhein in einer Nebenaufgabe die zwei französischen Armeen unter den Marschällen Villeroy und Tallard in den Stollhofener Linien in Schach halten sollte. Dazu war er mit seinem Heer von 35.000 Mann allerdings zu schwach gegenüber einer Überzahl von 55.000 Franzosen.

Äußerlich betrachtet trat der Prinz gegenüber dem „Türkenlouis" und Marlborough durch sein Kommando am Oberrhein in den Hintergrund. Er schied vom eigentlichen Hauptkriegsschauplatz aus, doch war er gewillt, die Ereignisse in seinem Sinne zu lenken. Er schrieb darüber: „... daß ich hauptsächlich von darum herausgekommen, um diese Expedition (den Feldzug nach Bayern) zwischen dem Prinzen Louis und Mylord wohl konzentrieren zu machen, sodann auch weiter unter ihnen das gute Verständnis zu procuriren; mithin habe ich auch alles Commando über mich genommen, welches sie mir haben geben wollen, um dadurch nur umso leichter den Effect zu erreichen, wiewohl vormals das Ansehen gewesen, daß ich hätte an der Donau commandiren sollen." [62]

In dieser seiner Selbstbescheidung legte er den Grundstock für den Erfolg des Ganzen.

Mit Tollkühnheit, aber doch mit großem Überblick, entschloss er sich, 20.000 Mann gegenüber Villeroy zu verschanzen und selber mit 15.000 Mann Tallard zu folgen, der am 30. Juni über den Rhein gesetzt hatte und im Schwarzwald weiter vorrückte. Nach dreiwöchigem Marsch durch Württemberg, immer parallel zu dem französischen Heer, erreichte Eugen Dillingen an der Donau, wo er Lager bezog. Die beiden Oberfeldherren, Marlborough und Markgraf von Baden, hatten am 14. Juli am Schellenberg bei Donauwörth einen starken bayerischen Verband unter dem Grafen Arco geschlagen und danach in Friedberg nahe Augsburg ein festes Lager bezogen.

Der Plan Eugens, die Vereinigung Tallards mit dem bayerischen Heer zu verhindern, konnte jedoch nicht umgesetzt werden. Am 3. August traf Eugen mit seinen 15.000 Mann in Höchstädt ein. Tallard, Marsin und Max Emanuel vereinigten sich jedoch am gleichen Tag bei Augsburg. Zusammen verfügten sie jetzt über 56.000 Mann. Am 10. August brach die französisch-bayerische Armee dann von Lauingen an der Donau auf, um mit ihrer Übermacht das schwache Kontingent Eugens anzugreifen. Eugen setzte sofort Marlborough von der Gefahr in Kenntnis, worauf dieser in Eilmärschen anrückte und am 12. Au-

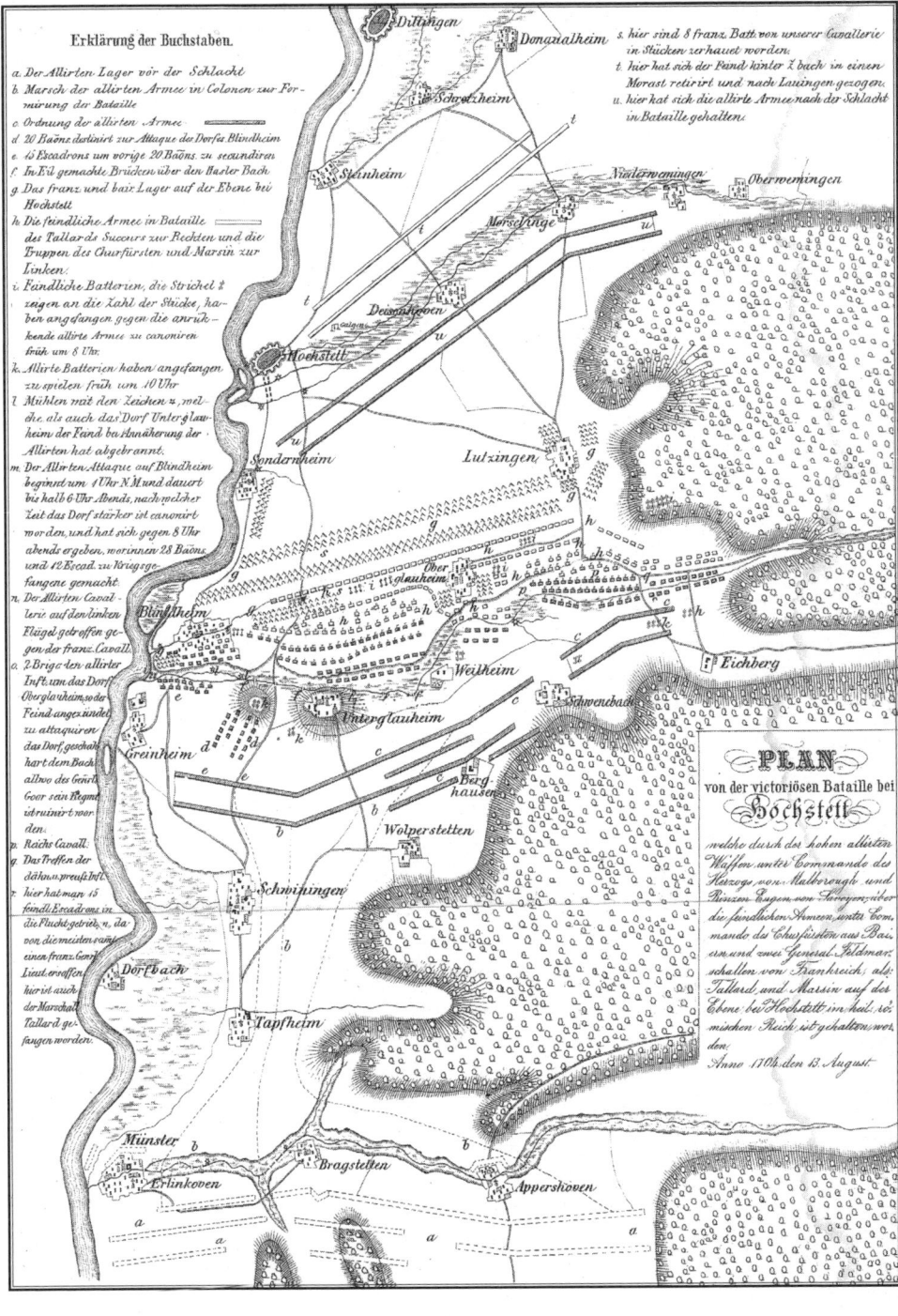

gust mit Eugen zusammentraf, um mit ihm vorzugehen. Vorher war es Eugen noch gelungen, den querköpfigen Markgrafen loszuwerden. Er hatte ihn zur Belagerung von Ingolstadt überreden können. Trotzdem hat es der Prinz nie vergessen und war immer noch dankbar dafür, dass der Markgraf Wegbereiter seiner Karriere gewesen war.

Der bayerische Kurfürst und Marschall Tallard rückten jetzt auf das kaiserliche Heer vor und schlugen ihr Lager zwischen Höchstädt und Blindheim auf. Der Kurfürst von Bayern plante sofort anzugreifen, die Franzosen zögerten jedoch noch und wollten erst am 15. August marschieren.

Eugen sah darin die Chance, selbst die Initiative zu ergreifen und gab in den frühen Morgenstunden des 13. August den Befehl an seine 52.000 Mann vorzurücken. Die Stärke der französisch-bayerischen Armee betrug dagegen 56.000 Mann. Es bedeutete für den Prinzen eine gewaltige organisatorische Aufgabe, eine Armee, die aus so vielen Nationen bestand, zu befehligen und zusammenzuhalten. Außer den Engländern kämpften die Kontingente der Dänen, Holländer und der deutschen Reichstruppen.

Dichter Donaunebel bedeckte die ganze Gegend um Blindheim. Als die Nebelschwaden sich kurz lichteten, erblickte Tallard große Massen der alliierten Reiterei. Doch er hielt den Reiteraufmarsch für eine Finte des Gegners, um dahinter die ganze alliierte Armee geordnet abziehen lassen zu können; denn Überläufer hatten unabhängig voneinander ausgesagt, ohne den in Ingolstadt verbliebenen Generalleutnant Kurfürst Ludwig von Baden gäbe es keinen Angriff. Das Heer würde sich nach Nördlingen zurückziehen. Eugen und Marlborough jedoch rückten immer näher an die Stellungen der Franzosen heran. Das Gelände war ungünstig für die Angreifer. Verschiedene Bäche und Flüsse, der größte, der Nebelbach, durchzogen das Aufmarschgebiet, und Sumpfgebiete erschwerten zusätzlich das Vorankommen.

Das feindliche Lager befand sich erhöht am Steilufer des Nebelbaches. Rechts wurde es von der Donau geschützt, links erstreckte sich ein dichter Wald am Ort Lutzingen. Bei der französischen Schlachtaufstellung beging Tallard den Fehler, starke Kräfte aus seinem Zentrum abzuziehen und diese an den Ort Blindheim zu legen, da er dort den Hauptangriff erwartete. Saint-Simon sieht darin einen Hauptgrund für die verlorene Schlacht: „Genau zu Tallards Rechten, aber weniger vorgeschoben als diese, befand sich Blindheim; in dieses große Dorf legte er in beispielloser Verblendung 26 Bataillone seiner Armee und rings um das Dorf in die Hecken fünf Dragonerregimenter und eine Kavalleriebrigade als rückwärtige Verstärkung. Also eine ganze Armee, um dieses Dorf zu bewachen, seinen rechten Flügel zu stützen und sich derart zu entblößen." [63]

Eugen hatte den linken Flügel übernommen, er musste seine Truppen durch unwegsames Gebiet weit auseinanderziehen. Marlborough wandte sich in der Mitte der feindlichen Front zu. Er führte persönlich die Reiterei. Doch Marschall Masin kam ihm mit einer machtvollen Armee entgegen. Daraufhin bat Marlborough Eugen um Hilfe, die dieser auch sofort mit seinen Kürassieren stellte und damit die Situation entschärfte. Am rechten Flügel ging Leopold von Anhalt-Dessau mit preußischer und dänischer Infanterie zum Angriff über. Er sollte die Truppen des bayerischen Kurfürsten in der Flanke umgehen.

Eugens geschwächte Regimenter rannten jetzt zum dritten Mal ohne Erfolg gegen französische Stellungen bei Oberglauheim an, worauf die Reiterei in Panik geriet und zu flüchten begann. Daraufhin schoss der Prinz zwei seiner flüchtenden Kürassiere persönlich aus dem Sattel. In Todesverachtung an der Spitze seiner Infanterie kämpfend gelang es ihm dann, bis zum Dorf Lutzingen vorzudringen. Zwei Stunden lang wogte die Schlacht hin und her.

Als Eugen am linken Flügel seine Gegner gerade zu überwältigen begann, sammelte Malborough die noch verfügbare Kavallerie und setzte zum entscheidenden Stoß im Zentrum an. Die französische Reiterei wandte sich daraufhin zur Flucht, und das französische Fußvolk wurde von den Engländern geschlagen. Als Tallard seine Reserven in Blindheim persönlich abholen wollte, wurde er gefangen genommen.

Der Rückzug Masins und des bayerischen Kurfürsten kann sich noch in einigermaßen guter Ordnung vollziehen, wogegen sich für Tallards Infanterie an der Donau eine Katastrophe anbahnt. Als ein Übergang über den Fluss nicht mehr möglich ist, fallen 11.000 Gefangene und 150 Kanonen in die Hand der Sieger. Eugen meldet an den Kaiser „es war eine herrliche Viktoria!".

Es hatte jedoch durchaus auch kritische Momente gegeben, so bei der Attacke Eugens auf die bayerische Kavallerie bei Oberglauheim, bei der sein Pferd unter ihm erschossen wurde und er persönlich in große Gefahr geriet. Der am Kampf beteiligte preußische General Grumbkow berichtete: „Mylord-Duc exponierte seine eigene Person sehr, desgleichen der Prinz Eugen, welches so weitgegangen, daß es fast ein Mirakel, daß er der Gefahr entgangen ist." [64]

Der Dichter Ranke fand die Worte: „Höchstädt war eine von jenen Schlachten, welche das Verhältnis der Mächte auf Dezenien hinaus entscheiden." [65]

Neben den Kanonen erbeuteten die Sieger 129 Fahnen, 15 Standarten, die französische Kriegskasse, 5.400 Proviantwagen und, wie festgehalten wurde, 34 Kutschen mit französischen Frauenzimmern. 16 Generale befanden sich unter den Gefangenen, 10 Oberste, sowie Tallard und sein Sohn und eine Reihe hoher französischer Adliger.

Die Verluste waren allerdings auf beiden Seiten hoch. So mussten die Alliierten 4.600 Tote und 7.000 Verwundete beklagen. Die französisch-bayerischen Truppen zählten 6.000 Tote, ebenfalls 7.000 Verwundete, aber noch dazu 11.000 Gefangene.

Am siegreichen Ausgang der Schlacht bei Höchstädt hatte besonders das preußische Korps unter dem Dessauer einen entscheidenden Anteil, was Friedrich der Große später hervorheben sollte. Es war ein wahrhaft europäischer Sieg, den europäische Länder mit England zusammen errungen hatten.

Die geschlagenen französischen und bayerischen Armeen mussten daraufhin Süddeutschland freigeben. Die Franzosen räumten darüberhinaus deutsches Gebiet rechts des Rheines und verloren auf der gegenüberliegenden Seite Landau. Marlborough hatte seine Stellung in England gefestigt, und auch das vor dem Sieg zögerliche Holland schwenkte wieder voll auf die kaiserliche Linie ein.

Der Wittelsbacher Kurfürst Max Emanuel wurde nach seiner Niederlage gezwungen, die Regentschaft an seine Frau Kunigunde zu übergeben und in die Niederlande zu fliehen. Doch auch die Kurfürstin konnte nicht mehr lange regieren. Sie musste ihr Land an die Kaiserlichen übergeben und floh nach Italien. Der Ilbesheimer Vertrag beendete endlich den Krieg mit den Bayern.

Eugen, der nun auch noch Militärgouverneur von Bayern wurde, versuchte die Bevölkerung durch milde Behandlung auf die Seite des Kaisers zu ziehen. Er verzichtete sogar nach Protesten der bayerischen Bauern auf die in allen Reichsländern übliche Gestellung von Rekruten und bat den Kaiser, mit einer Geldentschädigung einverstanden zu sein. Trotzdem kam es zu einem Aufstand, der vom Militär niedergeschlagen wurde. In einem fürchterlichen Blutbad wurden die nur mit Sensen und Mistgabeln bewaffneten bayerischen Bauern umgebracht. Als „Sendlinger Mordweihnacht" ist dieses Ereignis in die Geschichte eingegangen. Über Max Emanuel, der mit den Aufständischen unter einer Decke steckte, wurde daraufhin, ebenso wie über seinen Bruder, den Kurfürsten Joseph Klemens von Köln, vom Kaiser die Reichsacht verhängt.

Tod Kaiser Leopolds I.
und sein Nachfolger Joseph I.

Am 5. März 1705 schied Kaiser Leopold, durch viele vorangegangene Krankheiten entkräftet, aus dem Leben. Er hatte seinem Ende in gleichmütiger Frömmigkeit entgegengesehen und noch am Morgen des 5. März dem Thronfolger, seinem Sohn Joseph, die Regierungsgeschäfte übergeben und sich von ihm verabschiedet.

47 Jahre dauerte seine Regierungszeit. Im Gegensatz zum französischen König war er trotz seines Gottesgnadentums, von dem er beseelt war, niemals der Selbstvergöttlichung erlegen. Sein Leben lang hatte er gegen die Türken, Franzosen, aufständische Ungarn, sowie gegen die Pest kämpfen müssen. Oft hatte er mit seinem Reich am Abgrund gestanden.

Eugen erreichte die Nachricht vom Tode des Kaisers in Rovereto an der italienischen Front. Er verlor in seinem Kaiser einen väterlichen Freund, dem er Zeit seines Lebens dafür dankbar war, dass er ihn als jungen Freiwilligen in das kaiserliche Heer aufnahm. 22 Jahre hatte er seinem Herren, Kaiser Leopold I., gedient. Zutiefst glaubte er an den von Gott eingesetzten Kaiser. Niemals sah er sich als dessen Widersacher, obgleich er die Schwächen des Monarchen kannte und oft genug unter dessen Entschlusslosigkeit hatte leiden müssen.

Der Nachfolger des Kaisers wurde dessen erstgeborener Sohn Joseph, Römischer König, jetzt Kaiser Joseph I., ein gut aussehender Jüngling mit hoher Stirn, rotblondem Haar und leuchtend blauen Augen. In vielen Charakterzügen ähnelte er seinem Vater. Er war jedoch nicht wie Leopold von Jesuiten erzogen worden, hasste sie sogar wegen ihrer Intoleranz und hätte am liebsten alle nach Rom abgeschoben. Darin war er sich auch mit dem Prinzen einig.

Im neuen Kaiser sah Eugen die Zukunft des Hauses Habsburg, zumal er glaubte, dem Jüngeren mit seiner Erfahrung zur Seite stehen zu können.

Joseph seinerseits, damals noch König von Rom, hatte bereits

Kaiser Joseph I., Römischer König
(1678-1711)

früher stets die Ansicht des Prinzen auch dort vertreten, wo Eugen selbst nicht anwesend sein konnte. Da er an allen Regierungskonferenzen teilnehmen konnte, also auch an solchen, an denen Fragen behandelt wurden, die nicht das Kriegswesen betrafen, konnte er weitestgehend im Sinne des Prinzen wirken. Eugens Reisen nach Ungarn und im Anschluss nach Italien zum dortigen Kriegsschauplatz hatten zum Beispiel seine längere Abwesenheit erfordert, obwohl wichtige Entschlüsse für das kommende Jahr getroffen werden mussten. Es bestand durchaus die Gefahr, dass die alten Mächte des Hochadels ihren Einfluss auf Kaiser Leopold wieder verstärken konnten. In dieser Situation gelang es Eugen und dem damaligen Römischen König, Joseph, beim Kaiser eine wichtige Entscheidung durchzusetzen. Leopold übertrug seinem Sohn – und nicht einem älteren Rat – die Vertretung Eugens sowie die Leitung sämtlicher Kriegsangelegenheiten. Alle Konferenzen standen somit unter dem Vorsitz Josephs, auf den sich Eugen verlassen konnte. Es war ein Sieg des „jungen Hofes", zu dem neben dem Prinzen Fürst Salm und Gundacker von Starhemberg gehörten, über die Clique um Harrach, Buccelini, Kaunitz und Mansfeld. Endlich wurde dem Umstand Rechnung getragen, dass Österreich sich in einem Krieg befand, der über Sieg und Untergang des Reiches entschied.

Der neu ernannte Habsburger Kaiser Joseph I. setzte durch, dass sein Erzieher, der Weltgeistliche Franz Ferdinand von Rummel, den Kaiser Leopold wegen dessen liberaler Haltung vom Hofe verbannt hatte, zurückkommen durfte und übergab ihm, alle Anfeindungen nicht achtend, das Bistum in Wien.

Ein weiterer Lehrer des neuen Kaisers war Hans Jakob Wagner gewesen, der im glühenden Hass Frankreich gegenüber in seinem 1692 veröffentlichten Buch „Ehren-Ruff Teutschlands, der Teutschen und ihres Reichs" den deutschen Landen ihre blinde Ablehnung eines gemeinsamen Vorgehens vorhielt. Auch hier zeigte sich eine völlige Übereinstimmung mit den Ansichten des Prinzen, der – wie bekannt – großdeutsch dachte und fühlte.

Der junge Kaiser war im Gegensatz zum „Cunctator", seinem Vater, ein tat- und entschlusskräftiger, vom deutschen Nationalgefühl geprägter, junger Monarch. Er besaß einen scharfen Verstand, hatte eine leichte Auffassungsgabe und war humorvoll. Wie sein Vater war er gütig und hilfreich, konnte aber durchaus Strenge zeigen.

Unmittelbar nach dem Regierungsantritt begann er den Geheimen Rat in seinem Sinne umzubauen. Er entließ eine Anzahl von Mitgliedern und ersetzte sie durch seine nächsten Berater. Sein Ziel war es, die gesamte, im Argen liegende Organisation des Staates zu reorganisieren und modernisieren.

Wende in Italien: die Schlacht um Turin

Der Prinz sah also mit großen Erwartungen der neuen Regierung entgegen. Lange zögerte Eugen, wieder an die italienische Front zu gehen, bevor nicht die Gestellung neuer Kräfte, Bewaffnung, Munition und Proviant gewährleistet wären. Schonungslos warf er den zuständigen Stellen ihr Versagen vor.

Zum elenden Versorgungszustand der kaiserlichen und savoyischen Truppen kam noch erschwerend ein Mangel an Offizieren in Kommandostellen dazu. Eugen ernannte deshalb einen seiner brilliantesten Generale, Vaudémont, zum Kommandeur eines Armeekorps, doch unmittelbar darauf starb dieser an einem Malariaanfall. Daraufhin ersetzte der Prinz ihn durch den Grafen Herberstein, der jedoch bald nach Übernahme des Kommandos dem Prinzen eingestand, sich die ihm zugedachte Verantwortung nicht zuzutrauen. Eugen nahm ihm seine Aufrichtigkeit nicht etwa übel, sondern belohnte ihn für seine Loyalität und Offenheit dadurch, dass er den Grafen zum Vizepräsidenten des Hofkriegsrates ernannte.

Währenddessen war an der Rheinfront ein Vorstoß unter Marlborough geplant. Deutsche und englische Truppen sollten von der Mosel her Frankreich angreifen. Es zeigte sich jedoch, dass ohne die Führung und Zielstrebigkeit des Prinzen ein Zusammenwirken zwischen Ludwig von Baden und Marlborough nicht erfolgreich möglich war. Die Moseloperation musste abgebrochen werden. Marlborough zog in die Niederlande, und es kam vorerst zu keinen Auseinandersetzungen mit französischen Truppen mehr.

Doch der Kaiser wusste sich trotz der Schwierigkeiten keinen anderen Rat, als seinen besten Feldherrn wieder an die entscheidende italienische Front zu senden. So traf Eugen am 23. April 1705 erneut in Rovereto ein und fand das Heer, das unter dem Befehl des Grafen Leiningen stand, in noch schlechterem Zustand als erwartet vor. Drei Tage später gab er dem Kaiser einen Bericht aus Rovereto:

„Ich sollte mit größter Eile vorgehen, aber mit verhungerten, halbnackten Soldaten und ohne Geld, Zelte, Brot, Troß oder Artillerie ist dies ganz unmöglich. Wohin ich mich wende, höre ich nichts als Klagen und sehe nichts als Not und Elend.

Wenn man ein Detachement von, sagen wir, 100 Soldaten auf einen halbstündigen Marsch schickt, kann man sicher sein, dass 50 von ihnen infolge völliger Entkräftung ausfallen. Die Truppen sind so verhungert, dass sie eher Schatten als Menschen gleichen. Bis jetzt sind sie geduldig gewesen in der Hoffnung, dass ich wesentliche Abhilfe bringen würde. Aber da man mir sehr wenig zur Verfügung gestellt hat, befürchte ich, dass meine Ankunft lediglich zur Verzweiflung führen wird. Die Desertionen haben schon zugenommen – und belaufen sich auf etwa 50 pro Tag." [66]

Und dennoch musste er dieses schlecht versorgte Heer den Franzosen gegenüberstellen. Herzog Viktor Amadeus konnte sich mit letzter Kraft noch in Turin halten, aber er schickte verzweifelte Briefe mit der Bitte um Hilfe.

Eugen reagiert sofort und bringt mit Mühen sein Heer über die Etsch. Der Versuch, den Fluss Mincio zu überschreiten, schlägt allerdings fehl. Diesmal sind die Franzosen auf der Hut. Es bleibt Eugen daher nichts anderes übrig, als Teile seiner Truppen per Schiff über den Gardasee zu setzen, der Rest muss den beschwerlichen Weg über das Gebirge nehmen. Ziel ist es, sich in Gavardo mit der dort stehenden piemontesischen kaiserlichen Armee unter Viktor Amadeus und Starhemberg zu vereinen. Dankbar wird das Eintreffen der preußischen und pfälzischen Kontingente zur Kenntnis genommen.

Dann kommt plötzlich die Nachricht, dass in Piemont die Stadt Verrua kapituliert hat und damit fast 2.000 meist kaiserliche Truppen in Gefangenschaft geraten sind.

In Eilmärschen treibt Eugen seine Männer weiter durch die Täler bis über Brescia hinaus in die Ebene. Wieder gelingt es ihm, die Franzosen zu täuschen, aufgrund dessen Vendôme seine Stellungen vor Gavardo räumt und eiligst nach Südwesten abmarschiert. Sein Plan, Eugen durch ein starkes Stellungssystem an der Etsch aufzuhalten, hatte sich als nicht durchführbar erwiesen. Kurz darauf überrennen kaiserliche Truppen bei Bergamo spanische Befestigungen, und im Hochsommer erreicht Eugens Heer dann die Mündung des Po.

Die zuvor zurückgewichenen französisch-spanischen Truppen konnte der Herzog von Vendôme jedoch wieder zurückholen, um sich mit ihnen und den restlichen Spaniern zu vereinen. Dadurch wurde der Vormarsch der Kaiserlichen gestoppt. Nachdem die französischen Verbände es geschafft hatten, den reißenden Fluss Adda zu überqueren, kam es bei Cassano zu der gleichnamigen Schlacht. Wieder war Eugen mit dem fähigen Feldherrn, seinem Vetter Vendôme, konfrontiert. Beide Seiten hatten schwere Verluste zu verzeichnen.

Unter den kaiserlichen Gefallenen ist auch der General Graf Leiningen. Ohne zu zögern, übernimmt Eugen daraufhin Leiningens Kommando, und es gelingt ihm, die zurückweichenden Truppen erneut vorwärts zu treiben. Er schlägt eine französische Abteilung Dragoner in die Flucht und wirft mehrere französische Bataillone in den Fluss Adda.

Vendôme zieht jedoch immer neue Reservetruppen nach, wohingegen Eugen über keinen Ersatz verfügt. Trotzdem sammelt der Prinz seine erschöpften und abgerissenen Soldaten nochmals und stürmt wiederum todesmutig an ihrer Spitze nach vorne. Begeistert rufen seine Soldaten dem Sieger von Zenta und Höchstädt „Vivat Eugenius" zu. Eugen ist einer von ihnen. Doch auch Vendôme kämpft mit persönlichem Mut in der vordersten Reihe.

Schon hat der Prinz sein Ziel, die strategisch wichtige Brücke über den Fluss erreicht, die über die Schlacht entscheiden soll, als ihn ein Streifschuss am Hals verletzt. Jetzt muss der Dessauer den Oberbefehl übernehmen. Doch auch er wird am Nachmittag schwer verwundet. Daraufhin ist der Prinz gezwungen, die Schlacht am frühen Abend abzubrechen. „Es ist nicht zu beschreiben", heißt es in Eugens Schlachtbericht über die dreistündige Kanonade, die beide Seiten mit einem Hagel von Geschossen belegte, „was für ein großes Feuer, dergleichen ich noch niemals gesehen, beiderseits und ohne Aufhören gewesen sei." [67] Zum ersten Mal wurde dem Unbesiegbaren vom Feinde Widerstand entgegengesetzt, auch wenn sich letztlich keiner als Sieger ansehen konnte.

Beide Heere bewegen sich nach der Schlacht nicht mehr gegeneinander und verbleiben in ihren Stellungen. Eugen zieht in das vorbereitete Lager bei Treviglio. Weiter nach Turin vorzudringen schien unmöglich geworden zu sein. In einem Schreiben an den Hofkammerpräsidenten Gundacker von Starhemberg beschreibt Eugen das ganze Elend der Truppe in Italien: „Der Winter geht an, die Leute sind nackend und bloß, die Offiziere distinguiert, niemand hat nichts, alles ist verzweifelt, Mann und Pferd krepieren gleichsam aus Hunger und Not. Und dennoch schreit man um Sukkurs in Welschland in Ungarn und aller Orten." [68]

Der Feldzug des Jahres 1705 brachte dem Prinzen zwar nicht den gewünschten Sieg, hatte aber für die Kaiserlichen die erfreuliche Folge, dass Vendôme durch den Abzug eines Kontingentes der Belagerungstruppen vor Turin dem Herzog Viktor Amadeus von Savoyen Luft verschaffte. Wieder einmal musste der Prinz am 21. August einen Bittbrief an den Kaiser um Truppen, Geld und Proviant senden.

Im Januar 1706 kehrte dann Eugen mit der Erlaubnis des Kaisers nach Wien zurück. Mit eiserner Energie arbeitete er weiter an der Verbesserung der Ausrüstung der Armee.

General Reventlau übernahm bei Viktor Amadeus das verwaiste Kommando des Guido von Starhemberg, der nach einem Zerwürfnis mit Prinz Eugen aus Italien abgezogen wurde. Starhemberg war vom Freund des Prinzen zu dessen Feind geworden. Hauptgrund mögen seine verletzte Eitelkeit und der Neid gewesen sein, immer nur die Nummer zwei hinter dem Prinzen abzugeben. Das Fass zum Überlaufen brachte ein Spaß, den sich Eugen auf Kosten von Starhemberg während des Spanischen Erbfolgekrieges leistete. Anlässlich eines Mittagsmahles ließ der Prinz hinter dem Zelt eine kleine Mine explodieren, die er vorher gelegt hatte. Als Starhemberg daraufhin das Messer aus der Hand fiel und er vor Schreck erbleichte, machte sich Eugen über ihn lustig. Diesen Scherz hat Starhemberg ihm nie verziehen.

Malborough hatte ebenso wie Eugen erkannt, dass dem italienischen Kriegsschauplatz eine große Bedeutung für ganz Europa zukam. Er bewog die Seemächte dazu, eine erste Zahlung von 250.000 Pfund unter Umgehung des kaiserlichen Hofes direkt nach Italien zu überweisen.

Während der Hofkammerpräsident Gundacker von Starhemberg durch die Gründung der Wiener Staatsbank das kaiserliche Kreditwesen auf eine neue, solidere Basis stellen konnte, war der Prinz eifrig bemüht, Lieferungen von Material und Proviant nach Italien in Gang zu bringen. Aus Preußen und von der Pfalz erhielt er neue Rekruten gestellt und beschaffte eine entsprechende Anzahl von Pferden. Die dezimierte und abgerissene Armee am Gardasee erfuhr durch ihn alle

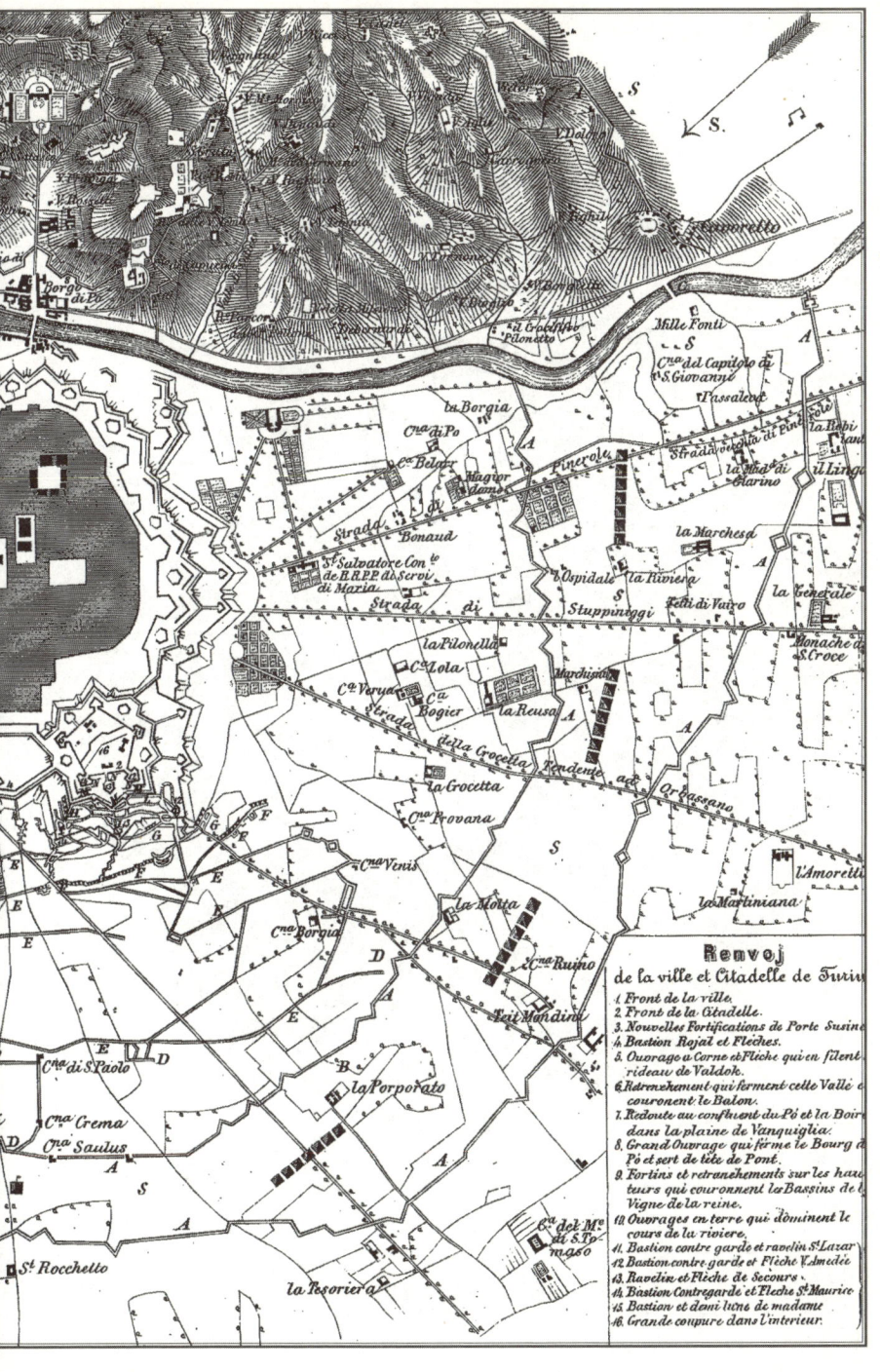

Kaiserlicher Minister Graf Johann Wenzel Wratislaw von Mitrowitz
(1669-1712)

nur mögliche Hilfe. Marlborough war es dann zu verdanken, dass Reserven seiner Truppen in den Niederlanden, sowie Einheiten des Herzogs von Sachsen-Gotha und ein Korps des Landgrafen von Hessen-Kassel nach Italien in Marsch gesetzt werden konnten.

Langsam verbesserte sich durch alle diese Hilfsaktionen die Lage der italienischen Truppen des Kaisers. Ein Übriges tat die im vollen Ernst gegebene Erklärung des Prinzen vor dem Hofkriegsrat, er werde den Oberbefehl für den Feldzug im kommenden Jahr nicht übernehmen, sollte die Armee in Italien nicht ausreichend verstärkt und ausgerüstet werden. Jetzt endlich einigte man sich darauf, die italienischen Fürsten und Republiken zu erheblich höheren Kontributionszahlungen zu zwingen. Eugen stellte im Einvernehmen mit dem Kaiser Fürsten und Stadtstaaten erfolgreich vor die Wahl, entweder sie blieben neutral und zahlten oder er werde seinen Truppen befehlen, sie zu besetzen und zu plündern.

Der Feldzugsplan für das Jahr 1706 sah wiederum die Befreiung Turins und des Herzogs Viktor Amadeus aus der französischen Umklammerung vor. In intensiven Beratungen Eugens mit dem Generalstab wurden Vorschläge zur Erreichung der Ziele aufgestellt. Viktor Amadeus selbst versuchte, den Beginn des kommenden Feldzuges so weit wie möglich zu beschleunigen, da sämtliche Vorräte in der Zitadelle fast aufgebraucht wären, und ständige französische Angriffe die Besatzung dezimiert hätten; die Festung sei nicht mehr lange zu halten.

Am 7. April reiste Eugen schweren Herzens wieder von Wien ab. Seine Vorbereitungen schienen ihm zwar noch nicht ausreichend, die Lage in Italien erforderte jedoch schnelles Handeln. In Wien wusste er sein Anliegen beim böhmischen Kanzler Wratislaw, seinem Vertrauten, gegen Intriganten in guten Händen.

Viel Zeit war nicht zu verlieren. Eine zweite französische Armee erschien im Mai mit 40.000 Mann vor Turin, unter dem Kommando des Herzogs von la Feuillade. Auch dieser Marschall von Frankreich kommt bei Saint-Simon schlecht weg:

„Sein in jeder Hinsicht liederlicher, ausschweifender Lebenswandel, seine außerordentliche Nachlässigkeit im Dienst, sein völlig heruntergekommenes, schmutziges Regiment, die beträchtliche Verspätung, mit der er jedes Jahr bei der Armee eintraf, um sie dann als erster wieder zu verlassen, alles das hatte ihm die tiefste Ungnade des Königs eingetragen. La Feuillade war vorzüglich gewachsen, sein Auftreten und seine Umgangsformen waren vornehm, der Ausdruck seines Gesichts so geistvoll, dass man dessen Hässlichkeit, den gelben Teint und die grässlichen Pickel völlig übersah. La Feuillade hatte in der Tat viel Geist, aber einen zu allem dienlichen, merkwürdig hurtigen und schillernden Geist; jemanden, der nicht unter die Oberfläche schaute, konnte er mühelos von seinem Wert überzeugen, vor allem aber verstand er es, durch seine Redensarten und seine spielerische Tändelei die Frauen zu betören. Wer sich nur unterhalten wollte, für den war der Umgang mit ihm recht amüsant. Sein Lebensstil war großartig, er war prunkliebend und weitherzig, ließ jede Meinung gelten, war höflich, tapfer, ja tollkühn, sehr auf Liebesabenteuer erpicht, ein zu jedem Einsatz bereiter und guter Spieler; ruhmredig, betont dreist und verwegen, liebte er es, all seine Eigenschaften ständig herauszustellen; unermüdlich prägte er Maximen und Leitsätze und war, um seinen Geist im vollen Glanz erstrahlen zu lassen, stets zum Diskutieren aufgelegt; sein Ehrgeiz kannte keine Grenzen, aber da er nichts durchhielt, wurde er schließlich völlig von dieser Leidenschaft und von der Sucht nach Vergnügen beherrscht. Er lechzte nach Bewunderung und Anerkennung, er besaß das Talent, Personen beiderlei Geschlechts mit Erfolg den Hof zu machen und Leute, von deren Beifall er sich etwas versprach, zu umgarnen, und durch solche Zustimmung, die ansteckend wirkte, brachte er sich in der Gesellschaft zur Geltung. Er gab sich den Anschein, als sei ihm an Freunden gelegen, und führte damit manch einen lange Zeit hinters Licht. Ein von Grund auf verderbtes Herz, eine verworfene, verkommene Seele, gottlos aus Wohlgefallen und als Lebenszweck, kurzum der ehrvergessenste Mensch, den man seit langen gesehen hat." [69]

Die Franzosen begannen bereits mit dem Ziehen von Laufgräben vor der Festung Turin, die Marschall Vauban vormals so ausgebaut hatte, dass sie für nahezu uneinnehmbar galt. Er bestückte die Festung damals mit Außenwerken und verschiedenartigen Hindernissen. Speziell hatte er neuartige Ausfalltore konstruiert, die nächtliche Ausfälle erleichtern sollten. Doch auch für die Eroberung von Festungen entwickelte Vauban neuartige Systeme: Angriffsgräben für den Sturm und die Eroberung, die sogenannten „Contravallationslinien", und zum Schutz der Belagerungsarmee vor Einschließung durch Entsatztruppen die „Circumvallationslinien".

Das kaiserliche Korps in der Festung befehligte jetzt der Feldmarschallleutnant Graf Winrich Daun, ein zäher Feldherr, der sich selbst nach einer Verwundung noch auf die Wälle tragen ließ.

Beim Überqueren der Alpen kommen dann Eugen plötzlich preußische Soldaten in wilder Flucht entgegen. Er befiehlt sofort seiner Reiterei vorzurücken und kann so den Rückzug zum Stillstand bringen. Vendôme hatte die schwachen kaiserlichen Truppen bei Calcinato mit Übermacht angegriffen, wobei 3.000 Mann fielen und der Rest geflohen war. Der Prinz beabsichtigte, wenigsten die östliche Seite des Gardasees mit seinen nur 3.000 Mann zu behaupten bis der Nachschub eintreffen würde, was endlich Ende Juni erfolgte. Wien hatte die gesamte Stärke des zu Verfügung stehenden Heeres mit 80.000 vorgegeben.

Mit nur 41.000 Mann beschließt Eugen jetzt anzugreifen. Um nicht wieder von den vielen Flüssen und Kanälen behindert zu werden, will der Prinz dieses Mal zur Befreiung Turins den Weg auf dem südlichen Po-Ufer nehmen.

Als sei es wieder einmal ein Habsburger Mirakel, tritt dann ein für Eugen hochwillkommenes Ereignis ein: König Ludwig XIV. hatte, nachdem Marlborough am 23. Mai 1706 bei Ramilles, nördlich von Namur, einen glänzenden Sieg gegen Herzog Villeroy errungen hatte, den glücklosen Herzog abgezogen. Als dessen Nachfolger setzte er, weitere Erfolge Marlboroughs befürchtend, seinen besten Heerführer Vendôme ein und zog diesen damit aus Italien ab. Flandern und Brabant waren bereits in englische Hand gefallen, Vendôme sollte ein weiteres Vorgehen der Engländer stoppen.

Nachfolger Vendômes in Italien wurde der 32jährige Montsenieur Philipp von Orleans, Neffe des Kaisers und Sohn der Liselotte von der Pfalz. Zur Verstärkung wurde ihm Marschall Marsin als Berater beigegeben, gegen den Eugen schon erfolgreich bei Höchstädt gekämpft hatte.

Vendôme, der überzeugt davon war, dass der italienische Kriegsschauplatz schicksalhaft sei, protestierte vergeblich gegen seine Versetzung. Für Eugen aber kehrte damit sein einziger ebenbürtiger Gegenspieler dem Kriegsgeschehen in Italien den Rücken. Der reiche, lebenslustige Montsenieur konnte kein Ersatz für ihn sein. Zwar war er ein mutiger, verwegener Offizier, doch das Talent zum klugen Feldherrn besaß er nicht, wie Eugen wusste.

Der Prinz lässt jetzt einen Teil seiner Truppen an der Etsch zurück und schafft das, was Vendôme für unmöglich gehalten hatte. Er setzt mit dem Gros seiner Armee bei Ferrara über den Po und zieht auf der südlichen Seite des Flusses in Richtung auf den Engpass Stradella zu. Die Eroberung der Stadt Finale gibt die Möglichkeit, ein wichtiges Lager für den Nachschub zu errichten.

Orleans bleibt keine andere Wahl, als Eugen auf der nördlichen Po-Seite nachzuziehen. An Feuillade gibt der Montseniuer den Befehl, alle nur möglichen Truppen von Turin abzuziehen, ihm entgegenzukommen und unbedingt den Pass Stradella zu besetzen. Er will Eugens Truppen umzingeln und dann schlagen. Feuillade verweigert jedoch die Hilfe, denn er hält es für unmöglich, dass Eugen gegen Turin zieht. Er ist vielmehr der Ansicht, Mailand sei in höchster Gefahr.

Eugen setzt seinen Zug in Eilmärschen fort, eine unendliche Strapaze für seine Soldaten in der sengenden Sonne Italiens, und findet zur seiner Überraschung und zu seiner großen Erleichterung den gefürchteten Pass an der Grenze zu Piemont unbesetzt vor.

Am 1. September kann dann die Vereinigung mit den außerhalb Turins stehenden kaiserlichen Truppen stattfinden. Nur ein so willensstarker und kühner Feldherr wie der Prinz, der in größter Beharrlichkeit seinem gesteckten Ziel folgte, vermochte es, diese gefahrvolle Strecke von der Grenze Tirols bis Piemont in zwei Monaten zu bewältigen. Die Marschleistung übertraf sogar diejenige Kaiser Napoleons, der ein Jahrhundert später in entgegengesetzter Richtung marschieren sollte. Eugen dicht auf den Fersen folgend, trifft auch kurz danach Orleans mit seiner Armee vor dem durch la Feuillade hart bedrängten Turin ein.

Ende August konnten sich der Herzog von Savoyen und sein Vetter, die sich zehn Jahre lang nicht mehr gesehen hatten, bei Carmagnola umarmen. Anfangs Verbündete, dann Gegner und jetzt wieder Verbündete.

Am 2. September erkunden die beiden Feldherren von einer Anhöhe aus im Nordosten der Stadt, auf dem 600 Meter über dem Meeresspiegel gelegenen Supergahügel, die feindlichen Stellungen. Sie sehen, dass die Armee von Orleans vor Turin angelangt ist. Eugen erspäht eine Lücke in der Belagerungsfront um die Stadt. Hier will er angreifen. Der Herzog von Savoyen verspricht, sollte der Sieg errungen werden, dort eine Gedächtniskirche zu errichten. Die Basilika von

Superga erinnert noch heute an das gehaltene Versprechen. Orleans plant ebenfalls, sofort loszuschlagen, doch seine beiden Marschälle, Marsin und la Feuillade, raten noch zu warten.

In den frühen Morgenstunden des 7. September 1706 formiert Eugen seine Schlachtreihe. Das Schwergewicht legt er auf den linken Flügel, den Prinz Alexander von Württemberg mit österreichischen Grenadieren befehligt. Im Anschluss an ihn führt Eugens tapferer Waffengefährte von Höchstädt, Prinz Leopold von Anhalt-Dessau, die Preußen. Das Zentrum und den rechten Flügel bilden kaiserliche Pfälzer und Thüringer. In Turin wartet Daun mit 12 Bataillonen, Grenadieren und Kavallerie auf den günstigsten Augenblick für einen Ausfall.

Nach einem zweistündigen Artillerieduell beginnt der Angriff auf die 9.000 hinter der Verschanzung stehenden Franzosen, was nicht ohne eigene Verluste abgeht. Als bei den Preußen Verwirrung auftritt, greift Eugen sofort mit einer kaiserlichen Abteilung ein. Viktor Amadeus entdeckt zwischen dem Fluss Stura und dem feindlichen rechten Flügel eine Lücke, dirigiert umgehend seine Truppen dorthin und bewirkt den Zusammenbruch der im Rücken und in der Flanke bedrohten französischen Verteidiger.

Vor dem Zentrum hält der Feind seine Stellung noch und schickt seine Reiterei vor. Im Getümmel wird Eugens Pferd getroffen und reißt ihn zu Boden. Doch er bleibt unverletzt. Wieder ertönt das „Vivat Eugenius". Sein Diener und sein Page sterben dagegen direkt an Eugens Seite.

Die Preußen und die Kavallerie des Herzogs machen erneut einen Vorstoß und erreichen, dass die Franzosen in Auflösung gegen die Stura und den Po zurückweichen. Um drei Uhr nachmittags dann kann Viktor Amadeus ins befreite Turin einreiten.

In den französischen Truppen dagegen, auch bei Einheiten, die am Kampf nicht beteiligt waren, bricht Panik aus. Sie müssen sämtliche Stellungen räumen und sich geschlagen nach Pinerolo zurückziehen. 2.000 Gefallene und 5.000 Gefangene lassen sie zurück. Auch der französische Marschall Marsin stirbt am nächsten Tag an seiner schweren Verwundung.

Die Beute, die den Truppen Eugens zufällt, ist erheblich. 3.000 Gefallene und Verwundete sind allerdings auch auf kaiserlicher Seite zu beklagen.

Als bei Ludwig XIV. die Meldung von der Befreiung der mit großer französischer Übermacht belagerten Festung Turin eintrifft, macht der König la Feuillade große Vorwürfe. Er gibt ihm die Schuld am Versagen der Belagerungstruppen und erhebt ihn seines Kommandos. Der wahre Schuldige ist der König jedoch selber, denn vor Monaten hatte er seinen genialen Festungsbauer, Marschall Vauban, an den Herzog von Savoyen ausgeliehen mit dem Auftrag, die Festung Turin uneinnehmbar zu machen. Aus unerklärlichen Gründen machte der König dann jedoch den Fehler, den Oberbefehl über die Belagerungsarmee an la Feuillade zu übergeben, anstatt Vauban damit zu betrauen, der sein eigenes Festungswerk bis in alle Einzelheiten kannte und somit erheblich geeigneter für den Oberbefehl gewesen wäre.

Der Herzog von Orleans findet auf seinem Rückzug in Pinerolo die vom König versprochenen Magazine nicht vor. Auch der Proviant geht nahezu zu Ende. Seine Truppe ist entmutigt, es kommt zu Desertionen, und sogar Offiziere verlassen die demoralisierte Truppe. Orleans entschließt sich daher, sein Heer in die Dauphiné hart an der französischen Grenze zurückzuführen, um dort eine Auffrischung seiner Streitmacht zu beginnen. Unmittelbar danach will er wieder in Italien antreten.

Mit diesem Entschluss macht er den Kaiserlichen den Weg nach Mailand völlig frei. Eugen erkennt sofort die Lage und führt sein Heer in diese Richtung. Die Stadt Chivasso wird genommen, und es werden 1.500 Gefangene gemacht. Die meisten italienischen Städte ergeben sich ohnehin, nachdem spanische und französische Besatzungen zum Teil von der Bevölkerung selbst entwaffnet wurden. Sämtliche festen Plätze der Franzosen gehen verloren.

Der Sonnenkönig sah jetzt die Lage in Italien als verzweifelt an. Er fürchtete um den Bestand seiner und der spanischen Truppen und befahl dem Herzog von Orleans, sein Heer in die Winterquartiere zu verlegen.

Den Fürsten Vaudémont ermächtigt er, mit Eugen Verhandlungen über den freien Abzug seines Heeres aus Italien aufzunehmen. Als Gegenleistung will der König die Lombardei, Savoyen und Nizza den Kaiserlichen übergeben.

Am 13. März 1707 wird daraufhin der Räumungsvertrag in Mailand unterzeichnet. Der Kaiser ernennt Eugen zum Dank für die Befreiung Italiens in einer feierlichen Zeremonie zum Generalgouverneur von Mailand. König Karl von Barcelona, dem nominell die Oberhoheit über Mailand zustand, musste wohl oder übel zustimmen.

Dem „kleinen Abbé" von einst wurde jetzt wie einem Monarchen gehuldigt. Die Straßen, durch die Eugen reitet, sind mit Teppichen ausgelegt und in ein Blumenmeer getaucht. Er berichtet an den Kaiser: „nicht genugsam zu beschreiben die große Freude, das Frohlocken und der Jubel, sowohl der Adel, zuvorderst aber der gemeine Pöbel aller Orten, absonderlich in Mailand, als ich dem Tedeum laudamus beigewohnt, erwiesen hat und noch erweist, daß sie nunmehr durch Euer Kaiserlichen Majestät Waffen von der französischen Botmäßigkeit seien elibriert worden." [70] In ganz Europa erntet der Prinz ungeteilte Bewunderung.

Beförderung zum
Generalleutnant und Reichsmarschall

Noch eine besondere Ehrung erfuhr der Prinz durch den Kaiser. Nach dem Tod des Markgrafen von Baden ernannte er jetzt Eugen zum höchsten militärischen Befehlshaber, zum Generalleutnant und Reichsmarschall, nachdem ihn vorher die Regensburger Versammlung einstimmig gewählt hatte. Seit Montecuccoli war diese Ehre keinem Feldherren mehr zugefallen. Denn damit vereinigten sich die Ämter des höchsten militärischen Befehlshabers und zugleich des Präsidenten des Hofkriegsrates auf eine Person, auf den Prinzen. Nicht einmal der berühmte Herzog Karl von Lothringen, dem der Kaiser unbegrenzt vertraute, konnte beide Ämter zugleich auf sich vereinen.

Im April 1707 wollte Zar Peter sogar beim polnischen Reichstag die Wahl des Prinzen Eugen zum polnischen König durchsetzen. Karl XII. von Schweden hatte August den Starken zuvor vom polnischen Königsthron vertrieben. Der Kaiser jedoch meldete politische Bedenken an, dass dadurch der russische Einfluss verstärkt würde. Er erklärte Eugen aber, er wolle seinem Glück keineswegs im Wege stehen. Der Prinz, dem die Loyalität zu seinem Kaiser über allem stand, lehnte daraufhin das Angebot in einem Brief vom 29. Mai an den Kaiser – auf Grund seiner Herkunft immer noch in holprigem Deutsch – ab.

„So vill die Pohlnische Cron anbelangt, sage Euer Majestät den alleruntherthänigsten Dankh, dass Sye sich würdigen wollen, Mich diessfalls mit Dero eigenhändg Allergnädigsten Zeullen zu begnaden, Ich aber habe Meiner Seiths nichts anderes gethan als zu was mich meine schuldigkeit, mit welcher E. K. M. ewig verpflichtet lebe, angehalten hat, alss welche Erfordern will wegen der von Dero glorwürdigsten Gott seeligst ruehenden Herrn Vatters alss E. K. M. Selbsten Empfangenen. So villfältigen Allerhöchsten gnaden Lieber alles in der Welt zu verlassen alss dass geringste ohne Dero Allergnädigsten vorwissen oder wider Dero Dienste zu unternehmben, massen mir durch Etlich und zwainzig Jahr alss Ich die Allerhöchste Gnad geniesse, in E. K. M. Diensten zu stehen, dergleichen zu thuen niemahlen habe Einfahlen, noch vill weniger durch Eine Eytle Ambition hierzu werde verleiten lassen, E. K. M. in allerunterthänigkeit bittend, Sye geruhen Allergnädigst dissfahls auf mich weithers die geringste Consideration nicht zu haben, sondern auf dassjenige Allergnädigst zu gedenken, was Sye für Dero Selbstaigne Convenienz Erachten..." [71]

So blieb Eugen Feldherr und Generalgouverneur im kaiserlichen Dienst.

Der Räumungsvertrag hatte auch Neapel mit eingeschlossen. Darüber kam es jedoch mit dem Vatikan zu scharfen Auseinandersetzungen, die sogar zum Abbruch der diplomatischen Beziehungen führten. Papst Clemens XI. weigerte sich, König Karl III. als König von Spanien anzuerkennen. Erbittert drohte er dem Kaiser sogar mit dem Kirchenbann. Der wiederum erwiderte dem Papst, nur die dem Hause Habsburg angeborene Güte würde ihn abhalten, mit seinen Verbündeten, darunter den „ketzerischen" Preußen, sofort nach Rom zu marschieren.

Eugen, als guter Katholik, vermittelte zwischen den Parteien. Ein Angriff auf den Vatikan war für ihn unmöglich, der Papst unantastbar. Diplomatisch warnte er den Kaiser, es sei unklug, einen Papst zum Märtyrer zu machen. Er empfahl ihm jedoch ausgleichend, eine Resolution gegen das Unwesen der Exkommunikation Andersdenkender zu verfassen. Nur Eugen war es zu verdanken, dass der Papst ein Jahr später tatsächlich nachgab und die habsburgische Erbfolge anerkannte.

Die ehemals spanischen Besitzungen der Habsburger in Italien waren jetzt wieder völlig in der Hand des Kaisers. Nun sollte die Entscheidung über den Spanischen Erbfolgekrieg fallen. Das konnte nur eine erneute Offensive gegen Frankreich bedeuten.

Im Hinterland Spaniens selber entwickelte sich die Lage nicht sehr erfolgreich. Am 25. April 1707 wurde das englisch-holländische Heer bei Almansa geschlagen. Der Herrschaftsbereich König Karls III. war Aragon, während König Philipp V. Castilien beherrschte. Die Alliierten mussten, bedingt durch fehlenden Nachschub, Madrid wieder aufgeben, und die Situation verschlechterte sich zusehends. Deshalb verlangten König Karl und die Seemächte die Entsendung Eugens nach Spanien. Auch die englische König Anna wollte den Mann, der jede Lage meistern konnte, in Spanien sehen.

Der Kaiser hingegen übertrug dem Prinzen das Kommando für den Kampf um die Küstenfestung Toulon und schickte Guido von Starhemberg nach Spanien.

Die Erstürmung der Festung misslang jedoch, die kaiserlichen Truppen waren in der glühenden Julihitze zu erschöpft, um einen Sieg herbeiführen zu können. Zudem hatte Marschall Tessé seine Truppen hervorragend verschanzt. Täglich wurden neue französische Ersatzheere zugeführt, so dass die drei Feldherren, Herzog Viktor Amadeus, der englische Admiral und der Prinz, schließlich übereinkamen, die Belagerung aufzuheben. Immerhin hatte der Feldzug gegen Toulon den Abzug französischer Truppen von Neapel bewirkt und damit Feldmarschall Daun die Einnahme Neapels erleichtert.

Der Kaiser verfügte jetzt, dass der Prinz die kaiserlichen Reichstruppen gegen Frankreich führen sollte. Im April 1708 trafen sich Eugen und Marlborough in Haag und besprachen ihr gemeinsames Vorgehen. Eugens Aufgabe bestand darin, die an der Mosel stehende Armee mit der Marlboroughs zu vereinen.

Unerwartet traten jedoch jetzt Schwierigkeiten mit den Verbündeten auf. Die deutschen Fürsten sollten zusammen 15.000 Mann für die Reichsarmee stellen. Jeder von ihnen machte jedoch seine Beteiligung von immer neuen Bedingungen abhängig. Es erforderte daher Eugens ganzes diplomatisches Geschick, die einzelnen Fürsten in persönlichen Gesprächen von der Notwendigkeit der gemeinsamen Kräftebündelung zu überzeugen. So reiste er zu den Kurfürsten von Hannover, Sachsen, der Pfalz und zum Landgrafen von Hessen. Danach eilte er zum Reichstag nach Regensburg.

Unterdessen schrieb Marlborough immer dringendere Briefe, in denen er das baldige Eintreffen Eugens und der Moselarmee anforderte. Untätig stand er mit seiner 70.000 Mann starken Armee der um 10.000 stärkeren Marschall Vendômes südlich von Brüssel gegenüber. Beide Heere belauerten sich. Dann plötzlich setzte Vendôme seine Truppen in Bewegung und eroberte am 5. Juli 1708 die Städte Gent und Brügge. Dadurch bedrohte er Marlborough in der Flanke. In dieser verzweifelten Lage bekam Marlborough auch noch einen schweren Fieberanfall. Wieder schrieb er an den Prinzen: „Wenn es einen Gott gibt in der Höhe, so vertraue ich ihm, denn sonst sind unsere Aussichten wahrhaft schrecklich." [72]

Einen Tag später trifft Eugen dann, nur von einer Husarenabteilung begleitet, im Hauptquartier des Herzogs ein. Drei Tage zuvor stand er noch mit seiner Kavallerie bei Düren. Dann war er in Eilmärschen mit der kleinen Husarenabteilung über Maastricht bis Brüssel gehetzt. Erleichtert und herzlich begrüßt Marlborough den Waffengefährten, der die große Aufregung, die allenthalben herrscht, gar nicht verstehen kann.

Wie stark auch die Armee auf das Eintreffen dieses Retters in der Not reagiert, wie sie Zuversicht bekommt und durch klare Befehle wieder aufgerichtet wird, schildert der preußische General von Natzmer: „So aber ging uns endlich durch Gottes gnädigen Schutz und unter Mithilfe des Prinzen Eugen, der zur guten Stunde mit seinem Eintreffen den Mut der Armee wieder aufrichtete und uns Trost brachte, ein besseres Licht auf." [73]

Eugen wartet noch die Ankunft seiner Moselarmee ab, dann marschieren die Verbündeten in Tag- und Nachtmärschen bis zur Schelde und setzen sich vor die Armee Vendômes.

Vendôme führte zwar seine Männer, hatte aber in dem 26jährigen Neffen des Königs, dem Herzog von Burgund, einen Vorgesetzten, der ihn oft in seinen Entscheidungen behinderte. Mit dem Burgunder und Vendôme trafen zwei völlig unterschiedliche Charaktere aufeinander, deren Uneinigkeit laufend zu Missverständnissen führte. Bezeichnend war, dass sogar die Generalität dadurch zur Parteinahme verführt wurde.

Siege bei Oudenaarde und Malplaquet

Am 11. Juli setzten die kaiserlichen Truppen über die Schelde. Bei Oudenaarde, südlich von Gent, kommt es zur Schlacht, obwohl beide Seiten ihre Artillerie noch nicht vorgezogen haben.

Da bemerkt Eugen eine Unsicherheit beim Gegner, der sich zu verschanzen beginnt. Im scharfen Ansturm durchbricht er daraufhin am rechten Flügel die feindlichen Linien. Auch Marlborough kann den Feind aus den Stellungen werfen. Auf breiter Front zieht sich der Gegner jetzt zurück und kommt erst hinter dem Kanal zwischen Gent und Brügge zum Stehen.

7.000 Franzosen gehen in Gefangenschaft. Nur der Einbruch der Nacht rettet die französische Armee vor dem völligen Untergang. Vendôme gibt dem Herzog von Burgund die Schuld an der Niederlage. Wütend schreibt er an seinen König, der Herzog habe wie ein Zuschauer aus der Operngalerie untätig das Kriegsgeschehen betrachtet. König Ludwig ist erschüttert darüber, dass seine um 11.000 Mann stärkere Streitmacht mit 200 Bataillonen und 300 Schwadronen gegen die zusammengestückelten, und auch noch laufend mit Kommunikationsschwierigkeiten kämpfenden, Verbündeten mit ihren nur 170 Bataillonen und nur 260 Schwadronen den kürzeren gezogen hat.

Marlborough will gleich bis Paris vorstoßen, doch die Niederländer sträuben sich. So einigt man sich darauf, die bedeutendste Festung Frankreichs, Lille, anzugreifen. Am 12. August sind dann tatsächlich auch Stadt und Festung Lille eingeschlossen. Eugen übernimmt die Belagerung, während Marlborough die Aufgabe hat, ihn gegen einen eventuellen Angriff Vendômes zu decken. Doch selbst mit der Verstärkung einer zweiten Armee unter Marschall Berwick, die vom Rhein her anmarschiert, trauen sich die Franzosen nicht, Eugen anzugreifen. Der Verteidiger der französischen Festung Lille, die von Marschall Vauban, dem berühmten Festungsbauer, nach modernster Technik mit Wassergraben errichtet wurde, ist der tapfere Marschall Boufflers.

Gewaltige Vorbereitungen für die Belagerung waren zuvor von den Verbündeten erforderlich. Belagerungsgeschütze mussten auf dem Landweg herangeschafft werden; Pferde, Proviant, Gerüste und 3.000 Pulverkarren, mit einer Marschlänge von 25 km, kamen von Brüssel auf holprigen, schlechten Straßen. Der Wasserweg, die Schelde, entfiel, da sie bei Gent vom Gegner kontrolliert wurde.

Die Belagerung war für ganz Europa wieder einmal eine Sensation und Eugens Lager der glänzende Mittelpunkt einer militärischen Superschau. So kamen der König von Sachsen mit seinem 12jährigen Sohn, der Landgraf von Hessen, der Kurprinz von Hannover, der spätere König Georg II. von England, und viele weitere militärisch Interessierte, um sich das Spektakel nicht entgehen zu lassen.

Laufgräben wurden vorangetrieben, dann erfolgte am 21. September der Angriff. Kanonen schlugen eine Bresche und Eugen stürmte in vorderster Linie die Laufgräben entlang. Zweimal, dreimal werden seine Truppen zurückgeschlagen. Am Auge getroffen, muss Eugen aus dem Kriegsgetümmel geschafft werden, doch auch jetzt gibt er die Führung nicht ab.

An Boufflers schickt er die Aufforderung zu kapitulieren, die der Marschall allerdings, ganz Grandsenieur, höflich ablehnt. Es sind die Worte eines Kavaliers, aus denen jedoch das furchtbare Sterben der Verteidiger und die Schreie der Verwundeten nicht herauszuhören sind: „Es hat noch keine Eile, mein durchlauchtigster Prinz, genehmigen Sie, dass ich mich so lange wie möglich wehre. Noch steht genügend Verteidigungswerk, die es mir erlauben, die Achtung jenes Kriegers, den ich über alles bewundere, noch besser zu verdienen." [74]

Boufflers macht noch verwegene und teils erfolgreiche Ausfälle. Dennoch muss er sich letztendlich mit den Rest seiner Truppen auf die Zitadelle zurückziehen. Um die Belagerung abzukürzen und die Kapitulation der Zitadelle zu beschleunigen, schreibt Prinz Eugen an Marschall Boufflers:

„Der Ruhm, den Sie sich während einer so langen und schönen Verteidigung erworben haben, wird Sie im Geist des Publikums reich entschädigen für die Notwendigkeit, zu der das Los der Waffen Sie zwingt. Wenn Sie bis zur letzten Extremität warten, wird es mir sehr schmerzlich sein, Ihnen nicht alle die Ehre bewilligen zu können, die ein so großer Kapitän wie Sie und eine tapfere Garnison wie die Ihre verdienen." [75]

Nach wahrlich heroischem Widerstand kapituliert Boufflers dann am 9. Dezember 1708.

Bevor er mit seinen Resttruppen ehrenvoll abziehen darf, lädt Boufflers Eugen noch zum Essen ein. Der Prinz sagt unter der Bedingung zu, nur das serviert zu bekommen, was auch die Truppen in der Zitadelle erhielten: es gibt ein kleines Stück modriges Pferdefleisch, dazu ein Glas abgestandenes Brackwasser.

Bereits im Oktober 1708 waren auch die Festungen Gent und Brügge zurückerobert worden. Die Niederländer konnten wieder in Freiheit leben.

Erneut ist der Prinz in Europa in aller Munde. Die Eroberung der Festung Lille wird als eine der größten Waffentaten des Krieges gefeiert. Und die niederländische Regierung schreibt an den Kaiser, die Erfolge seien nächst Gott nur der Tüchtigkeit und der Tapferkeit Eugens zu verdanken.

Frankreich war dann zu Beginn des Jahres 1709 bereit, mit dem Kaiserreich Frieden zu schließen. Fast das ganze spanische Erbe sollte den Habsburgern zufallen, dazu Mailand und die Besitzungen in Südamerika. Nur Neapel und Sizilien wollte Ludwig für seinen Enkel, König Philipp, erhalten. Zu diesen großen Zugeständnissen zwangen ihn die desolaten Zustände in seinem Königreich.

Der Herzog von Saint-Simon beschreibt in seinen berühmten, zeitweilig als Staatsgeheimnis bei Hofe beschlagnahmten Memoiren die Erschöpfung der Truppen des Königs und die Intrigen, die zu den Niederlagen führten. „Unterdessen ging alles allmählich oder vielmehr ganz offensichtlich zugrunde: das Königreich war vollkommen erschöpft, die Truppen kaum bezahlt und missmutig, weil sie ständig schlecht geführt und infolgedessen ständig erfolglos waren. Die Finanzen hoffnungslos zerrüttet; nirgends ein fähiger Kopf, weder unter den Generalen noch unter den Ministern; keine Wahl, die nicht nach Gutdünken oder mit Hilfe von Intrigen betrieben wurde; nichts wurde bestraft, nichts nachgeprüft, nichts erwogen; dieselbe Ohnmacht, den Krieg fortzuführen wie Frieden zu schließen; alles vollzog sich unter Schweigen und Leiden." [76]

Doch es waren nicht nur die verlorenen Schlachten, die den Glanz des Sonnenkönigs verdunkelten. Hinzu kam, dass Frankreich 1708/1709 einen besonders strengen Winter erlebte, der die Bevölkerung mit

Verzweiflung erfüllte. Lassen wir wieder den authentischen Zeitzeugen, den Herzog von Saint-Simon zu Worte kommen:

„Der Winter war, wie ich bereits gesagt habe, furchtbar gewesen. Seit Menschengedenken hatte man keinen ähnlichen mehr erlebt. Die Kälte war so grimmig, dass, wie ich es selbst im Schloss von Versailles gesehen, die stärksten, in Schränken stehenden Essenzen und die alkoholhaltigsten Liköre die Flaschen sprengten; als ich einmal mit dem Duc de Villeroy in seinem kleinen Schlafzimmer zu Abend aß, fielen von den Weinflaschen, die auf dem Kaminsims standen und vorher aus einer gut geheizten Küche gekommen waren, Eisstücke in unsere Gläser..." [77]

„Der Frost währte zwei Monate lang in gleicher Strenge, und gleich beim Beginn froren die Flüsse bis zu ihren Mündungen fest zu, und das Meer trug an den Ufern die schwersten Lastwagen. Ein trügerisches Tauwetter schmolz den Schnee, der bis dahin die Erde bedeckt hatte, und es folgte ein dreiwöchiger neuer Frost, der so heftig war wie der erste. Dieser zweite richtete alles zugrunde. Die Obstbäume erfroren; es gab keine Nussbäume, keine Oliven- und Apfelbäume und keine Weinstöcke mehr, nur eine kaum nennenswerte Zahl wurde verschont. Auch andere Bäume gingen in Menge zugrunde, die Gärten starben ab und das ausgesäte Getreide verdarb. Man kann sich die Verzweiflung bei dem allgemeinen Ruin nicht vorstellen. Jedermann geizte mit seinem alten Getreide. Das Brot wurde umso teurer, je mehr man an einer kommenden Ernte verzweifelte." [78]

Durch Getreidespekulationen kam es zu nicht mehr bezahlbaren Brotpreisen. Als deren Folge brachen Volksaufstände aus, die nur deshalb nicht zur Revolution ausarteten, weil Marschall Boufflers mit eiserner Härte durchgriff.

Der französische Außenminister Marquis de Torcy trug die Vorstellung Ludwigs XIV. für die Länderverteilung in Haag vor, wohin die Niederländer eingeladen hatten. Eugen sollte zusammen mit Marlborough als Unterhändler fungieren. Vergebens versuchte der Prinz, den siegreichen kaiserlichen Hof zur Zurückhaltung in dessen Forderungen zu bewegen. Infolgedessen scheiterten wegen des Festhaltens der Ansprüche der Habsburger auf Straßburg und das Elsass schließlich die Friedensverhandlungen.

Eugen hatte mit Weitblick erkannt, dass die momentane Position der Stärke sich für das Habsburger Reich sehr schnell ins Gegenteil verkehren konnte, da auf die Verbündeten kein Verlass mehr war. Die Niederlande wollten einer totalen Erniedrigung Frankreichs nicht zustimmen, und auch die Engländer fürchteten, dass ein zu sehr geschwächtes Frankreich Deutschland zu stark werden ließe. Der Prinz kannte seine Verbündeten und wusste sie richtig einzuschätzen. So blieb ein diplomatischer, auf Frieden ausgerichteter Erfolg versagt. Dem Kaiser gegenüber machte Eugen keinen Hehl daraus, dass er lieber diesen Erfolg gesehen hätte. Er schrieb am 17. Juni 1709 an den Kaiser:

„Die Armee ist zwar nicht weniger zahlreich als im vorigem Jahr und im guten und schönen Zustand. Man darf daher auf einen glücklichen Ausgang des Feldzuges hoffen. Da aber nichts veränderlicher ist als das Glück der Waffen, so ist zu bedenken, was bei einer unglücklichen Schlacht auf dem Spiele steht. Denn daran darf nicht gezweifelt werden, wenn es zum Schlag kommt, so ist den ganzen Krieg hindurch noch kein größeres und blutigeres Treffen geliefert worden, als dasjenige, welches jetzt bevorsteht." [79]

Es sei wahrhaft zu bedauern, schrieb der Prinz weiter, dass es nicht gelungen wäre, die strittigen Punkte auf dem Wege der Verhandlung zu lösen. Ein Vergleich sei zum Greifen nahe gewesen, doch nun wäre alles gescheitert.

Nach dem Misserfolg der Verhandlungen standen sich im Juni 1709 die Heere erneut gegenüber. Wieder waren die Oberbefehlshaber der kaiserlichen Verbündeten Eugen und Marlborough. 11.000 Mann standen im Raum Courtray-Menin. Im preußischen Kontingent diente der Kronprinz Friedrich Wilhelm von Preußen, der spätere Soldatenkönig, sowie als junger Fähnrich Kurt Christoph von Schwerin, später einer der besten Generale Friedrichs des Großen, der Sieger von Mollwitz. Unter der Obhut des sächsischen Generals Matthias von der Schulenburg befand sich im sächsischen Kontingent der erst 13jährige Sohn Augusts des Starken und der schönen Gräfin Aurora von Königsmark, Moritz von Sachsen. Er sollte später als der berühmte General „Marschall von Sachsen" dem französischen König Ludwig XV. – dann auf der Gegenseite – dessen Siege erkämpfen.

Auch Frankreich hatte wieder eine starke Armee aufgeboten, bedingt durch einen patriotischen Stimmungsumschwung in der Bevölkerung. Die Gründe dafür lagen zum einen in den überzogenen Forderungen der Habsburger bei den Friedensverhandlungen. Zum anderen waren sie eine Folge des schweren Winters, da viele Menschen nur in der Armee ein Weiterleben ohne Hunger sahen. Die Marschälle Villars und Boufflers führten jetzt ihre Truppen nach Flandern.

Nachdem die kaiserlichen Verbündeten auch die Festungen Tournai und Mons erobert hatten, erteilte König Ludwig Marschall Villars den Befehl, das Fallen weiterer Festungen auf jeden Fall zu verhindern und sich notfalls einer Feldschlacht zu stellen.

In der Gegend von Malplaquet trafen beide Armeen aufeinander. Eugens Truppen waren 80.000 Mann stark und verfügten über 140 Kanonen, während dieses Mal die Franzosen mit 70.000 Mann und nur 80 Kanonen in der Minderzahl waren. Marschall Villars hatte sich in gut ausgewählten Stellungen verschanzt. Die Alliierten sahen sich gezwungen anzugreifen.

Am frühen Morgen beginnt die Schlacht auf dem rechten Flügel, den der Prinz befehligt. Mit mehr als 30 Bataillonen konzentriert sich General Schulenburg auf den Wald von Sartre, der den gegenüberliegenden linken Flügel der Franzosen deckt. Nach erbittert geführter zweistündiger Schlacht müssen die Franzosen nachgeben und ziehen sich zurück.

Der linke Flügel der Kaiserlichen, den Marlborough befehligt, ist mit seinen preußischen und niederländischen Truppen nicht so erfolgreich.

Da greift Eugen nochmals die zurückweichenden Franzosen an. Im Kampf Mann gegen Mann wird er durch einen Streifschuss am linken Ohr verwundet. Er wehrt die Sanitäter ab und ruft: „Wenn es mir bestimmt ist, hier zu bleiben – wozu dann einen Verband, wenn aber nicht, so ist auch abends noch Zeit dafür." [80]

Auch Marschall Villars wird verwundet und muss vom Platz getragen werden. Boufflers übernimmt daraufhin den Oberbefehl, zieht Truppen aus der Linie und beginnt einen schneidigen Angriff. Der Prinz jedoch führt seine gesamte Infanterie gegen den jetzt in der Luft hängenden linken französischen Flügel und durchbricht ihn. Nochmals reißt Boufflers seine Truppen nach vorne, da kommt Eugen mit der gesamten Reiterei Marlborough zur Hilfe. Boufflers ist gezwungen zu weichen. Um drei Uhr nachmittags muss er den Befehl zum Rückzug geben.

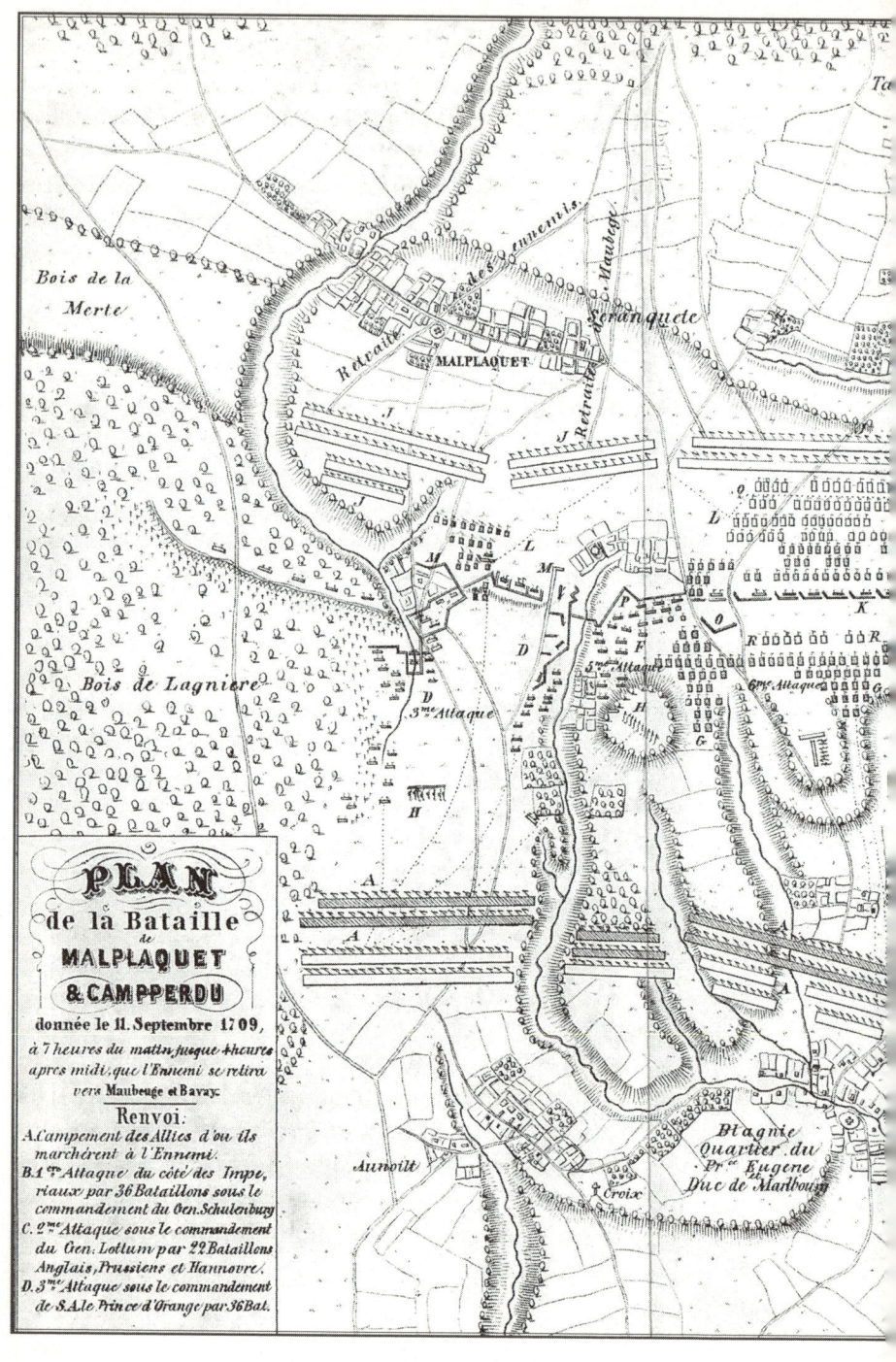

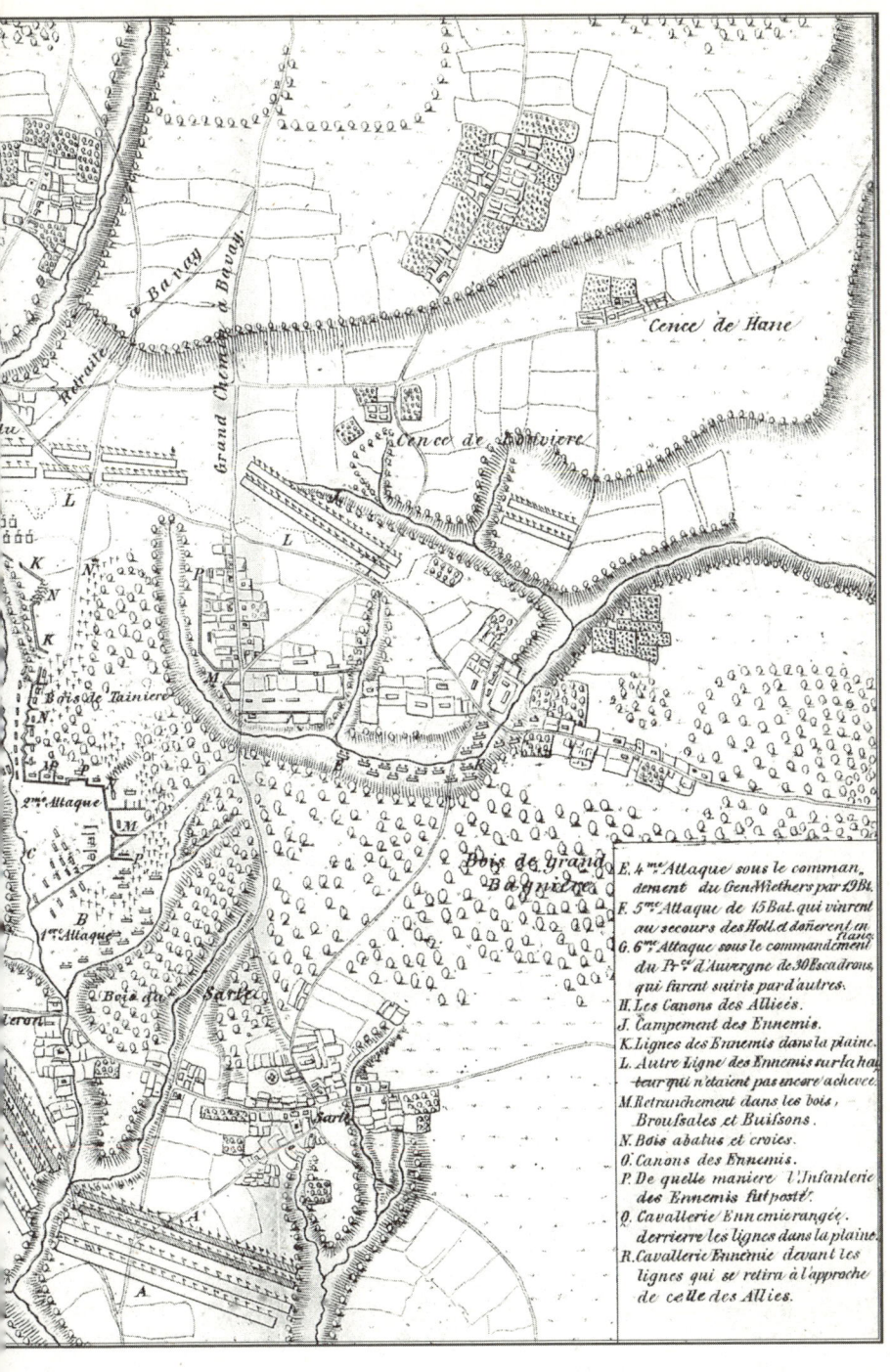

Die verbündeten Truppen sind allerdings zu ausgebrannt, um den geschlagenen Gegner noch zu verfolgen, doch sie sind die Sieger. Total erschöpft von den Anstrengungen des harten Kampfes berichtet der Prinz noch vom Schlachtfeld aus an Graf Sinzendorf nach Haag:

„Nur dies Billett, um Euer Excellenz Kunde zu geben von einer der blutigsten und größten Schlachten, die es seit langem gegeben hat, im übrigen wird dort der Generalmajor Grovestein davon berichten. Man hat die verschanzten Feinde angegriffen, die an ihren Flanken zwei ebenfalls befestigte Gehölze hatten, aus denen man sie nach einem sehr heftigen Kampf geworfen hat, während man zugleich in die Verschanzungen der Mitte eindrang. Dann begann der Kampf mit der Kavallerie, der überaus hartnäckig war, endlich hat man sie überall geworfen, etwas verfolgt und man liegt nun auf dem Schlachtfeld. Man hat dabei große Verluste gehabt, und ich glaube, daß man den Frieden haben könnte, wenn man wollte. Ich bin leicht verwundet worden am Kopf und zu ermüdet, um mehr zu schreiben."

Auch bei Marlborough reicht es nur zu einem kleinen Zettel an seine Regierung, den er durch einen General überbringen lässt:

„Ich bin so müde, daß ich zu entschuldigen bitte, wenn ich den Bericht über diesen glorreichen Tag dem Überbringer überlasse: er hat einen großen Anteil daran und weiß das Meiste über die Aktion. Die Franzosen haben sich in dieser Schlacht besser verteidigt, als ich es jemals gesehen habe, sodaß wir sehr viel Menschen verloren haben; aber wir haben sie so geschlagen, daß Sie jetzt den Frieden haben sollten, den Sie wünschen." [81]

Beide Feldherren, Prinz Eugen und Marlborough, haben wieder einmal ihre hervorragende Truppenführung unter Beweis gestellt. Anerkennend wird sogar von französischer Seite festgestellt, „dass diese Leute wahrhaftig etwas vom Krieg verstehen." [82]

Gewaltig waren jedoch die Verluste der Sieger, denn die Franzosen hatten heroischen Widerstand geleistet. 25.000 Tote und Verwundete mussten die Verbündeten melden. Auf französischer Seite dagegen zählte man nur 11.000.

Nach dieser blutigsten aller bisherigen Schlachten bei Malplaquet herrschte überall der Wunsch nach Frieden. König Ludwig ergriff jetzt die Initiative, die im vorigen Jahr abgebrochenen Friedensverhandlungen wieder aufzunehmen. Im März 1710 fanden diese auf dem nordbrabantischen Schloss Gertruydenburg statt. Auch dieses Mal wieder war die Verhandlungsführung vom Kaiser an Eugen übertragen worden.

Auf dem Weg nach Brabant machte Eugen einen Umweg über Berlin, um eine schwere Verstimmung zwischen dem Kaiser und König Friedrich auszuräumen. Der preußische Botschafter in Wien hatte öffentlich die Meinung vertreten, es sei ganz natürlich, wenn auch einmal ein evangelischer Fürst Kaiser werden würde. Außerdem gab es Gerüchte, Preußen würde sein Truppenkontingent zurückziehen, ja es seien sogar bereits Verhandlungen zwischen Friedrich und dem französischen Hof geführt worden. Daraufhin beschwor der preußische General Grumbkow Eugen, dringend nach Berlin zu kommen, um eine Katastrophe noch abzuwenden:

„Wenn jemals an einem Ort Ihre Anwesenheit nötig geworden ist, dann hier, wo wir andernfalls in eine schreckliche Verwirrung fallen können, deren Folgen gleichermaßen für uns und für die, welche am gemeinen Wohl interessiert sind, verhängnisvoll sein werden, alles aber kann wieder gut werden, wenn Eure Hoheit sich entschließen könnten, vor Ablauf von 4 Wochen eine Fahrt nach hier zu unternehmen, um uns von dem Abgrund zurückzureißen, in den wir sonst stürzen werden." [83]

Einzelheiten, schrieb er, könne er dem Brief nicht anvertrauen.

Eugens diplomatischem Geschick gelang es dann tatsächlich, beim Preußenkönig alle Verstimmungen auszuräumen und Preußen wieder fest unter die Verbündeten einzureihen.

Die Verhandlungen in der Gertruydenburg zogen sich in die Länge. Die beiden Seemächte, England und die Niederlande, waren kriegsmüde geworden. Die Engländer zeigten immer deutlicher, dass sie nicht mehr gewillt waren, weiterhin die finanzielle Hauptlast des Krieges zu tragen. Während der Kaiser aus Reich- und Erblanden jährlich nur einen Betrag von etwa 12 Millionen Gulden beisteuern konnte, war der Anteil Englands auf 60, derjenige der Niederlande auf 40 Millionen Gulden angewachsen. Dazu kam, dass in England die dem Frieden zuneigenden Tories immer mehr an Einfluss gewannen und die Stellung Marlboroughs untergraben wurde.

König Ludwig blieben die Spannungen natürlich nicht verborgen, folglich spielte er auf Zeit und versuchte seinerseits, Keile zwischen die Verbündeten zu treiben. Der Prinz erkannte wiederum, dass

Ludwig in Wirklichkeit an einer Verständigung nichts gelegen war. Und so mussten auch diese Friedensverhandlungen scheitern.

Anfang April 1711 erkrankte Kaiser Joseph I. an den schwarzen Blattern, einer hinterhältigen, neben der Pest gefürchtetsten Krankheit, die in den meisten Fällen unweigerlich zum Tode führte. Der Kaiser besaß keine männlichen Erben. Der einzige Sohn neben zwei Töchtern war ihm und seiner Frau, der Prinzessin Wilhelmine Amalie von Braunschweig, im ersten Lebensjahr verstorben. Weitere Kinder hatte das Paar nicht bekommen, da Amalie durch eine vom Kaiser auf sie übertragene Krankheit unfruchtbar wurde. So sandte Kanzler Graf Wratislaw schon zu Beginn der Blatternerkrankung einen Boten zu König Karl nach Spanien, um ihn darauf vorzubereiten, dass er im Fall des Todes seines Bruders dessen Nachfolge anzutreten habe.

Prinz Eugen war gerade im Begriff, in die Niederlande aufzubrechen, als er die Nachricht von der Krankheit des Kaisers erhielt. Sofort wollte er an das Bett seines Herrn und Freundes eilen. Der Kaiser verwehrte ihm jedoch wegen der Ansteckungsgefahr den Besuch mit der Begründung, er wolle ein für das Habsburger Reich so wertvolles Leben keiner Gefahr aussetzen. So musste der Prinz abreisen, ohne vom Kaiser Abschied genommen zu haben.

Abb. 11: Kaiser Karl VI. im Ornat des Ordens vom Goldenen Vlies Gemälde aus der Schule des M. v. Meytens

Abb. 12: Ernst Rüdiger Graf von Starhemberg (1638-1701)
Kaiserlicher General, Hofkriegsratspräsident – Anonymer Künstler

Abb. 13: Friedensverhandlungen in Baden im Aargau, Friede von Baden 1714.
Zusammenkunft der Gesandten – ganz links Marschall Villars, ganz rechts Prinz Eugen.
Gemälde von Johann Rudolf Huber

Abb. 14: Prinz Eugen als Ritter des Goldenen Vlieses und Feldmarschall
Gemälde von Jan Kupezky

*Abb. 15: John Churchill, Herzog von Marlborough,
englischer Feldherr und Staatsmann (1650-1722)
Gemälde von C. E. Weidemann*

Tod Kaiser Josephs I.
und sein Nachfolger Karl VI.

Am 17. April 1711 verstarb der 30jährige Kaiser, obwohl es einige Tage vorher noch so ausgesehen hatte, als sei das Schlimmste überwunden. Tief erschüttert schrieb Eugen an Wratislaw: „Mein Kummer wird immer größer, denn ich liebte diesen Fürsten wirklich." [84]

Im selben Jahr fiel auch der älteste Sohn Ludwigs XIV., der Dauphin, dieser hinterhältigen Krankheit zum Opfer.

Der Tod des Kaisers war ein schwerer Schlag für die Habsburger Dynastie. Er führte außerdem zu einer totalen Schicksalswende bei den Seemächten England und Holland. Der politische Umschwung in England hatte sich bereits, wie berichtet, in der Kriegsmüdigkeit abgezeichnet. Jetzt fürchtete vor allem England, das vormalige Weltimperium Kaiser Karls V. könne neu erstehen. Die Engländer wollten es niemals zulassen, dass durch die Vereinigung der spanischen Krone mit der Kaiserkrone das europäische Gleichgewicht sich völlig auf Seiten des Habsburger Reiches verschieben würde. Das spanische Erbe durfte daher um keinen Preis als Ganzes an den Nachfolger Josephs fallen. So hatte der plötzliche Tod Kaiser Josephs I. die Vorzeichen der Weltpolitik in schicksalshafter Weise verändert.

Englands Bestreben war zu jeder Zeit der freie Welthandel zur See gewesen. Als Frankreich mit dem Griff zur spanischen Krone im Spanischen Erbfolgekrieg auch zur Seemacht aufsteigen wollte, hatte England prompt seine Isolationspolitik verlassen und sich mit dem Habsburger Reich gegen die Franzosen verbündet.

Der Tod Kaiser Josephs I. verschob nun wieder die Koordinaten. Hinzu kam, dass die englische Königin Anna ihre allmächtige Hofdame Sarah Churchill entließ, und mit ihr fiel auch der große Kriegsheld Marlborough, der viele Schlachten für seine Königin siegreich geschlagen hatte, in Ungnade.

Für Prinz Eugen bedeuteten dies furchterregende Nachrichten. Denn sein Leben lang hatte er die Allianz mit den Seemächten verteidigt, die für ihn der Schlüssel zur Niederringung des französischen Königs gewesen war. Das Habsburger Reich als eine Kontinentalmacht durfte sich, wie er wusste, niemals mit den Seemächten in Konkurrenz begeben.

In der Mitte des 17. Jahrhunderts hatten sich England und die Niederlande noch feindlich gegenüber gestanden. Die führende Seemacht Niederlande, der 1670 weit über die Hälfte aller Kriegs- und Handelsschiffe gehörten, verlor erst nach und nach ihren Rang an die Engländer.

Durch die „Glorreiche Revolution" von 1688 war Wilhelm III. von Oranien in England König geworden, nachdem er den katholischen Stuart-König Jakob II., den Frankreichfreund, verjagt hatte. Wilhelm wollte der Vormachtstellung Ludwigs XIV. Einhalt gebieten und richtete sein Streben auf ein europäisches Kräftegleichgewicht aus. Seine Nachfolgerin, Königin Anna, hatte diese Politik zehn Jahre lang ebenfalls verfolgt und sich dabei auf die Feldherrenkunst des Herzogs von Marlborough gestützt. Jetzt waren jedoch durch Wahlen die Tories an die Macht gekommen, und die Whigs und Marlborough wurden entmachtet. [85]

Als König Karl von Spanien Prinz Eugen in seiner Bedrängnis im Jahr 1707 unbedingt nach Spanien rufen wollte, der Kaiser jedoch nach Absprache mit Eugen den Einsatz verweigerte, war in König Karl der Eindruck eines Zerwürfnisses zwischen dem Prinzen und ihm entstanden. Um diesen Eindruck zu entkräften, richtete er noch von Spanien aus, nach dem Tode seines Bruders Josephs I., an Eugen ein Schreiben, in dem er betonte, wie sehr er auf dessen Treue baue und wie dringend er seiner Hilfe bedürfe.

„Da Euer Liebden allzeit so große Liebe und Treue für meine Person und meinen Dienst erzeigt haben, so hoffe ich, dass Sie nun, wo ich derselben mehr als jemand nöthig habe und mich völlig auf Sie verlasse, auch mehr als je diesen Eifer gegen mich zeigen und sich meinen Dienst bestens angelegen sein lassen, insbesondere aber auf meine Truppen Acht haben werden. Denn in der Erhaltung des Militärwesens besteht nun mein und meiner Länder einziges Heil und es soll auch darauf meine größte Bestrebung gerichtet sein". [86]

Bereits eine Woche später folgte erneut ein Schreiben Karls an Eugen, in dem er dem Prinzen nochmals seine Freundschaft und sein Vertrauen beteuerte und ihm versicherte, es sei für ihn von größter

Bedeutung, Eugen an der Spitze seines gesamten Militärwesens zu sehen. Er sagte ihm auch zu, die nötigen Mittel zu besorgen – „und wenn er sie sich vom Munde absparen müsse".

Alle diplomatischen Versuche des Kanzlers Graf Wratislaw, die Seemächte zu beschwichtigen und eine Teilung der spanischen Besitzungen vorzuschlagen, scheiterten jetzt an der starrsinnigen Haltung König Karls, für den eine solche Teilung niemals in Frage kam. Um seine Haltung zu unterstützen, verblieb er sogar in Spanien und gab seiner Mutter, der kaiserlichen Regentin Eleonore, für die Zeit seiner Abwesenheit von Wien unbeschränkte Vollmacht.

Währenddessen reiste Eugen zu den Kurfürsten, um eine reibungslose und baldige Kaiserwahl für seinen neuen Herrn vorzubereiten. Danach eilte der Prinz in die Niederlande und übernahm in seiner Eigenschaft als Reichsmarschall am 24. Mai 1711 im Hauptquartier der Verbündeten die Reichstruppen. Zu der von ihm erhofften Offensive gegen Frankreich kam es jedoch nicht. Die gesamte Aufmerksamkeit der Wiener Regierung war ausschließlich auf die Kaiserwahl gerichtet. Um eine Störung dieser durch etwaige Kriegsaktivitäten Frankreichs vorbeugend zu vermeiden, musste der Prinz mit einem Teil der niederländischen Armee an den Rhein ziehen, wo er am 29. Juli im Lager Mühlburg bei Karlsruhe eintraf.

Immer dringender wurden jetzt die Briefe Eugens an König Karl, er möchte endlich die Reise von Spanien nach Wien antreten. Unaufschiebbare Entscheidungen waren zu treffen, die von der Regentin Eleonore nicht zu erwarten waren. Eugen hatte von geheimen Verhandlungen zwischen Frankreich und England erfahren. Nur mit dem neuen Kaiser sah er noch die Möglichkeit, diese zu durchkreuzen. Auch Eleonore selbst und Kanzler Wratislaw drangen auf die Ankunft Karls.

Erst als Eugen den Generalfeldwachtmeister, Graf Althann, persönlich nach Barcelona sandte, der König Karl die Brisanz der Situation klar machen sollte, brach dieser am 27. September 1711 nach Wien auf. Vorher hatte er noch seine Gemahlin, Elisabeth von Braunschweig-Wolfenbüttel, mit der er seit 1708 verheiratet war, zu seiner Stellvertreterin in Spanien für die Dauer von drei Jahren ernannt. Am 12. Oktober 1711 traf er endlich in Genua ein, jetzt schon als Kaiser Karl VI., denn am selben Tag war – ohne seine Anwesenheit – die Kaiserwahl durch den Reichstag in Frankfurt erfolgt.

In Innsbruck trafen dann der Kaiser, seine Minister Wratislaw und Sinzendorf, sowie Prinz Eugen zu einer Dringlichkeitssitzung zusammen, um über das Ausscheren Englands als Verbündeten und den jetzt bereits unterzeichneten Vertrag zwischen Frankreich und England zu beraten. In diesem Vertrag wurde angeblich die langjährige Neutralität der englischen Truppen erklärt.

Die klaren Ausführungen Eugens, jetzt alles daran zu setzen, um nicht auch noch Holland als Verbündeten zu verlieren, und sofort die Streitkräfte gewaltig zu verstärken, um damit die Macht und Standhaftigkeit der neuen Regierung zu demonstrieren, machten in ihrer kurzen, militärisch-prägnant vorgetragenen Form großen Eindruck auf den Kaiser. „Prince Eugène", schrieb der Kaiser, „votirt gut, lakonisch, kurz, Sinzendorf schwatzt vill." [87] Er bat den Prinzen, persönlich nach England zu reisen, um seinen großen Einfluss als angesehener Feldherr dort geltend zu machen und zu versuchen, das Land in letzter Minute noch umzustimmen.

Als Eugen demzufolge im Januar 1712 nach stürmischer achttägiger Überfahrt in London eintraf, fand er gegenüber früher eine total veränderte Lage vor. Marlborough, sein Freund und Waffengefährte so vieler gemeinsam geschlagener Schlachten, hatte sämtliche Ämter verloren. Die Politik des Herzogs, eine Neuordnung in Europa zu schaffen und den räuberischen französischen König in seine Schranken zu weisen, war in England gescheitert. Um jenen Mann, Marlborough, dem sein Land alle Erfolge zu verdanken hatte, zusätzlich zu demütigen, wurde ihm mit einer aus der Luft gegriffenen Anklage, er habe öffentliche Gelder veruntreut, sogar noch ein Gerichtsverfahren angehängt.

Der Prinz war in Begleitung seines 20jährigen Neffen, des Chevaliers von Savoyen, dem jüngsten Sohn von Eugens ältestem Bruder, des Herzogs von Soissons, in London angereist. Zu Eugens großer Bestürzung und als schlechtes Omen starb sein junger Adjutant während des Londonaufenthaltes an den Pocken.

Der Prinz hatte zwar mit Weitblick schon vor der Abreise erkannt, dass ein Erfolg seiner heiklen Mission schwerlich zu erwarten war, dennoch versuchte er das Unmögliche möglich zu machen. Bei seiner öffentlichen Begrüßung durch das heimische Kabinett überbrachte Eugen die Wünsche des Kaisers, das gute Einvernehmen mit der Königin Anna wieder herzustellen.

Kaiser Karl VI. als spanischer König Karl III.
(1685-1740)

Es entspricht auch Eugens standhaftem Charakter, dass er seinem Freund Marlborough in London öffentlich die Treue hielt, wenngleich er dadurch seitens der englischen Königin Anna und ihrer Minister eine noch abweisendere Behandlung erfuhr. Über sein Verhalten Marlborough gegenüber ist seine Aussage überliefert: „Damit die Welt nicht sagen und mir einen üblen Nachklang machen möchte, dass ich einen Freund, wenn ihn das Unglück verfolgt, in seiner Trübsal und Widerwärtigkeit verlassen und abandoniert hätte." [88] In allen Gesprächen und Verhandlungen mit den Ministern versäumte es Eugen niemals, ein Loblied auf die Taten des Herzogs, seinen Freund, zu singen. Bei einem Dinner des Premierministers Robert Harley schmeichelte ihm dieser in der Begrüßungsansprache nicht ganz ehrlich: „Es ist dies der glücklichste Tag, denn ich habe die Ehre in meinem Hause den größten Feldherrn des Jahrhunderts zu begrüßen." Unter Anspielung auf die Absetzung und Verleumdung des nicht anwesenden Marlborough erwiderte Eugen trocken: „Wenn dem so ist, verdanke ich es nur seiner Lordschaft Marlborough". [89]

Eugens Anliegen war jedoch, wie erwartet, gescheitert, obwohl das englische Volk, von dem die Königin und die Minister, um Eugen von der Reise abzuschrecken, vorher behauptet hatten, es würde Eugen mit Steinen bewerfen, ihm als berühmten Feldherrn zujubelte. Nach einem zweimonatigen, frustrierenden Aufenthalt auf der Insel kehrte der Prinz am 25. April 1712 schließlich unverrichteter Dinge nach Holland zurück.

Mit seinem Kommentar zur Absetzung Marlboroughs hatte schon Ludwig XIV. in weiser Voraussicht den Nagel auf den Kopf getroffen, als er sagte: „Die Absetzung des Herzogs von Marlborough wird alles, was wir uns nur wünschen können, für uns erledigen." [90]

Der Kaiser wusste sehr wohl, dass Eugen alles in seiner Macht stehende getan hatte und dankte ihm für seinen großen Einsatz. Das wichtigste, so meinte er, wäre nun ein neuer Feldzug gegen Frankreich, denn nur mit dem Degen in der Hand sei mit Frankreich zu verhandeln.

Wenigstens eine Sorge konnte von Eugens Schultern genommen werden: die Holländer hielten treu zu ihren Verbündeten. Zu Marlboroughs Zeiten hatte diesem das holländische Kontingent unterstanden, jetzt unterstellten die Holländer sich Eugen direkt.

Das Kommando Marlboroughs über die englischen Truppen wurde von Königin Anna nun an den Herzog von Ormonde übergeben. Noch standen die englischen Truppen in einer Reihe mit den Verbündeten und ließen diese in dem Glauben, mit ihnen zu marschieren. Was Eugen jedoch nicht wissen konnte, war die vor ihm geheim gehaltene Tatsache, dass die englische Regierung bereits an Ormonde den Befehl gegeben hatte, jede Schlacht gegen Frankreich zu verhindern. Diese Weisung wurde zudem insgeheim dem französischen König überbracht, so dass Frankreich bereits davon ausgehen konnte, dass Eugens Feldzugspläne von Anfang an zum Scheitern verurteilt waren.

Eugen dagegen musste annehmen, in einer viel günstigeren Ausgangsposition als die Franzosen zu sein, denn Mitte Mai verfügte er über 77 Bataillone und 162 Schwadrone; der Engländer Ormonde über 69 Bataillone und 137 Schwadrone. Zusammen hätten sie über 150 Geschütze zum Einsatz bringen können. Damit schienen sie dem französischen Heer mit 131 Bataillonen, 256 Schwadronen und über 100 Geschützen erheblich überlegen zu sein, was jedoch eine Fehlkalkulation war.

Beide Heere standen sich dann bei Cambrai gegenüber. Eugen plante, in einem ersten Stoß die Franzosen zu überrennen, um dann in Paris den Krieg siegreich zu beenden.

Noch nie schien die Ausgangslage für eine erfolgreiche Auseinandersetzung so günstig gewesen zu sein wie jetzt. Im Kriegsrat stimmten die Holländer Eugens Plänen zu, Ormonde aber schwieg. Erst auf drängende Fragen des Prinzen rückte Ormonde dann damit heraus, dass sein Land mit Frankreich so kurz vor dem Ende des Krieges bereits Frieden geschlossen habe und daher nicht mehr bereit sei, noch weiter zu kämpfen. Er weigerte sich demzufolge strikt, an der bevorstehenden Schlacht teilzunehmen.

Total verärgert über den englischen Oberbefehlshaber schrieb der Prinz an Sinzendorf:

„Ich habe den Herzog von Ormonde immer als Dummkopf gekannt, aber bis zu welchem Grad er das ist, kann man sich nicht vorstellen, er war nicht einmal imstande, über die ihm zugegangene Order sich klar auszudrücken." [91]

Den Befehl Ormondes an die im englischen Sold stehenden preußischen Generale, ebenfalls die verbündete Armee zu verlassen, lehnte jedoch der preußische General von Bülow stolz mit den Worten ab: „Wir dienen nicht um Sold, sondern um die Ehre."

Durch den Ausfall der englischen Truppen hatte sich das Kräfteverhältnis nun zu Ungunsten der kaiserlichen Armee verschoben. Marschall Villars, von Ormonde verräterisch in allen Einzelheiten informiert, rückte jetzt mit seiner Hauptmacht gegen die Ortschaft Denain vor. Noch ehe der Prinz die Lücke in der Front, die der Ausfall der englischen Verbände verursacht hatte, durch eine Straffung beseitigen konnte, schlug Villars das holländische Kontingent unter General Albemarle und nahm diesen mit 4.000 Mann gefangen. Obwohl Eugen zu spät kam, um das noch zu verhindern, gelang es ihm jedoch, den Rückzug der restlichen Truppen zu decken und so den Tross und die holländische Reiterei zu retten.

Frankreich genoss den Triumpf. Die Herzogin von Orleans war über die harten Schläge, die ihr Land getroffen hatten, verzweifelt gewesen, denn so schwere Niederlagen wie Höchstädt, Ramilles, Turin, Oudenarde, Malplaquet und Lille hatte Frankreich noch in keinem Krieg seit hundert Jahren hinnehmen müssen. Jetzt war es ihr Genugtuung, „daß der hässliche Prince Eugène die Sache mit seinen Augen hat sehen müssen, ohne zu Hilfe kommen zu können, das muß ihn doch brav verdrossen haben; das ist wohl angewandt, denn er macht auch alle Leute doll mit seiner Raserei gegen den Frieden, also ist es auch löblich, daß er wieder ein wenig chagrin hat." [92]

Als sich dann heftige, doch unberechtigte Kritik in der holländischen Regierung an General Albemarle entzündete, stellte sich Eugen kameradschaftlich hinter den unglücklichen General:

„Ich höre mit Erstaunen und zugleich mit Schmerz von der Ungerechtigkeit, welche man dem Grafen Albemarle an den Tag legt, und von den unwürdigen Reden, die man aus Anlass des Treffens von Denain wider ihn führt. Ich weiß seit langer Zeit, dass man im allgemeinen die Dinge nur nach dem Erfolg beurteilt, und dass die Unglücklichen immer den Anklagen ausgesetzt sind. Aber was mich überrascht, ist, dass diese Verleumdungen auch bei Leuten gediegeneren Charakters Eingang finden, und dies kann nur eine Frucht der Bemühungen der Feinde des Grafen sein. Ich würde glauben, die Pflicht eines ehrlichen Mannes zu verletzen, wenn ich die Wahrheit nicht verkünden würde, von welcher ich Zeuge gewesen bin. Der Graf hat bei dieser Gelegenheit alles getan, was ein tapferer, verständiger und wachsamer

General nur tun konnte, und wenn die Truppen ihre Pflicht erfüllt hätten, so würde die Sache einen anderen Ausgang genommen haben. Wenn die Soldaten aber nach der ersten Decharge die Flucht ergreifen, wenn nichts sie zurückhalten kann, da gibt es keinen General auf der Welt, der unter solchen Umständen zu helfen vermag." [93]

Ludwig XIV. hatte mit den Engländern vereinbart, seine Besatzung von Dünkirchen abzuziehen, um den englischen Hilfstruppen ein Übersetzen zurück auf die Insel zu ermöglichen. Jenem Dünkirchen, das 225 Jahre später den Zweiten Weltkrieg entscheiden sollte, als die deutsche Führung ihre Panzer anhalten ließ, um das gesamte aktive englische Heer entkommen zu lassen.

Jetzt machten sich für den Prinzen auch die langen Wege zusätzlich negativ bemerkbar, der dringend benötigte Nachschub blieb immer öfter aus. Die Niederlage von Denain hatte zudem die Moral der holländischen Truppen erschüttert. Weitere Angriffe wollten sie nicht mehr mittragen. So gestaltete sich die Lage Eugens Tag um Tag schwieriger. Hinzu kam, dass die vormals im englischen Sold stehenden preußischen Truppen nicht vom Kaiser bezahlt werden konnten, da wieder einmal Ebbe in der kaiserlichen Schatulle war.

Die Antwort auf Eugens in seiner Not verfasstes Schreiben an den Wiener Hof liest sich wie ein Witz der Weltgeschichte. Es sei doch schon früher häufiger vorgekommen, so hieß es darin, dass die Truppen ohne Sold gewesen seien. Warum sollten denn die Truppen in den Niederlanden gegenüber den nicht bezahlten Truppen früherer Kriegsschauplätze besser gestellt sein. Eugens bissiger Kommentar dazu: „Man sagt mir gradezu, wenn schon an einem Ort die Truppen zugrunde gehen sollten, so hat es wenig zu bedeuten, dass dies überall geschehe." [94]

Doch obwohl der Kaiser nach dem Abfall Englands versprochen hatte, einen Teil der nun fehlenden englischen Subsidien zu übernehmen, war nicht einmal genug Geld für die Versorgung der eigenen Truppen vorhanden.

Bedingt durch den Verrat der Engländer, ebenso wie durch den permanenten Geldmangel, wendete sich das Kriegsglück der Alliierten jetzt entscheidend.

Bitterlich beklagte sich der Prinz auch gegenüber Hofkanzler Sinzendorf über das Verhalten der ehemaligen Verbündeten: „Der Vorgang der Engländer ist noch ungewöhnlicher als derjenige der Franzosen. Die letzteren benützen die ihnen günstigen Umstände und tun daran nicht unrecht. Die Anderen aber verdienen im wahren Sinne des Wortes den Galgen." [95]

Für den Prinzen war Englands Haltung der schwerste Schlag seines Lebens. Das Land hatte ihm im Kampf gegen den gemeinsamen Feind während der letzten zehn Jahre viel zu verdanken, jetzt beglich es seine Schuld nicht nur mit Undank, sondern mit weit schäbigerer Münze, mit Verrat. Damit erwarb sich England mit Recht den Beinamen „Perfides Albion". [96] Nicht der Austritt Englands aus der Allianz, auch wenn er unter Bruch der Statuten des Vertrages erfolgte, war der eigentliche Verrat, sondern dass England insgeheim sein Vorgehen und taktische Geheimnisse an Frankreich mitteilte und damit den Tod vieler bisheriger Verbündeter – besonders Holländer – verursachte. Das Verdikt des ehemaligen britischen Premiers, Sir Winston Churchill, dazu: „Nichts in der Geschichte zivilisierter Völker hat diesen schwarzen Verrat je übertroffen." [97]

So sehr sich Kaiser Karl und dessen spanische Berater auch sträubten, es blieb ihnen nichts anders übrig, als das Angebot der Seestaaten anzunehmen, die in Spanien verbliebenen kaiserlichen Truppen sowie die Kaiserin heimzuholen. Im März 1712 wurden 25.000 Mann eingeschifft und nach Italien verbracht.

Am 21. Dezember 1712 traf das Kaiserreich ein zweiter großer Schicksalsschlag nach dem Tode Josephs I. Dieses Mal starb der Kanzler des Königreiches Böhmen, Graf Wratislaw, an der Wassersucht. Prinz Eugen hatte einen seiner treuesten Mitstreiter und Freunde verloren.

Als dann Villars ein Jahr später Friedensbereitschaft signalisierte, sah sich der Kaiser gezwungen, Eugen – wiederum mit allen Vollmachten ausgerüstet – zu Verhandlungen zu entsenden. Dessen Position war allerdings denkbar schwach. Denn am 11. April 1713 hatten England, Holland, Preußen, Savoyen und Portugal den Utrechter Frieden mit Frankreich unterzeichnet. Dieser Vertrag sprach dem Enkel Ludwigs ganz Spanien und die Überseeischen Besitzungen zu. Der Kaiser sollte alle ehemaligen spanischen Ländereien in Italien erhalten, ausgenommen Sizilien, das dem Savoyer zugedacht war, und Sardinien, das man dem bayerischen Kurfürsten Max Emanuel übergeben wollte.

Trotz dieser für den Prinzen höchst unerfreulichen Ausgangsposition, versuchte er in langen Verhandlungen als versierter Diplomat das größtmögliche gegen den wiedererstarkenden Ludwig herauszuholen.

Während jedoch der Hof in Wien immer wieder zögerte und einen härteren Kurs verfolgen wollte, warnte Eugen den Kaiser laufend vor unvernünftigen Forderungen. Die Zeitzeugin Liselotte von der Pfalz, Gemahlin des Herzogs von Orleans, selbst Renegatin und nur noch französisch fühlend, machte Eugen in einem Schreiben den Vorwurf, durch endlose Verhandlungen unrechtmäßige Vorteile für den Habsburger Thron erwirken zu wollen. „Hoffart kommt vor dem Fall, also hoffe ich, dass Mylord Marlboroughs und Prinz Eugens Insolenz auch werden gestraft werden. Der letztere soll sich erinnern, dass dieses Land sein Vaterland und er des Königs Untertan geboren ist. Ich bin recht gegen ihn piquiert den Frieden verhindert zu haben, wozu ihm nicht das gemeine Beste sondern sein Eigennutz gebracht hat." [98]

Als der Prinz den Kaiser nach langen Verhandlungen endlich für die Annahme des englischen Friedensplanes gewonnen zu haben schien, brachten jedoch die französischen und englischen Unterhändler laufend neue und unannehmbare Forderungen auf den Tisch.

Wütend schrieb der sonst so beherrschte Prinz an den holländischen Gesandten Hamel Bruynincx: „das, was die Herren Oxford und Bolingbroke mit ihren Saufbrüdern und Huren nachts aufgesetzt und worüber sie im Schlaf noch träumten, das werde am folgenden Tag expediert und zur Durchführung gestellt, wobei sie den Kaiser wohl für einen Jungen ansähen, der ein halbes Fass nach Hause bringe, um ein Bild zu gebrauchen und aus der Königin ein Schattenbild oder eine hölzerne Puppe machten." [99]

Als Prinz Eugen dann erkannte, dass nur ein schnelles Ende der Verhandlungen seine Position verbessern könnte, entschloss er sich, alles auf eine Karte zu setzen und an Ludwig XIV. ein Ultimatum zu stellen. So verließ er am 6. Februar 1714 Rastatt. Der Franzosenkönig, ebenfalls des Kampfes müde geworden, lenkte tatsächlich ein, und bereits drei Wochen später konnten die Verhandlungen wieder aufgenommen werden.

Am 6. März 1714 wurde dann der Frieden von Rastatt geschlossen. Es blieb beim Besitzstand wie vor dem Krieg, Straßburg kehrte nicht zurück, was deutsche Patrioten bitterlich enttäuschte. Immerhin hatte das Haus Habsburg seine Weltmachtstellung behaupten können und eine Vormachtstellung Frankreichs wurde verhindert. Italien war zwar befreit worden, alles in allem aber hatte der Spanische Erbfolgekrieg trotz unendlicher Opfer keiner Seite den endgültigen Sieg gebracht.

Der Feldherr als Kunstliebhaber

Fast 30 Jahre lang hatte der Prinz bisher in ununterbrochenen Kriegen, Schlachten und Scharmützeln gestanden. Wenn auch der Friede nicht gänzlich zustande gekommen war, wurde ihm jetzt eine kurze friedvolle Zeit für private Dinge beschert. Um die Jahrhundertwende hatte Fischer von Erlach begonnen, Eugens Palais an der Himmelpfortengasse zu bauen und es dann zur Vollendung an Lukas von Hildebrandt übergeben, der es 1714 fertig stellte. Für seinen Einsatz im Spanischen Erbfolgekrieg erhielt Eugen vom Kaiser 300.000 Gulden als Geschenk. [100]

Für seine diplomatischen und engagierten Verhandlungen und den letztlich doch noch errungenen Erfolg im Friedensabkommen von Rastatt ließ der Kaiser dem Prinzen eine weitere Dotation von 100.000 Gulden zukommen, die jetzt ausgegeben werden konnten.

Auf Wunsch Eugens sollte das Palais an der Himmelpfortengasse Ruhe und stille Versenkung ausstrahlen. Hier wollte er ausspannen und seine künstlerische Seite zur Entfaltung bringen. Großartig war das Treppenhaus errichtet worden, es ruhte auf herkulischen Männerstatuen aus Marmor. Die mächtigen Figuren entstammten der Fabelwelt – Giganten, auf deren Schultern die Last der prachtvollen Ballustrade lag. Kostbar war auch die Inneneinrichtung. Die Zimmerfluchten wurden durch Wandspiegel optisch vergrößert. Plastiken großer Bildhauer und Ölgemälde von Eugens geschlagenen Schlachten und Lackarbeiten an den Wänden machten das Palais wohnlich und elegant.

Im Erdgeschoss des Palastes stand die von dem deutschen Bildhauer Balthasar Permoser aus weißem Marmor geschaffene Statue Eugens. Mit dem Fuß zertritt der Prinz den Neid; die sprichwörtliche Bescheidenheit brachte der Künstler dadurch zum Ausdruck, dass die Tuba, die den Ruhm der Siege verkünden soll, von der Hand der Statue verschlossen wird.

Palast in der Himmelpfortengasse

Im Jahr 1714 übertrug der Prinz dann auch dem Architekten Johann Lucas von Hildebrandt Planung und Durchführung des Doppelschlosses Belvedere bei Wien, wohl die herrlichste Schöpfung des großen Baumeisters.

Hildebrandt war der Sohn eines genuesischen Hauptmanns deutscher Herkunft. Er hatte unter dem Prinzen drei Feldzüge als Festungsingenieur der kaiserlichen Armee in Piemont mitgemacht. Ende 1696 kam er nach Wien, wo er vier Jahre später die Stelle als Hofbaumeister „Kaiserlicher Hoff-Ingenieur" erhielt.

Schon von Rastatt aus hatte Eugen den Hofkanzler Sinzendorf laufend gebeten, sich vor dem Baubeginn des Schlosses Belvedere der Gestaltung des Parkes anzunehmen. Bei seiner Rückkehr wollte er den Park im Südwesten der Stadt mit seinem sanft ansteigenden Gelände fertig angepflanzt vorfinden. Viele seiner Geheimberichte an den Hofkanzler hatten abgeschlossen mit der Bitte: „Ich lege ihnen meinen Garten ans Herz." Und tatsächlich, als er zurück in Wien war, konnte er seinen kunstvoll gestalteten Park mit exotischen Bäumen und Pflanzen bewundern.

In nur zwei Jahren wurde dann auch der Bau des Belvedere beendet. Den oberen Teil des Doppelschlosses Belvedere ließ Eugen zu einem Erinnerungspavillon für seine Türkensiege gestalten, zu einem Triumphbau, einem in Stein geschlagenen Kriegszelt. Hier ließ er die herrlichen Statuen aus dem Theater von Herkulaneum aufstellen, die von dem österreichischen General Prinz d'Elboeuf im Jahr 1713 aus einem Brunnen am Fuße des Vesuvs geborgen wurden. Die drei weiblichen Marmorfiguren wurden bekannt als „Die Herkulanerinnen". Später kam noch die im Tiber gefundene Statue des betenden Knaben hinzu, die ihm vom Papst Clemens XI. geschenkt wurde. Sie soll ein Werk des Bildhauers Boidas, dem Sohn des Lysippes, aus dem Ende des 4. Jahrhunderts vor Christus sein. Der untere Teil des Belvedere dagegen war den gesellschaftlichen Verpflichtungen als Sommerschloss vorbehalten. Hier trafen sich Wissenschaftler und Philosophen.

Einen Teil seines Parks zwischen den beiden Schlössern, der vom Gartenarchitekten Anton Zimmermann streng architektonisch gegliedert war und sich an französische Vorbilder gehalten hat, machte Eugen zu einem kleinen zoologischen Garten. Volieren mit seltenen Vögeln wurden aufgestellt. Zeitweilig gehörte sogar ein junger Löwe dazu.

Ein prächtiges Steinadlerweibchen, der Liebling des Prinzen, wurde von ihm persönlich gefüttert. Nach dem Tode Eugens blieb der Adler im Belvedere und kam erst 1752 nach der Thronbesteigung Kaiser Josephs II. in die Managerie von Schönbrunn, wo er noch bis zum Jahr 1809 lebte. Als Kaiser Napoleon nach seinen Siegen in Schönbrunn residierte, soll er andächtig vor dem Käfig gestanden haben. Auf den Tag genau, am 150. Geburtstag Eugens, musste dann Napoleon seinen Sturz in der Völkerschlacht bei Leipzig erleben.

Große Geister, wie das Universalgenie Leibniz oder der französische Dichter Jean Baptiste Rousseau, verkehrten auf Schloss Belvedere. In letzterem sollte Eugen, der bekanntlich über eine beachtliche Menschenkenntnis verfügte, sich allerdings getäuscht haben. Nachdem der Dichter 1712 aus Paris verbannt worden war, hatte er in Wien Zuflucht gefunden. Durch Vermittlung des Prinzen wurde er Hofhistograph mit einem Jahreseinkommen von 2.800 Gulden. Nicht genug damit, erhielt er von Eugen finanzielle Unterstützung und wertvolle Geschenke. Im Juni 1716 schrieb der französische Dichter noch an seinen Freund den Gelehrten Brossette über den Prinzen:

„Aber was Sie in Staunen setzen muss, dass es fast nichts gibt, was der Prinz nicht gelesen oder wenigstens überflogen hat, bevor es zum Buchbinder geschickt wird. Können Sie es für möglich halten, dass ein fast allein mit allen Sorgen Europas belasteter Mensch, Generalleutnant des Reiches und erster Minister des Kaisers, die Zeit findet, ebensoviel zu lesen, wie jemand, der nichts anderes zu tun hat? Dieser Prinz ist über alles unterrichtet, aber er gibt sich keineswegs den Anschein einer besonderen Bildung; er liest nur, um sich zu erholen, und nutzt so seine Muße ebenso wie seine Arbeit. Sein Geist ist von einer wunderbaren Klarheit und einer in jeder Beziehung liebenswürdigen Einfachheit. Das ist ein philosophischer Held, der sich aus seinen Würden und seinem Ruhm wenig macht und von seinen Taten mit der gleichen Unbekümmertheit spricht, als wenn es sich um die eines anderen handelte, ein Mensch, äußerlich kühl, im näheren Verkehr aber voll Freundlichkeit und weit mehr bewegt von den Vorzügen anderer als stolz auf die eigenen." [101] In einem Gedicht auf den Prinzen bezeichnete er diesen als „philosophe guerrier", einen Philosophen im Harnisch.

Zur großen menschlichen Enttäuschung Eugens vergalt ihm Rousseau seine Großzügigkeit dann später mit einer Beteiligung an der politischen Hetze gegen den Prinzen, die zum Ziele hatte, Eugen die Generalstatthalterschaft der Niederlande zu entziehen. Der Prinz reagierte darauf nur mit Trauer: „Ich hätte niemals geglaubt, dass Rousseau sich an den Untrieben beteiligen werde." [102]

Vier Jahre dauerte die Freundschaft des Prinzen zum Philosophen Leibniz, von 1712 bis zu dessen Tode 1716. Leibniz bewunderte den Umfang der wertvollen, 14.000 Bände umfassenden Bibliothek des Prinzen, die dieser aus Mailand, Florenz, Rom, London, Paris und Berlin zusammengetragen hatte. Als seine persönliche Lektüre bevorzugte Eugen Philosophen wie Cicero und Seneca. Im letzten Lebensjahr des großen Leibniz ermutigte der Prinz ihn zu dem Versuch, in Wien eine Akademie der Wissenschaften zu gründen. Allerdings sollte es dazu wegen Geldmangels erst 150 Jahre später kommen.

Die wertvolle Bibliothek Eugens blieb nach seinem Tode erhal-

Apotheose des Prinzen Eugen von Balthasar Permoser

Schloß Belvedere, Stich von Salomon Kleiner

Quelle: Kunsthistorisches Museum, Wien

ten. 1737 erwarb sie Kaiser Karl VI. von Eugens Erbin, der Prinzessin Viktoria. So konnten Schätze erhalten werden, wie wertvolle Handschriften, unter anderem die „Tabula Itineraria Geographica Imperii Romani vulgo Peutingeriana dicta", eine Straßenkarte des alten Roms aus der Zeit des Kaisers Theodosius, oder der Atlas Bleuaw – Van der Hem, ein Prachtwerk, bestehend aus 50 Folianten mit kostbar kolorierten Karten und Stichen, an denen 600 holländische Künstler gearbeitet haben. Eugen hatte das einmalige Kunstwerk für 22.000 Gulden erworben und es dadurch für die heutige Wiener Nationalbibliothek erhalten.

Die Bibliothek Eugens war zu seinen Lebzeiten in drei Räumen des Stadtpalais untergebracht. Die Mehrzahl der Bücher, einheitlich in Safianleder gebunden, mit rotem Einband und mit goldener Verzierung auf dem Buchrücken, zeigte mit Goldprägung das Wappen des Hauses Savoyen unter der Fürstenkrone, umrahmt von der Ordenskette des Goldenen Vließ, auf dem Buchdeckel. Die Buchbinderarbeiten wurden von Etienne Boyet ausgeführt, den Eugen gegen gute Bezahlung nach Wien zur Betreuung seiner Bibliothek geholt hatte, wo er 20 Jahre hindurch blieb. Sein Vater war Buchbinder Königs Ludwigs XIV. in Paris gewesen.

Großen Anteil am Auffinden der wertvollsten Bücher hatte der Franzose Pierre Jean Mariette. Der Prinz vertraute dessen außergewöhnlichen Fähigkeiten und Kenntnissen. Auch im Bilderhandel erwarb er von dem jungen Franzosen wertvolle und herrliche Gemälde, Zeichnungen und Kupferstiche, die Mariette für ihn ausfindig gemacht hatte.

An einem Kleinod hing das Herz des Prinzen besonders, das war das handgeschriebene Manuskript des Leibniz'schen Hauptwerkes, der 90 Kapitel umfassenden Monadologie, einer vollständigen Darstellung des Systems des Philosophen, an dem der Gelehrte oft im Beisein des Prinzen arbeitete und das er dem Prinzen widmete. Der Dank des Gelehrten Leibniz galt nicht dem berühmten Heerführer und Reichsmarschall, sondern dem tief gebildeten Philosophen Eugen, in dessen Bibliothek Leibniz nach eigenen Angaben die schönsten Stunden seines Lebens verbracht habe. Er sah in dem Prinzen einen großzügigen Mäzen, einen unentwegten Sucher nach Wahrheit und Schönheit.

Seinen persönlichen Geschmack zeigte Eugen auch in der Aus-

Der betende Knabe
Statue des Bildhauers Boidas, Sohn des Lysipes,
Ende des 4. Jahrhunderts v. Chr.

wahl seiner Gemälde. Vornehmlich erwarb er italienische Meister des 16. und 17. Jahrhunderts. Besonders geschätzt hat er das berühmte Bild der Magdalena des Künstlers Guido Reni. Außerdem schmückten viele Bilder niederländischer Maler des 17. Jahrhunderts seine Galerie, darunter Meisterwerke der Maler Brueghel, Rembrandt und Tenier. Die konsequente Haltung Frankreich gegenüber zeigte Eugen dadurch, dass kein französischer Maler in seine Galerie aufgenommen wurde.

Den Prinzen selber verewigten viele Künstler auf Leinwand. Sein bevorzugter Porträtist war der kaiserliche Hofmaler Jakob van Schuppen, ein Holländer, der 1670 als Sohn eines im Dienste von Versailles stehenden Kupferstechers geboren wurde. Nach den Spanischen Erbfolgekriegen war er nach Wien gekommen, wo er zum Direktor der kaiserlichen Akademie aufstieg. Berühmtheit erlangte er dann als Maler des großen Feldherrn Prinz Eugen. Sein bekanntestes Gemälde ist das in der Turiner Pinakothek aufbewahrte lebensgroße Reiterbild, das den Prinzen im braunen Waffenrock zu Pferde als Sieger über die Türken darstellt.

Im Jahr 1725 ließ Eugen durch Hildebrandt sein Landschloss Siebenbrunn erneuern und beauftragte ihn außerdem mit dem Ausbau seines Schlosses und Parkes Schlosshof Marchfeld. [103]

Auch in Ungarn, auf der Donauinsel bei Budapest, baute Hildebrandt für den Prinzen einen prachtvollen Palast, das Schloss Raczkeve, das die Zeit leider nicht überdauert hat. Schon im Jahr vor seinem Sieg bei Zenta hatte er der Witwe des Feldmarschalls Donat Heissler, der durch die Unfähigkeit in der Truppenführung Augusts des Starken gefallen war, die Donauinsel Csepel im heutigen Budapest abgekauft. Die Insel erstreckt sich von Ofen in einer Länge von 5 Meilen nach Süden. Zu diesem Erwerb gehörten auch noch weite Landstriche der damaligen Herrschaft Promontor am rechten Ufer der Donau. 1685 hatte Heissler den ganzen Besitz von der Familie Esterhazy für 42.000 Gulden erworben. Eugen musste jetzt 85.000 Gulden dafür bezahlen: 15.000 Gulden bei Vertragsabschluss, für weitere 20.000 Gulden übergab er der Witwe kaiserliche Schuldverschreibungen, den Rest von 50.000 Gulden hatte der Prinz im Laufe des nächsten Jahres aufzubringen. Eine gewaltige Summe! Doch nicht nur diese, auch die Grundkäufe für die Himmelpfortengasse und für Schloss Belvedere und die übrigen Schlösser hatten mächtig zu Buche geschlagen. Die hohen Zahlungen waren dem Prinzen neben den Dotationen des Kaisers nur auf Grund der erheblichen Kriegsbeute der letzten Jahre möglich. Jetzt wurde diese zu baren Mitteln gemacht.

Hoch stehende Damen spielten in den Schlössern des Prinzen stets eine Rolle, denn privat bewegte er sich gerne in Gesellschaft schöner und interessanter Frauen, die zu seinem Hofstaat gehörten. In seiner besonderen Gunst stand die Gräfin Eleonore Batthyány, die er in den wenigen Zeiten zwischen seinen Feldzügen täglich besuchte. Eugen blieb jedoch Zeit seines Lebens unverheiratet, und über seine Beziehungen zum weiblichen Geschlecht ist im Detail kaum etwas überliefert. Die spöttischen Berichte der Herzogin von Orleans, sein Aussehen sei wenig anziehend für die Damenwelt gewesen, beruhten allerdings alleine auf deren Böswilligkeit.

Eine der wenigen Überlieferungen zu diesem Thema ist ein Geheimbericht des schwedischen Gesandten in Wien, Stiernhöök, nach Versailles. In diesem heißt es am 22. März 1713, dass General Türkheim Chancen habe, Generalkriegskommissar zu werden – und weiter „wenigstens bemüht sich Prinz Eugen, der ihm oder vielmehr seiner Frau, die mehrere Jahre seine Mätresse war, sehr gewogen ist, eifrig, ihm diesen Posten zu verschaffen." [104] Tatsächlich hat der Kaiser Türkheim auf nachdrückliche Empfehlung des Prinzen den wichtigen und einträglichen Posten in seiner Armee verliehen. Türkheim hätte, so wurde gemunkelt, seine Frau, eine Tochter der Gräfin Salburg, angeblich nur wegen ihrer Bindung an den Prinzen und damit im Hinblick auf seine Karriere geheiratet. Nicht bewiesen ist, ob der Geheimbericht mit der Erwähnung einer Mätresse Eugens auf Tatsachen beruht. Fest steht allerdings, dass der 1665 geborene Graf Franz Sebastian von Türkheim ein äußerst tüchtiger Offizier war, der 1717 zum Feldmarschall ernannt wurde. Mit seiner Frau, der Gräfin Maria Maximiliane von Salburg, hatte er vier Söhne und zwei Töchter.

Der kaiserliche Hof indessen verfolgte den Plan, den Prinzen mit der deutschen Prinzessin Franziska von Sachsen-Lauenburg zu verheiraten, deren jüngere Schwester die Gemahlin des berühmten Feldherrn Markgraf Ludwig Wilhelm von Baden war, der wiederum seinen Vetter nur zu gerne zum Schwager gehabt hätte. Die Prinzessin galt als glänzende Partie, doch fehlte es an der Begeisterung des Prinzen für die junge Dame, so dass aus der geplanten Verbindung nichts wurde.

Kleine Herkulanerin
Eine der drei Statuen aus dem Theater von Herculaneum,
1703 am Fuße des Vesuvs geborgen

Doch nicht nur Schönheit und Geruhsamkeit waren für den Privatmann Eugen Lebensinhalt. In den großen, ihm gehörenden Landstrichen mit den vom Kriege zerstörten Dörfern und verwüsteten Feldern siedelte der sozial denkende Prinz deutsche Bauern an, teilte ihnen Land zu, gab ihnen Getreidesaat und befreite sie von Abgaben. Bevorzugt wählte er dabei Bauern aus, die unter ihm als Soldaten gedient hatten. Das war der Dank an seine Veteranen.

Triumph über die Türken, Siege bei Peterwardein und Belgrad

Während der Auseinandersetzung im Spanischen Erbfolgekrieg verhielten die Türken sich glücklicherweise ruhig gegenüber Österreich. Ein Krieg mit Russland lenkte sie von Europa ab. Kaum hatten sie jedoch mit dem Zaren Frieden geschlossen, erklärten sie der Dogenrepublik Venedig am 8. Dezember 1714 den Krieg. Die Osmanen wollten jetzt die ihnen im Frieden von Karlowitz an Venedig verloren gegangene griechische Halbinsel Morea, den heutigen Peloponnes, zurück erobern und hofften, das Habsburger Reich würde sich neutral verhalten.

Im Westen traten jedoch bedeutende Ereignisse ein, die von den Türken nicht vorauszusehen waren, die aber dem Kaiser dort freie Hand gaben. Kurz nacheinander starben die englische Königin Anna und Ludwig XIV.

Der französische König schied am 1. September 1715 im Alter von 77 Jahren aus dem Leben. Er hatte noch zu Lebzeiten nahezu alle seine Nachkommen verloren, wobei nie bewiesen wurde, ob bei ihnen Gift oder natürliche Krankheiten die Todesursachen waren. Sein einziger verbliebener Urenkel war erst vier Jahre alt. Lange musste daher Frankreich durch Regenten geführt werden, bis dieser als Ludwig XV. den Thron besteigen konnte. Ludwig XIV. hatte seinem Land zu Ruhm und Ansehen verholfen, und in der französischen Geschichte erhielt sein Jahrhundert demzufolge den glanzvollen Namen „Siecle de Louis Quatorze".

Als die Türken mit einer großen Delegation in Wien anreisten, um dem Kaiser ein Friedensversprechen zu machen, empfing Prinz Eugen die Gesandten des Sultans in seinem Palais in der Himmelpfortengasse. Er gab ihnen allerdings keine Neutralitätszusage, denn, wie erwartet, hatte Venedig aufgrund der „Heiligen Allianz" von 1684 den Kaiser um Hilfe gegen die Osmanen ersucht. So schien ein weiterer Krieg unvermeidbar.

Im Frieden von Karlowitz hatten die Osmanen – wie bereits erwähnt – unter anderem auch die griechische Halbinsel Morea an die Venezianer abtreten müssen, die damals mit großem Einsatz ruhmreich unter ihrem Feldherrn Franz Morosini kämpften. Nach dessen Tode fehlte Venedig dann allerdings ein ähnlich starker Nachfolger, und die Lagunenrepublik vernachlässigte ihre militärische Stärke unverantwortlich. Darüberhinaus waren luxuriöses Leben und wuchernde Korruption erste Anzeichen für den folgenden Verfall Venedigs. In weniger als drei Monaten gelang es jetzt den Türken, Morea, das Herzstück Griechenlands, einzunehmen. Nun befürchtete das Reich eine Offensive der Türken gegen Dalmatien und damit eine direkte Bedrohung der Erbländer Kroatien und Steiermark.

Schon im Februar 1714 hatte der Prinz dem Kaiser geraten, mit aller Macht das türkische Heer anzugreifen und Ungarn vollends zu befreien. Solange Belgrad im türkischen Besitz sei und Donau und Savemündung von osmanischen Truppen kontrolliert würden, sei das Reich an seiner Ostgrenze nicht sicher. Diese Meinung hatte auch der verstorbene Kaiser Joseph I. vertreten. Er wollte nach einem Frieden mit Frankreich in einem Feldzug gegen die Türken die Reichsgrenze ein für alle Mal sichern.

Sein Nachfolger, Kaiser Karl VI., hatte jedoch Bedenken. Er fürchtete um seine Besitzungen in Italien, wenn er seine Truppen dort abziehen und diese gegen Osten marschieren ließe. Erst als Papst Clemens XI. erhebliche Geldmengen versprach und zusätzlich eine Garantie von Spanien und England für die Sicherheit des kaiserlichen Besitzes in Italien vorlegte, schwenkte der Kaiser um und erneuerte den Bündnisvertrag mit Venedig am 13. April 1716. Mit diesen Sicherheiten trat er jetzt in einen Krieg gegen die Türken ein.

Wieder übernahm Eugen den Oberbefehl über die kaiserlichen Truppen. Vor seinem Aufbruch brachte der Kaiser seinen schon mehrfach geäußerten Wunsch vor, selbst im Felde zu erscheinen „um unter einem solchen Meister recht dieses noble Handwerk zu erlernen und bei Euer Liebden zu sein." Doch Eugen verstand es meisterhaft, gewichtige politische Gründe vorzubringen, um dieses ihm sichtlich nicht passende Unterfangen zu verhindern. [105]

An den 70jährigen Feldmarschall Graf von Heister, auf den Eugen als besten Ungarnkenner nicht verzichten zu können glaubte, übergab er die Fußtruppen, während der Reitergeneral Pálffy, eben-

Der südosteuropäische Kriegsschauplatz

falls Feldmarschall, die Kavallerie übernahm. Zügig begann Eugen mit dem Aufmarsch. Es waren nur 70.000 Mann kaiserliche Truppen mit 100 Geschützen aufzustellen. Zusätzlich kamen noch 40.000 Mann aus Siebenbürgen hinzu. Diese Stärke war weit geringer als Eugen erhofft hatte. Denn wieder war das türkische Heer unter Großwesir Damad-Ali mit 200.000 Soldaten fast doppelt so stark. Da ein Ultimatum des Kaisers an den Sultan ergebnislos verlief, war der Krieg vorprogrammiert.

Eugens ursprünglicher Plan, den Türken in der Offensive zuvorzukommen, scheiterte am verspäteten Eintreffen der Artillerie und am Ausbleiben der ihm fest zugesagten Gelder. Schriftlich führte er Klage an den Kaiser, „da abermalen auf das nomentum temporis fast alles ankomme und der Verlust eines Tages bedenklicher und schädlicher als anderer Zeit etliche Wochen seien." [106]

Anfang Juli 1716 versammelte der jetzt 50jährige Prinz dann seine Truppen westlich vom kaiserlichen Peterwardein auf dem nördlichen Donauufer. Als die türkische Armee am 25. Juli die Save überschritt, um gegen Stadt und Festung Peterwardein vorzugehen, führte Eugen einen Teil seines Heeres auf das rechte Donauufer und bezog Stellung südlich der Stadt, mit der Festung im Rücken.

Am 2. August brach ein Erkundungskommando von vier Regimentern aus dem kaiserlichen Lager auf. Unter dem Befehl des Feldmarschallleutnants Graf Seyfried Breuner stießen sie auf eine Vorhut von 10.000 Spahis, den türkischen Reitern. Sofort von diesen angegriffen und trotz heldenhafter Gegenwehr geschlagen, musste sich der Rest der kaiserlichen Kavallerie bis Peterwardein zurückziehen. Der verwundete Feldmarschallleutnant Breuner wurde von den Türken gefangen genommen, an eine Eiche geschmiedet, zu Tode gefoltert und anschließend enthauptet.

In der Nacht des 4. August, beim Übergang der Hauptmacht auf das rechte Donauufer, geriet dann die Armee des Prinzen in eine brenzlige Situation. Auf zwei Schiffsbrücken hatte die Infanterie bereits über die Donau gesetzt und war in das verschanzte Lager gezogen. Als die Kavallerie über die Schiffsbrücken folgen wollte, lösten sich die Anker mehrerer Brückenschiffe durch den Aufprall treibender Schiffsmühlen, die oberhalb der Donau gelegen hatten. Die ankerlos stromabwärts treibenden Brückenschiffe rissen dann auch noch die untere Brücke auseinander. Tartaren hatten, wie sich später herausstellen sollte, die Schiffsmühlen losgelöst.

Es entstand eine äußerst kritische Lage, die Armee war in zwei Teile zerrissen. Bei einem spontanen Angriff der Türken hätte möglicherweise ein umgekehrtes Zenta entstehen können. Doch der Großwesir hatte keine Kenntnis von der Aktivität seiner Tartaren, denn eine Kommunikation untereinander fehlte völlig. So unterblieb ein Angriff. In drei Stunden waren die Brücken durch kaiserliche Pioniere wieder instand gesetzt, und die Kavallerie konnte endlich übersetzen.

Als dann die Türken mit machtvollem Artilleriebeschuss gegen die Festung Peterwardein begannen, vor der sich Eugens Truppen in den rasch ausgebesserten Verschanzungen aus dem Kriegsjahr 1684 festgesetzt hatten, fasste Eugen wieder einmal einen seiner typischen Feldherrnbeschlüsse.

Der Großwesir hatte sein Lager gegenüber auf leicht ansteigenden Hügeln aufgeschlagen und begann schon gegen die von ihm auf drei Seiten umzingelte Festung Laufgräben zu ziehen. In dieser gefährlichen Situation gibt Eugen den Befehl an seine Truppen, die Defensivstellungen trotz eines damit verbundenen großen Risikos zu verlassen und zum Angriff gegen die vielfach überlegenen Osmanen anzutreten.

Um sieben Uhr früh, am 5. August, bricht der Sturm der Kaiserlichen los. Der linke Flügel, unter Führung des Prinzen Alexander von Württemberg, kommt gut voran und drückt die Linien der Türken ein. Dann gelingt den türkischen Janitscharen im Zentrum der kaiserlichen Schlachtordnung ein schneidig vorgetragener Gegenstoß, der die Mitte durchbricht und die ersten Befestigungswerke bedroht. Wieder ist es Eugen, der seine zurückweichende Infanterie auffängt, nach vorne reißt und auch die Reiterregimenter des rechten Flügels unter dem bewährten Reitergeneral Ebergényi in die linke Flanke des türkischen Heeres steuert. Dadurch bekommt sein Zentrum wieder Luft. Die Türken ihrerseits können ihre Reiterei nicht in dem sumpfigen Gebiet zwischen den Hügeln und der Donau voll zum Einsatz bringen. General Pálffy erreicht daraufhin mit seinen Dragonern das Lager der Türken mit dem Zelt des Großwesirs und stellt den Anschluss an den linken Flügel unter dem Prinzen Alexander her.

Die Türken sehen sich jetzt eingeschlossen, wehren sich aber verzweifelt. In seiner Not schickt der Großwesir einen Melder zum östlich lagernden Tartarenkhan. Der Haufen der Tartarenreiter hatte noch nicht in die Kämpfe eingegriffen, jetzt sollten sie zur Hilfe kommen. Aber der Khan lässt ausrichten, seine Reiter seien zu hoch mit Beute beladen und flieht nach Semlin.

Doch als der Großwesir von einer Kugel getroffen vom Pferd stürzt, bricht der türkische Widerstand endgültig zusammen, und das türkische Heer ergreift eine wilde Flucht in Richtung Belgrad.

Erneut hat Eugen mit seinem Mut zu gewagten Entschlüssen, seiner einmaligen Übersicht über die Lage und mit der Begeisterung seiner Soldaten einen großen Sieg errungen.

Die Kriegsbeute ist unübersehbar groß. Andererseits sind mit 2.000 Toten, vor allem unter den höheren Offizieren, schmerzliche Verluste zu beklagen.

Noch vor der Schlacht hatte der Prinz eine Ansprache an seine Offiziere gehalten, in der er den überlieferten, für ihn typischen Satz sagte: „Meine Herren, Sie haben nur eine Lebensberechtigung, wenn Sie beständig auch in der größten Gefahr als Beispiel wirken, aber in so leichter und heiterer Weise, dass es Ihnen niemand zum Vorwurf machen kann." [107]

Die Toten und Verwundeten unter den Türken waren mit 11.000 Mann ungleich höher. Auch der Großwesir Damad-Ali starb auf der Flucht an seiner schweren Verwundung.

Die Siegesmeldung verkündet dem Kaiser dieses Mal der Oberst Graf Khevenhüller, der später der bedrängten jungen Kaiserin Maria Theresia ein „treuer Vasall und Beschützer" werden sollte. Er übergibt 156 erbeutete Fahnen sowie zehn Rossschweife. Die gesamte Bevölkerung Wiens ist auf den Straßen. Der Reichstag bewilligt große Summen Geldes für die kaiserliche Armee. Der Kaiser lässt dem Prinzen – nebst einem mit Brillanten umrandeten Bild von sich – ausrichten, er möge sich nicht mehr so großen Gefahren aussetzen und sich persönlich mehr schonen.

Papst Clemens XI. ehrte den Prinzen für seinen herrlichen Sieg über die Feinde der Christenheit auf ganz besondere Weise. In einem vom päpstlichen Legaten überbrachten Brief heißt es: „So schicken wir Dir denn einen mit viel ersinnlichem Segen reich begabten Degen und Hut, mit welchem unsere Vorfahren, die Römischen Päpste, tapfere und berühmte Verteidiger der Christenheit bisweilen zu beehren gepflogen, damit Du durch die Geheimnisse dieses heiligen Geschenks entzündet, mit dem Degen um Deine Lenden mächtig umgürtet, mit dem Hut aber als einen Helm des Heils gezieret, zur Zerbrechung des Hochmuths der erbitterten Feinde mehr und mehr aufgemuntert werden mögest..." [108]

Der Hut, ein mit Hermelin ausgeschlagenes Barett, war mit einer kunstvoll mit echten Perlen eingestickten Taube verziert, dem Symbol des Heiligen Geistes. Der Degen aus vergoldetem Silber mit großartigen Ornamenten überragte den Prinzen. Als der Schmuck Eugen während der Siegesfeier vor dem Hauptaltar des Wiener Domes angelegt wurde und man ihm allseits huldigte, war ihm in seiner Bescheidenheit anzusehen, wie unangenehm ihm das Getue um seine Person war.

Diese sprichwörtliche Bescheidenheit stellt er auch in einem Brief an Sinzendorf unter Beweis, wo er mit keiner Silbe seinen Mut, die Wendigkeit, Kaltblütigkeit und Umsicht erwähnt, womit er den Sieg errungen hatte: „Ich bin Eurer Excellenz unendlich verbunden für den Anteil, den Sie an dem nehmen, was hier vor sich gegangen ist. Ich habe daran keinen anderen Teil, als die Ehre, eine so tapfere Armee zu kommandieren." [109]

Eugen nutzte dann die Gunst der Stunde nach dem großen Sieg und belagerte die stark befestigte Hauptstadt des Banates, Temesvar. Der Sultan, der seine Besatzungstruppen retten wollte, stimmte daraufhin Anfang Oktober einer Kapitulation zu und erreichte damit, dass seine 12.000 Mann starken Garnisonstruppen mit allen Waffen und allem Tross sowie der türkischen Bevölkerung abziehen durften.

Als der türkische General den Prinzen darum bat, auch noch dem unter türkischem Oberbefehl stehenden ungarischen Truppenteil freien Abzug zu gewähren, antwortete Eugen: „Die Canaille kann hingehen wo sie will." [110]

Der Freigabe der Festung seitens der türkischen Truppen fand am 16. Oktober 1716 statt. Sofort nach der Unterzeichnung des Übergabevertrages machte Mustafa dem kaiserlichen Oberbefehlshaber ein wertvolles Pferd zum Geschenk. Eugen seinerseits sprach ihm ein Lob aus für die Ordnung, die er bei früheren christlichen, wie türkischen Übergaben noch nicht so erlebt habe. „Es ist keinem nicht der geringste Eintrag und Überlast geschehen, gleichwohl die Christen frei mit den Türken in der Stadt, also sind auch diese in dem Lager ungehindert herumgegangen und ist nicht die allermindeste Beleidigung geschehen." [111]

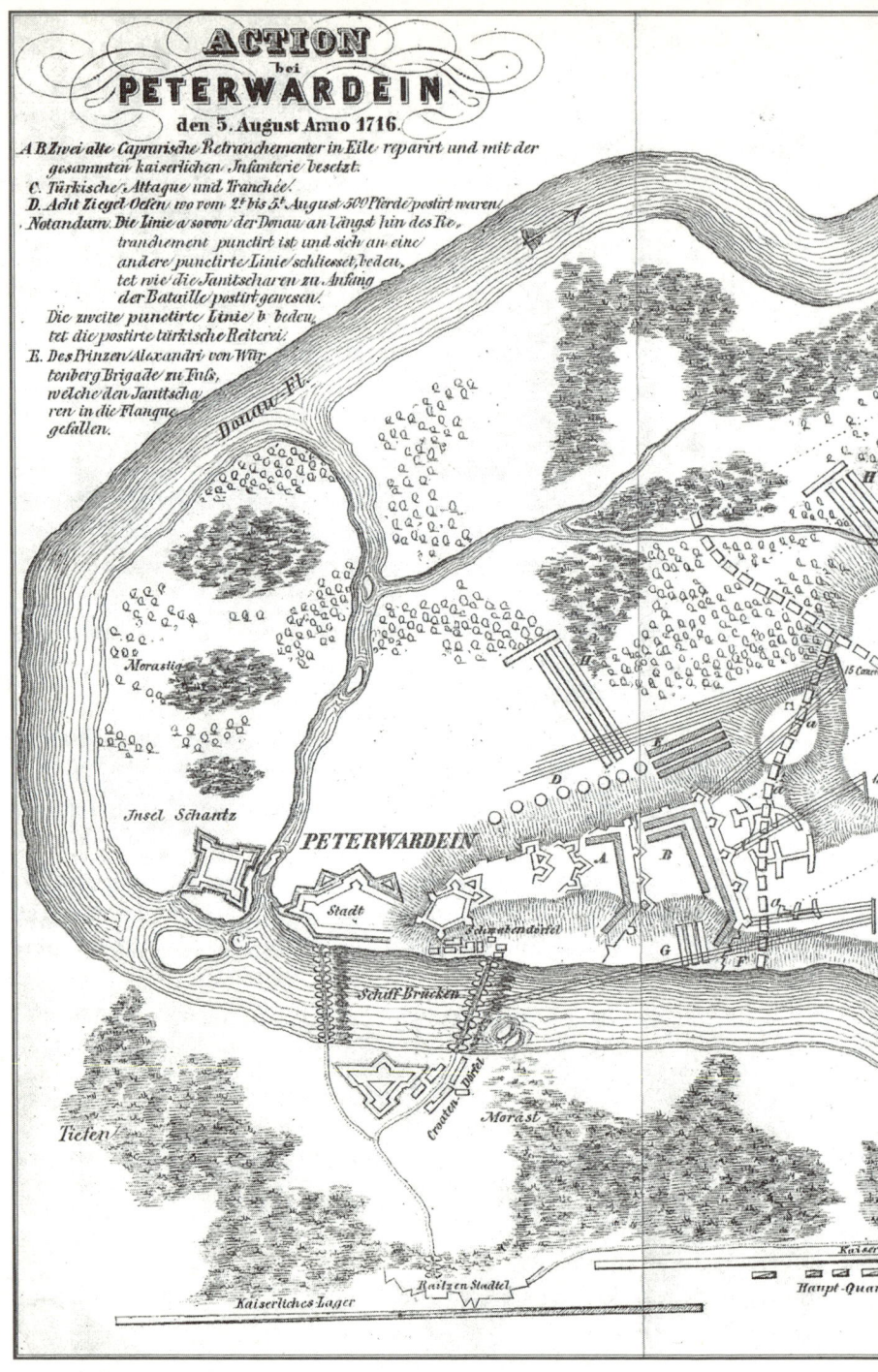

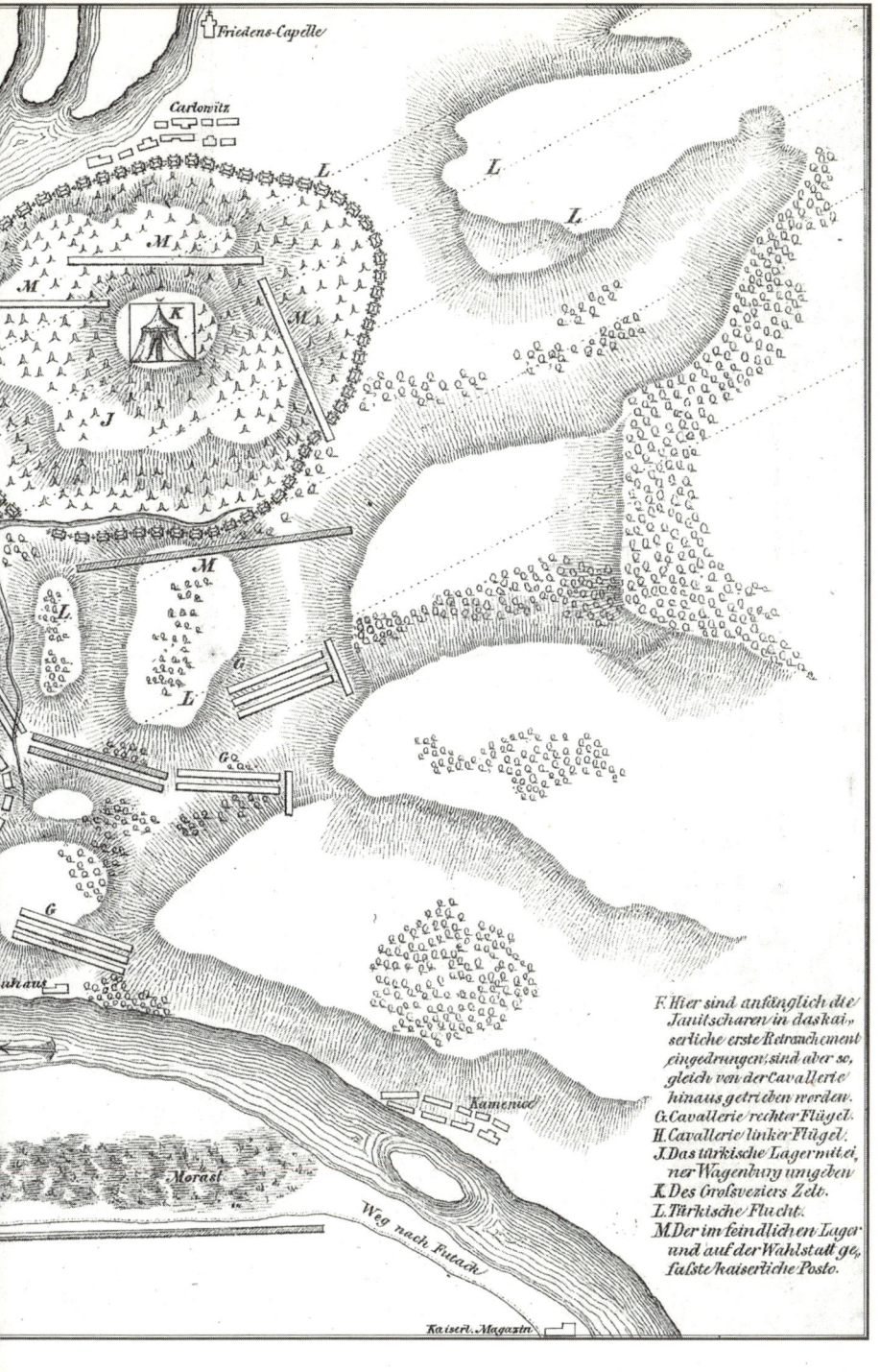

164 Jahre hatte die türkische Herrschaft in Temesvar gedauert. Die Befreiung des Banates nützte der Prinz für ein bedeutendes Kolonisationsprojekt. Er förderte die Ansiedlung von Handwerkern, Technikern und Ärzten aus Deutschland und Österreich in Temesvar und baute Temesvar wieder zur Hauptstadt des Banates auf.

Fischer von Erlach errichtete einen großen Dom in der als „Klein-Wien" benannten Stadt. Selbst hundert Jahre später fehlte immer noch der ungarische Einfluss in dieser jetzt deutschsprachigen Stadt.

In den Randgebieten siedelte Eugen tausende von Bauern an, teilte ihnen Land zu, gab ihnen kostenloses Saatgut und Gerät und stellte sie sechs Jahre von Steuern und Abgaben frei. Der Sinn dieser Maßnahme war, die ständigen Aufstände des ungarischen Adels einzudämmen und für das Habsburger Reich eine Kornkammer anzulegen.

In Korfu, dem Einfallstor Venedigs, hatte der Prinz den Oberbefehl an General Graf Schulenburg übergeben; dieser war aus der sächsischen Armee ausgetreten und bemühte sich lange Jahre um Aufnahme in das kaiserliche Heer. Er sollte die Insel, deren Eroberung die Türken als nächstes Ziel anstrebten, verteidigen. Vor seiner Abreise erhob der Kaiser Schulenburg noch in den Stand eines Reichsgrafen. Dann hielt dieser seine Stellungen in dem schwer zugänglichen Felsengebiet mit weit unterlegenen Kräften in monatelangen schweren Kämpfen heldenhaft gegen die Türken.

Nach der für das türkische Heer verlorenen Schlacht von Peterwardein gab der Sultan dann seinem Großadmiral den Befehl, mit seinen 30.000 Mann auch die Belagerung der Insel Korfu abzubrechen und heimzusegeln.

Den Winter verbrachte der siegreiche Prinz wieder in Wien, von der Bevölkerung herzlich begrüßt, und arbeitete Pläne zur Befreiung Belgrads im kommenden Jahr 1717 aus. Um alles kümmerte er sich selber. So kontrollierte er nicht nur die Ergänzung der Truppen und die geographische Gegebenheit seines künftigen Aufmarschgebietes, sondern er bemühte sich auch intensiv um die Anfertigung neuer Waffen und deren Munition. Das kostete wieder einmal viel Geld, was nicht vorhanden war. So blieb keine andere Wahl, als beim Heereslieferanten Wertheimer und dem Sohn Samuel Oppenheimers, Emanuel, Schulden zu machen.

Samuel Oppenheimers Bank hatte, wie erwähnt, 1703 Konkurs anmelden müssen. Wertheimer und Sohn Emanuel waren die Nachfolger geworden. Sie besorgten alles auf Pump. Waffen aus Steyr, das dazugehörige Pulver aus Holland, Getreide aus Mainz, Trier und Würzburg, Rinder aus Siebenbürgen und Wein von Rhein und Mosel. Alles sollte mit Schiffen die Donau entlang zur Truppe geliefert werden.

Am 14. Mai 1717 begab sich der Prinz zurück zu seiner Armee. Am Vortag noch hatte er dem Kaiser zur Geburt seiner Tochter, der späteren Kaiserin Maria Theresia, gratulieren können. Diese Geburt war für das Habsburger Haus umso wichtiger, als dem Kaiserpaar vor einigen Monaten der nach acht unfruchtbaren Jahren geborene Stammhalter, ein Sohn, gestorben war.

Der bayerische Kurfürst Max Emanuel war kurz zuvor nach Aufhebung der Reichsacht wieder in seine Ämter eingesetzt worden und erhielt seine Besitzungen zurück. Er stellte neben den beiden Wittelsbacher Prinzen 6.000 Mann zu Eugens Armee ab.

Am 21. Mai 1717 traf Eugen dann bei seinen Truppen ein. Wieder, wie im Vorjahr, war sein Heer in Futtak versammelt.

Schon Anfang des Jahres hatte Eugen General Prinz Mercy den Auftrag erteilt, Vorbereitungen für den Angriff auf Belgrad zu treffen und das Gelände intensiv zu erkunden. General Mercy besaß das volle Vertrauen des Prinzen. Der Vater Mercys war 1686 bei der Erstürmung Ofens gefallen, und der junge Prinz Mercy hatte sich damals in dieser Schlacht die ersten Sporen verdient.

Das Hauptheer war in ansehnlicher Stärke von 100.000 Mann angetreten. Ein großer Teil der adligen Jugend hatte sich Eugens Heer angeschlossen, alleine 40 Prinzen aus verschiedenen Ländern wie Deutschland, Frankreich, Polen, Italien, Russland und weitere Adlige. Unter ihnen befanden sich auch ein Enkel Ludwigs XIV., der erst 17jährige Prinz Ludwig von Dombes, betreut vom Grafen von Estrardes, sowie ein Spross des Hauses Condé, Graf Ludwig von Charolais. Eine Schlacht mit Prinz Eugen gegen die Türken mitzuerleben, galt als großes Spektakel.

Eugen fasste den Entschluss, seine Truppen nicht von Westen her über die reißende Save überzusetzen, sondern von Osten die breite, langsam fließende Donau zu überqueren. Bei Panscova hatte Mercy das ideale Gelände für ein Übersetzen gefunden: eine breite Sandbank im Fluss teilte den Strom und ließ einen Brückenbau ohne Komplikationen zu. Ohne vom Feind gehindert worden zu sein, vollzog sich der Flussübergang in der vorgeplanten Form. Hierauf beziehen sich die Eingangszeilen des berühmten Soldatenliedes über den Prinzen Eugen:

„Er ließ schlagen eine Brucken,
das man kunnt herüberrucken."

Bis zum 18. Juni war das Heer in voller Stärke mit 61 Bataillonen und 176 Schwadronen, etwa 100.000 Mann stark, übergesetzt. Wieder kam Eugen den Osmanen zuvor, denn die türkische Entsatzarmee stand noch in Adreanopel. Eugens Schanzlinien erstreckten sich jetzt vom rechten Flügel bis zur Donau, vom linken bis zu Save. Ein türkischer Nachschub für die Festung Belgrad auf dem Wasserweg wurde durch kaiserliche Kriegsschiffe unmöglich gemacht. Allein das kaiserliche Flaggschiff, die „Santa Maria", verfügte über 64 Kanonen.

Als die Meldung kam, dass die türkische Entsatzarmee, 150.000 Mann stark, unter dem Großwesir Chalil im Anmarsch sei, wurden auch im Süden Schanzungen und Batterien angelegt. Der türkische Kommandant der Festung Belgrad, der tapfere Offizier Mustafa Pascha, unternahm blutige Ausfälle, um die kaiserlichen Belagerungsarbeiten zu stören. Ihm unterstanden 30.000 Janitscharen als Festungsbesatzung. Die letzteren waren eine eingeschworene Einheit. Sie durften nicht heiraten und konnten folglich frei von allen Zwängen kämpfen, denn außer ihrem Leben hatten sie nichts zu verlieren.

Ende Juni gingen dann die schweren kaiserlichen Belagerungsgeschütze in Stellung und begannen mit der Beschießung der Stadt. Die Breschen in der Stadtmauer wurden immer breiter, große Teile Belgrads glichen bereits Trümmerfeldern, stündlich wurde mit der Kapitulation Mustafa Paschas gerechnet. Doch plötzlich erkannten Beobachter auf den Zinnen der Befestigungsmauer die Staubwolke ihrer heranziehenden Entsatzarmee. Das gab den Verteidigern der Festung wieder neuen Mut.

Großwesir Chalil ging jedoch nicht sofort zum Angriff auf die kaiserlichen Truppen über – ein großes Versäumnis bei seiner Überlegenheit – sondern schloss den kaiserlichen Einschließungsring im Rücken seinerseits ein. Auf den Anhöhen um den Belgrader Kessel schlugen die Türken ihre roten und blauen Zelte in unübersehbarer Zahl auf. Chalil plante, die kaiserliche Armee vom Nachschub abzuschneiden, auszuhungern und durch ständigen Artilleriebeschuss zu demoralisieren.

*Kaiserlicher Feldmarschall Graf Sigbert Heister
(1648-1718)*

*Sieg des Prinzen Eugen in der Schlacht bei Peterwardein, 1716
Radierung von Jan van Huchtenburgh*

In Eugens Belagerungsarmee verschlechterte sich tatsächlich durch den Mangel an Verpflegung und die ausbrechende Ruhr in der feuchten Hitze des Talkessels die Lage zusehends. Zusätzlich forderte der unaufhaltsame Artilleriebeschuss seine Opfer. So wurde der alte Feldmarschall Heister durch eine Kugel getötet, nachdem schon seinen Sohn, Oberst Heister bei einem Ausfall der Besatzer das gleiche Schicksal ereilt hatte. Ein Lichtblick ergab sich lediglich, als eine kaiserliche Granate in der Festung das Hauptmunitionslager traf und erhebliche Opfer unter der feindlichen Besatzung forderte.

Eugen jedoch bewahrte die Ruhe, während die Nerven seiner Generäle und Offiziere blank lagen, als sie nun auch noch erfahren mussten, dass ein weiteres zugeführtes Korps der Türken den Einschließungsring um die kaiserlichen Belagerer nördlich der Donau vollenden würde.

Am 15. August versammelte dann Eugen alle seine Offiziere in seinem Feldherrenzelt und eröffnete kategorisch und ultimativ seinen ohne den Kriegsrat getroffenen Entschluss, am nächsten Tag in einem Angriff den Ring der Türken zu durchbrechen und die osmanischen Truppen zu schlagen. Die von ihm geforderte eiserne Disziplin seiner Männer würde die personelle Überlegenheit des türkischen Heeres ausgleichen. Sein in Ruhe und mit großer Zuversicht, ja fast Heiterkeit vorgetragener Befehl richtete die Offiziere sichtbar auf und konnte – an die Truppe weitergegeben – auch diese wieder mit Vertrauen erfüllen. Ein allgemeines Gefühl der Befreiung und des Durchatmens stellte sich ein.

Der Plan Eugens war einfach. Ein starker Verband sollte einen Ausfall der Festungstruppen verhindern, ein schwächerer die Deckung des Lagers übernehmen und die Hauptstreitmacht mit 40.000 Mann und 60 Geschützen einen massiven Angriff gegen die Truppen Chalils führen. Von entscheidender Wichtigkeit sei es, dass Offiziere und Soldaten im engsten Kontakt vorzugehen hätten.

Um Mitternacht ritt demzufolge die Kavallerie vor ins Niemandsland des Kessels. Eine Stunde später folgte die Infanterie. Die größte Gefahr sah Eugen darin, dass der Feind vorzeitig gewarnt würde und infolgedessen in seinen Aufmarsch hineinstoßen könnte. Da legte sich plötzlich dichter Nebel über den Aufmarsch der Truppen und schränkte die Sicht auf zehn Fuß ein.

Zunächst als Glücksfall angesehen, erweist sich der Nebel jetzt als große Gefahr, denn beide Flügel der kaiserlichen Angreifer driften aufgrund der schlechten Sichtverhältnisse zu weit auseinander, wodurch sich in der Mitte der Schlachtordnung eine Lücke öffnet. Die mittlerweile alarmierten Türken können, ohne auf Gegenwehr zu treffen, in diese vorstoßen. Als sich der Nebel für einige Augenblicke hebt, erkennt Eugen die riesige Gefahr. An der Spitze seiner Reservebataillone geht er daraufhin in die Lücke gegen die anstürmenden Türken vor und kann somit gerade noch einen tödlichen Flankenangriff gegen den rechten Flügel abfangen. Es ist mittlerweile acht Uhr früh. In schweren Kämpfen – Eugen mit dem Degen in der Hand an der Spitze – wird der Feind tatsächlich zurückgeworfen.

Jetzt kann nach der Schlachtplanung der linke Flügel befehlsgemäß gegen die Bajadinahöhen vorgehen. Hier stehen die Hauptbatterien der Osmanen. Unter furchtbaren Verlusten erstürmen bayerische

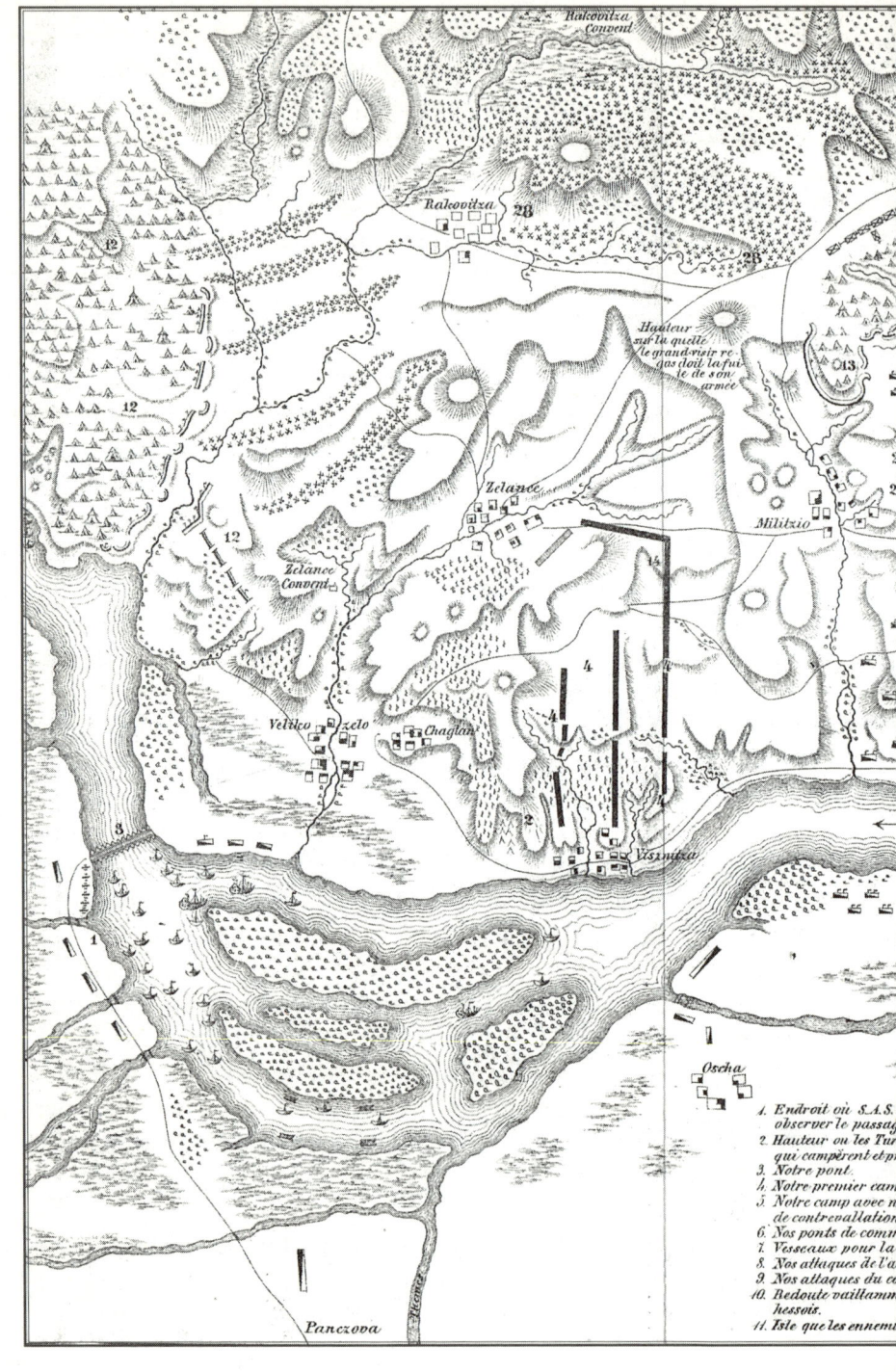

PLAN de la ville de BELGRADE et de son ATTAQUE faite par l'armée de S. M. J. C. commandée par S. A. S. le Prince Eugène de Savoye, le premier camp des Turcs, la fameuse bataille gagnée le 16 Août 1717 &c

...gène se mit pour
...des grandes gardes
...à notre abord.
...xa.
...circonvallation et
...
...pont du Danube
...la Save.
...n.
...e par un Capitaine
...rent le 17 Août.

12. Premier campement des Turcs où ils attendirent leurs bagages.
13. Campement des Turcs jusques au jour de la bataille.
14. Camp des Tartares.
15. Escadron quarré composé pour observer l'ennemi du coté de Belgrade.
16. Bataillons et Cavaliers demontés sous les ordres du Général Seckendorf en cas de besoin.
17. Artillerie et chariots pleins de munition et outils pour remuer la terre.
18. Lieux par où le Prince Alexandre est sorti avec l'infanterie pour attaquer l'ennemi.
19. Lieu par où Palffy est sorti.
20. Lieu par où Mercy est sorti.
21. Lieu par où Montecuccoli est sorti.
22. Lieu par où S. A. S. le Prince Eugène est sorti avec tous les Princes volontaires pour se mettre à la tête de sa glorieuse armée.
23. Lieu où les ennemis nous ont descouvert et où l'action a commencé.
24. Nostre Infanterie et Cavalerie de la gauche charge les ennemis.
25. Grande montagne qui domine la droite de notre camp.
26. Lieu où le plus grand combat eut lieu.
27. Lignes que nous formâmes après la bataille.
28. Fuite générale des Ennemis.
29. Villages ruinés par les nostres.

Bataillone die Hügel, und es gelingt ihnen tatsächlich, die feindlichen Geschütze zum Schweigen zu bringen. Das bedeutet die Entscheidung der Schlacht.

Die Türken, die sich im Zentrum zu weit vorgewagt hatten, werden jetzt von den nachgezogenen, auf dem Hügel postierten kaiserlichen Kanonen unter Feuer genommen, beginnen zu weichen, und ihr Rückzug endet in heilloser Flucht. Gegen elf Uhr ist dann die Schlacht gewonnen, die noch eine Stunde zuvor völlig offen war.

Allein der kühnen Strategie und der Entschlossenheit Eugens war dieser Sieg zu verdanken. Alles ging so schnell, dass Mustafa Pascha keinen Ausfall aus der Zitadelle gewagt hatte. Er zögerte noch mit der Übergabe der Festung. Als der Ausbruch einer Rebellion drohte, sah er sich gezwungen, zwei Tage später die weiße Fahne zu hissen. Eugen erlaubte einen ehrenvollen Abzug der Besatzung, die allerdings alles Kriegsmaterial zurücklassen musste.

Die Türken verloren vor Belgrad 20.000 Tote und Verwundete; die kaiserlichen Truppen 5.000. Die Beute war wieder riesengroß: eine unglaubliche Zahl von 770 Geschützen, 91 Fahnen und 9 Rossschweifen, dazu unübersehbare Mengen an Vorräten. Seinen Männern hatte Eugen das Betreten des türkischen Lagers bei Todesstrafe verboten. Den Offizieren gegenüber bemerkte er dazu, er fürchte den Verlust der Disziplin seiner Truppen durch Plünderung der Vorräte mehr als die Gefahr, die von den türkischen Streitkräften ausgegangen sei.

Erneut hatte Eugen einen großen Sieg errungen. Er selber trug zwar eine Schussverletzung am Arm davon, aber noch vom Schlachtfeld sandte er den Generalfeldwachtmeister Graf Hamilton nach Wien, um seinem Kaiser die Siegesbotschaft zu überbringen. Zwei Tage danach ritt dann Oberst Graf Rabutin mit der Nachricht auch vom Fall der Festung Belgrad zum Kaiser.

Und wieder traten jetzt Neider auf, unter ihnen, wenig kameradschaftlich, Feldmarschall Guido von Starhemberg. Diese warfen dem Prinzen vor, er habe viel zu lange untätig die eigenen Truppen durch Krankheit und fehlenden Nachschub in größte Gefahr gebracht. Eugen konterte daraufhin, der Angriff hätte erst dann Aussicht auf Erfolg gehabt, als der Großwesir sich bereits in Sicherheit gewogen habe, die kaiserliche Armee werde untergehen.

Die über Jahrhunderte andauernde Popularität, die Prinz Eugen mit dem Sieg über Belgrad errungen hatte, war nicht zuletzt auch seinen tapferen und ihm ergebenen Soldaten zu verdanken, aus deren Mitte jenes berühmt gewordene Lied vom edlen Ritter stammt.

Das Volkslied geht vermutlich auf einen bayerischen Kavalleristen zurück. Es wurde später zum Reitermarsch der kaiserlichen Armee.

>Prinz Eugen, der edle Ritter,
> Wollt' dem Kaiser wied'rum kriegen
> Stadt und Festung Belgerad;
> Er liess schlagen eine Brucken,
> Dass man kunt' hinüberrucken
> Mit d'r Armee wohl für die Stadt!
> Als die Brucken war geschlagen,
> Dass man kunnt' mit Stuck und Wagen
> Frei passiern den Donaufluss,
> Bei Semlin schlug man das Lager,
> Alle Türken zu verjagen,
> Ihn'n zum Spott und zum Verdruss.
> Am einundzwanzigsten August soeben
> Kam ein Spion bei Sturm und Regen,
> Schwur's dem Prinzen und zeigt' ihm an,
> Dass die Türken furagierten
> So viel als man kunnt' verspüren
> An die dreimalhunderttausend Mann.
> Als Prinz Eugenius dies vernommen,
> Liess er gleich zusammenkommen
> Sein' General und Feldmarschall.
> Er tät sie recht instruieren,
> Wie man sollt' die Truppen führen
> Und den Feind recht greifen an.
> Bei der Parole tät er befehlen,
> Dass man sollt' die Zwölfe zählen
> Bei der Uhr um Mitternacht:
> Da sollt' all's zu Pferd aufsitzen
> Mit dem Feinde zu scharmützen
> Was zum Streit nur hätte Kraft.
> Alles sass auch gleich zu Pferde,
> Jeder griff nach seinem Schwerte,

Ganz still rückt man aus der Schanz:
Die Musketier' wie auch die Reiter
Täten alle tapfer streiten:
Es war fürwahr ein schöner Tanz!
Ihr Konstabler auf der Schanze
Spielet auf zu diesem Tanze
Mit Kartaunen, gross und klein,
Mit den grossen und den kleinen,
Auf die Türken, auf die Heiden,
Dass sie laufen all' davon.
Prinz Eugenius auf den Rechten
Tät als wie ein Löwe fechten
Als General und Feldmarschall;
Prinz Ludewig ritt auf und nieder:
„Halt' euch brav, Ihr deutschen Brüder,
Greift den Feind nur herzhaft an!" [112]

Nach der Niederlage von Belgrad zogen sich die türkischen Verbände aus Oberungarn und Siebenbürgen bis an die Moldau zurück. Eugen beaufsichtigte den schnellen Wiederaufbau der Stadt und der Festung und reiste dann Ende Oktober nach Wien zurück, wo ihm erneut von der Bevölkerung ein begeisterter Empfang bereitet wurde.

Bereits im September hatte ihm eine türkische Abordnung ein Schreiben des Seraskiers überbracht, worin dieser einen ewigen Friedensschluss mit der Hohen Pforte anbot.

Eugen hatte nach dem Sieg über Belgrad mit dem Gedanken gespielt, dem geschlagenen Feind nachzuziehen und damit die Türken gänzlich aus Europa zu vertreiben. Militärisch wäre es wohl möglich gewesen, zumal das türkische Heer nur noch über eine Stärke von 30.000 Mann verfügte. Dann kamen Eugen jedoch Bedenken, ob ein so riesiges Gebiet, das bis zur Donaumündung und der Meerenge reichen würde, überhaupt zu annektieren gewesen wäre. Hätte das Kaiserreich sich damit nicht übernommen? Wie würde Russland reagieren? England und Holland wäre mit Sicherheit eine entscheidende Stärkung des Habsburger Reiches nicht recht gewesen.

Zudem stand Eugen das Beispiel des Markgrafen von Baden vor Augen, der im Jahr 1689, nachdem er die Türken geschlagen hatte, bis

Sofia vorgerückt war. Bald darauf gingen sämtliche eroberte Gebiete und sogar Belgrad wieder verloren. Es hatte sich schon damals gezeigt, wie gefährlich es war, weit in Feindesland vorzurücken, ohne die Möglichkeit zu haben, dieses auf Dauer halten zu können. Aufgrund seiner Überlegungen sprach sich der politische Realist Eugen für das Friedensangebot der Pforte aus und warnte Kaiser Karl nachdrücklich vor einem weiteren militärischen Vorgehen gegen das Osmanische Reich, zumal ein spanisches Heer gerade auf Sardinien gelandet war.

Doch obwohl der Prinz einerseits für das Friedensabkommen eintrat, wusste er andererseits auch, dass nur aus einer Position der Stärke erfolgreich verhandelt werden konnte und tat daher alles, sein Heer weiter aufzurüsten. In schwierigen Verhandlungen brachte er Venedig dazu, auf Morea zu verzichten, da es sich ja gezeigt habe, dass die Republik es nicht zu halten vermöge. Er bot Venedig als Ausgleich wertvolle Gebiete an der dalmatinischen Küste an.

Unter diesen Voraussetzungen konnte am 21. Juli 1718 der auf 24 Jahre festgesetzte Frieden von Passarowitz mit der Pforte geschlossen werden. Belgrad fiel dem Kaiser zu, ebenso das nördliche Serbien, Temesvar, die kleine Walachei, sowie einige Teile von Bosnien. Ergänzend dazu wurde noch ein wichtiger Handelsvertrag geschlossen, in dem der Sultan österreichischen Handelsschiffen freie Zufahrt in die Türkei zusicherte und sie von allen Abgaben bis auf drei Prozent Einfuhrzoll freistellte.

Dieses Vertragswerk bedeutete die Krönung des Lebenswerkes von Prinz Eugen.

In Europa war es durch die Abschlüsse von Utrecht, Rastatt und Baden tatsächlich weitgehend zum Frieden gekommen. Ein Vertrag allerdings fehlte noch: der zwischen Kaiser Karl VI. und Philipp von Anjou. Der Kaiser hatte Philipp zu keiner Zeit als König von Spanien anerkannt. Nie hatte er auf sein Recht an Spanien verzichtet, auch nicht, als Philipp grollend seine Besitzungen in Italien und den Niederlanden aufgeben musste.

Noch im Jahr 1714, in welchem Philipp seine erste Gemahlin, Marie Louise von Savoyen, verloren hatte, heiratete er die Prinzessin Elisabeth Farnese von Parma. Seine zweite königliche Gemahlin war ehrgeizig und beeinflusste Philipp ständig gegen den Kaiser. Dazu verbündete sie sich mit dem tüchtigen, aber gewissenlosen Kardinal Alberoni.

Der war der Sohn eines Gärtners aus Piacenza, ein Zwerg mit dickem Schädel und breiten Schultern. Er war vom Küster über ein Studium zum Priester bis zum Abbate aufgestiegen und schaffte es, durch immensen Fleiß und Umtriebigkeit, Kardinal und erster Minister der Krone Spaniens zu werden. In kurzer Zeit erreichte er es mit seinem ausgesprochenen Talent zur Staatsführung, die marode darniederliegende Wirtschaft und die Finanzen Spaniens in Ordnung zu bringen. Er schuf eine gewaltige Kriegsflotte und überzeugte Philipp davon, der mächtigste Herrscher Europas werden zu können.

Alberoni wiegelte jedoch nicht nur Philipp zunehmend gegen den Kaiser auf, er tat auch alles, um den Herzog von Orleans, der nach dem Tod Ludwigs XIV. die Regentschaft Frankreichs übernommen hatte, auf seine Seite gegen den Kaiser zu ziehen. Die Erbansprüche der Königin, einer geborenen Farnese, auf Parma und die Toskana sollten für Spanien der Hebel sein, wieder in Italien Fuß zu fassen.

Die Königin selbst hatte sich zum Ziel gesetzt, ihrem kürzlich geborenen Sohn diese Herzogtümer zu sichern. Alberoni zog darüberhinaus auch Viktor Amadeus von Savoyen auf die Seite Spaniens, indem er ihm anbot, Sizilien gegen das reiche Mailand einzutauschen. Sogar die Türken hetzte er dazu auf, die Feindseligkeiten gegen den Kaiser wieder aufzunehmen.

Nach diesen weitgreifenden Vorbereitungen schritt Alberoni daraufhin zur Tat. Er befahl der spanischen Flotte unter Segel zu gehen. Ganz Europa, ebenso wie der Papst, rätselten, wohin die Kriegsarmada sich wenden würde. Am 20. August 1717 ging die Flotte dann vor der Hauptstadt Siziliens Cagliari vor Anker. Nur einige hundert Mann der kaiserlichen Truppen unter dem Kommando des Vizekönigs von Sardinien, Marquis von Rubi, standen chancenlos auf verlorenem Posten gegen 9.000 gelandete Spanier. Kaiser Karl VI. verlor das Königreich Sizilien an Spanien, was für ihn umso schmerzlicher war, da er kurz nach dem Fall Belgrads schon den Prinzen angewiesen hatte, ein starkes Korps nach Italien zu entsenden, um einer eventuellen spanischen Invasion begegnen zu können. Der Prinz jedoch lehnte damals ab, nicht, weil er etwa die italienischen Besitzungen nicht schützen wollte, sondern, um zunächst die Verhältnisse im Osten einer endgültigen Klärung zuzuführen. Er wusste, nur mit entsprechender Stärke seiner Truppen konnte er Oberungarn und Siebenbürgen den Frieden bringen. Seine Ablehnung warf allerdings den ersten Schatten auf das Verhältnis des Kaisers zum Prinzen.

Das wiederum war die Stunde der spanischen Kamarilla am Wiener Hof. Diese trug alle Nachteile, die ihren Restaurationsplänen entgegen standen, zusammen und warf dem Prinzen vor, 1709 Sizilien geopfert zu haben, nur um Straßburg zurück zu gewinnen. Zudem habe Prinz Eugen im Frieden von Rastatt Katalonien verraten, um Landau für das Reich zu erhalten und außerdem im Jahr 1717 lieber den Feldzug gegen die Türken fortgesetzt, anstatt die Eindringlinge König Philipps in Italien zu bekämpfen.

Als im Juli 1718 der spanische Kardinal-Minister Alberoni eine noch mächtigere Kriegsflotte vom Hafen Barcelona absegeln ließ und diese dann vor Palermo ankerte, mussten sich auch Stadt und Festung Palermo vor der Übermacht ergeben.

Dieser weitere spanische Überfall auf Italien rief allerdings die europäischen Mächte auf den Plan.

Prinz Eugen hatte bereits streng geheime Vorverhandlungen mit Frankreich geführt, um das Land näher an das Haus Österreich zu binden. Für die Zusage Frankreichs, König Philipp nach dem Tode des Herzogs von Orleans jeden Anspruch auf den französischen Thron zu verwehren, sollte der Kaiser seinerseits auf Ansprüche in Spanien verzichten. Frankreich sollte sich dafür bereit erklären, die Länder Italiens dem Kaiser zu garantieren. Kaiser Karl VI. selbst war zwar einerseits einer Annäherung an Frankreich nicht abgeneigt, wollte jedoch andererseits auf die spanische Krone nicht verzichten.

Die Verhandlungen zogen sich in die Länge, was den Regenten Frankreichs, Herzog von Orleans, wiederum dazu bewog, sich nun England zuzuwenden. Im Dezember 1717 brachte er eine Allianz mit König Georg I. zustande, der sich endlich im August 1718 schweren Herzens auch der Kaiser anschloss und in der die drei Mächte sich zum vereinigten Handeln verpflichteten. Als dann auch Holland noch der Allianz beitrat, war die Quadrupelallianz, so hieß das Bündnis, geboren. Dem Kaiser jedoch, im Herzen immer noch Spanier, fiel es schwer, jetzt auf seinen Anspruch auf Spanien verzichten zu müssen.

Anfangs hatte Prinz Eugen die Bedeutung Englands für das Bündnis nicht allzu hoch eingeschätzt, doch andererseits war ihm bewusst, dass nur ein Partner mit einer starken Flotte weitere Angriffe Spaniens auf die italienischen Besitzungen verhindern konnte.

Der Kaiser gewann letzten Endes durch die Quadrupelallianz, denn es musste auch ihm klar gewesen sein, dass sein Anspruch auf die spanische Krone nur in der Theorie Bestand hatte, eine Durchsetzung aber nicht möglich gewesen wäre. Der vereinbarte Tausch, das felsige Sardinien aufzugeben und dafür das zwar besetzte, aber reiche, fruchtbare Sizilien von Viktor Amadeus von Savoyen zu erhalten, sollte Karl VI. für die Zukunft erhebliche finanzielle Vorteile bringen. Zum Ausgleich bot der Kaiser Viktor Amadeus das Nachfolgerecht das Hauses Savoyen auf die spanische Krone für den Fall an, dass König Philipps Stamm aussterben sollte. Mit der Nähe des kaiserlichen Neapel zu Sizilien war für Karl VI. zusätzlich ein strategischer Vorteil verbunden, denn so konnte Sizilien nach der Befreiung vor weiteren spanischen Angriffen besser geschützt werden.

Intrigen und die Pragmatische Sanktion

Durch seine fein eingefädelte, erfolgreiche Geheimdiplomatie hatte Prinz Eugen dem Land Österreich zwar erheblichen Nutzen gebracht, sich aber selbst einem noch stärkeren Hass der spanischen Umgebung des Kaisers ausgesetzt. Im Herzen war aber auch Kaiser Karl VI., wie gesagt, immer Spanier geblieben, er fühlte sich nicht als Deutscher und sprach mit Vorliebe spanisch, so wie sein Vater Leopold I. italienisch gesprochen hatte. Zeit seines Lebens hat sich Karl VI. nach der Sonne Spaniens gesehnt, wo er seine Jugendträume geträumt hatte; deshalb umgab er sich vorzugsweise mit spanischen Landsleuten.

Der vom Kaiser gebildete Große Spanische Rat war eine politisch mächtige Kammer zur Verwaltung der ehemals spanischen Provinzen auf italienischem Boden, die dem Reich nach dem Frieden von Rastatt zugesprochen worden waren. Mehr als 50 spanische Aristokraten waren darin vertreten, von denen jeder 10.000 Gulden als Gehalt bezog. Der Rat war ein erbitterter Gegner Deutschlands und seiner – auch vom Prinzen Eugen vertretenen – Interessen. Der Orient und die Osmanische Pforte waren dem Rat gleichgültig. Er hatte nur die italienischen Besitzungen im Blick, und sämtliche Ämter in der Verwaltung waren vom Kaiser mit Spaniern besetzt.

Typisch für die Stimmung der spanischen Neider gegen den Prinzen ist folgende Episode: Als Eugen einst nach Italien aufbrach und sich von dem in Wien anwesenden späteren französischen Marschall Villars in Hochachtung für die Leistungen seines Gegners freundlich verabschiedete, mokierten sich die Hofleute, vornehmlich Spanier, offen über den Ton des Prinzen. Daraufhin rief Villars aus: „Meine Herren, ich will Ihnen sagen, wo sich die wahren Feinde des Prinzen aufhalten, sie sind hier in Wien, wie die meinigen in Versailles." [113]

Den größten Einfluss auf den Kaiser gewann jedoch der um einige Jahre ältere Oberststallmeister, Graf Michael Johann von Althann, von Geburt Deutscher. Er war mit dem jungen Karl nach Spanien gereist, hatte eine schöne Kastilianerin geheiratet und arrivierte zum engsten Freund des Kaisers. Der immer mächtiger gewordene, in allen Schlachten siegreiche Prinz Eugen war auch ihm, wie den übrigen Hofschranzen, ein Dorn im Auge, deshalb begann er gegen ihn zu intrigieren. So hatte der Prinz nicht nur Gegner bei den spanischen Aristokraten, sondern auch beim deutschen Adel des Wiener Hofes entstanden ihm viele Neider.

Das strenge Durchgreifen Eugens in seiner Eigenschaft als Hofkriegsratspräsident gegen Korruption und Ämterwirtschaft brachte darüberhinaus viele um ihre Privilegien und vermehrte auch nicht gerade seine Beliebtheit. Außerdem hatte der Prinz bekanntlich schon 1703 den Kauf und Verkauf von Offiziersstellen verboten und unter Strafe gestellt. Offiziere sollten nur noch nach persönlicher Leistung und nicht unter den Kriterien von Geburt und Titel befördert werden. Zuvor war es üblich gewesen, dass sogar hochadlige Kinder mit militärischen Rängen belegt und entsprechend besoldet wurden. Jetzt machte die Einführung strenger militärischer Zucht auch vor den hohen Aristokraten nicht Halt.

Von seinen Soldaten forderte Eugen einerseits höchsten Einsatz, sorgte aber andererseits für sie wie ein Vater. Seine Gerechtigkeit, seine Güte und zugleich Strenge ließen ihn zwar die Liebe seiner Soldaten erwerben, verschafften ihm aber auch viele Feinde.

Die ihrer Privilegien beraubten Intriganten setzten nun ausgerechnet bei der Freundschaft des Prinzen zur Gräfin Eleonore Batthyány-Stratmann an. Die Gräfin war die Tochter des tüchtigen, geistvollen Kanzlers, Graf Stratmann, und ebenso begabt und gebildet wie ihr hoch angesehener Vater. Prinz Eugen kam, wenn er in Wien weilte, täglich zu Besuch in ihr Haus. Gerüchten zufolge, die jedoch niemals bestätigt werden konnten, sollen die beiden Söhne Eleonores, von denen einer ein tüchtiger Reiteroffizier und kaiserlicher Feldmarschall, der andere sogar später ungarischer Kanzler wurde, von Eugen abstammen. Eine Ehe ist der Prinz jedenfalls bekanntlich nie eingegangen.

Sein Biograph, Johann Pezzl, der noch Zeitgenossen Eugens persönlich kannte, beschrieb ihn jedoch als Verehrer schöner Frauen: „In Gesellschaft war der Held der angenehmste Mann, galant, munter, witzig. Er liebte die Weiber überhaupt, ohne sich ausschließlich an eine zu binden. Nur in seinen älteren Jahren hielt er sich vorzüglich

Eleonore Gräfin Batthyány-Stratmann in ungarischer Tracht
(1672-1741)
nach einem Gemälde von Eduard Ritschel

an die Gräfin Batthyány, eine schöne, etwas bejahrte aber angenehme Dame, bei welcher er täglich war." [114]

Die jetzt 44jährige Gräfin war Rousseaus Urteil nach immer noch eine Frau von großer Schönheit. Nach dem frühen Tod ihres Mannes, des Banus von Kroatien, hatte sie lange Jahre auf ihren Besitzungen in Ungarn gelebt und dort Eugen als Gutsnachbarn kennengelernt. Seit 1715 lebte sie dann ausschließlich nur noch in Wien.

Moralische Bedenken konnten die Gegner des Prinzen nicht anführen, hatte doch der Kaiser selbst, obwohl mit der bildhübschen Elisabeth verheiratet, angeblich ein Verhältnis mit der Frau seines Freundes Althann. So streuten die Gegner des Prinzen beim Kaiser Gerüchte aus, der Prinz würde vertrauliche Staatsgeschäfte und Personalien mit der Gräfin besprechen und ihren Rat einholen, die Gräfin ihrerseits würde dieses geheime Wissen dazu benutzen, sich persönliche Vorteile am Hof zu verschaffen. Ein Verräter aus dem Kaiserreich, der den Franzosen seine Dienste anbot und sich auf seine guten Beziehungen zur Gräfin berief, schrieb sogar: „Madame Batthyány kommandiert ganze Kaiserliche Armeen." [115]

Als dann auch der intrigante Althann den Kaiser ausdrücklich vor der Gräfin warnte, ließ dieser tatsächlich verlauten, er würde auf die Ratschläge seines Feldherrn nur noch dann hören, wenn diese von Eugen selbst kämen und nicht vorher mit der Gräfin Batthyány besprochen worden wären, von der er sich nicht belehren lasse.

Der englische Botschafter am kaiserlichen Hof, Saint-Saphorin, berichtete über die Intrigen an seine Regierung in London und erwähnte, wie negativ sich diese auf den Einfluss des Prinzen beim Kaiser auszuwirken begannen. „Eugens Einfluss wird täglich geringer, da der Kaiser davon überzeugt wurde, dass die Ansichten des Prinzen ihm von der Gräfin Batthyány oder von deren Hintermännern in den Kopf gesetzt wurden. Im Hinblick darauf sagte der Kaiser stets, dass er bereit ist, sich der Meinung des Prinzen anzuschließen, vorausgesetzt, dass er sicher sein könne, es tatsächlich mit Eugens eigener Ansicht zu tun zu haben. Er sei aber nicht geneigt, sich die Ansichten der Gräfin Batthyány zu Eigen zu machen." [116]

Bald darauf fielen weitere Gerüchte beim Kaiser auf fruchtbaren Boden. Eugen schmiede – so wurde berichtet – wie einst der Friedländer Wallenstein, gefährliche Pläne gegen ihn, den Kaiser. Erneut sollte

Prinz Eugen durch diese Verleumdung in einen tragischen Konflikt mit dem Chef seines Hauses Savoyen und dem Kaiser verstrickt werden.

Viktor Amadeus hatte sein Leben lang darauf hingearbeitet, das Gebiet von Mailand in seinen Besitz zu bringen. Es war ihm jedoch, weder auf der Seite des Kaisers kämpfend, noch auf der seines Gegners, des französischen Königs, nicht gelungen, mit seinen Truppen Mailand zu anektieren. Deshalb plante er jetzt, seinen ältesten Sohn mit der Erzherzogin Maria Josepha, der Tochter des verstorbenen Kaisers Josephs I., zu verheiraten. Nach dem Gesetz der Erbfolge Kaiser Leopolds I. wäre dann, falls kein männlicher Erbe der Habsburger Linie vorhanden gewesen wäre, die Regierung auf die Tochter Kaiser Josephs I. übergegangen.

Dieses Hausgesetz seines Vaters hatte Kaiser Karl VI. jedoch insgeheim in seiner „Pragmatischen Sanktion" bei seinem Amtsantritt bereits abgeändert. Das Kaiserreich sollte nach seinem Tode nicht aufgeteilt werden. Demzufolge verfügte er, dass das Reich ungeteilt an seine männlichen Nachkommen, in zweiter Linie an seine eigenen Töchter – im Range der Erstgeburt – und erst in dritter Linie an Josephs Töchter fallen sollte.

Am 19. April 1713 ließ Kaiser Karl VI. dann dieses sein Regelwerk veröffentlichen, dessen Anerkennung durch das Ausland immense Opfer fordern sollte und dessen Leidtragende später Staat und Armee wurden. Prinz Eugen hat die Pragmatische Sanktion von Anfang an einen „Fetzen Pergament" genannt und den Kaiser eindringlich darauf hingewiesen, 180.000 Mann unter Waffen seien besser als die gesamte Pragmatische Sanktion.

Das Protokoll ihrer Veröffentlichung hatte folgenden Wortlaut:

„Ihre Kaiserliche Majestät haben auf den neunzehnten April Siebenzehnhundertdreizehn um zehn Uhr allen Ihren hier in Wien anwesenden Geheimen Räten an dem gewöhnlichen Ort zu erscheinen ansagen lassen. Als nun die bestimmte Stunde herangekommen, haben sich Ihre Kaiserliche Majestät an Ihrer geheimen Ratsstube unter den Baldachin begeben und vor den gewöhnlichen kaiserlichen Tisch gestellt, worauf auch Ihre Geheimen Räte und Minister hineinberufen worden sind. Diese sind in ihrer Rangordnung eingetreten, und ist ihrer jeder an seinem Orte stehengeblieben, nämlich:

Prinz Eugen von Savoyen; Fürst von Trautsohn; Fürst von

Schwarzenberg; Graf von Traun, Landmarschall; Graf von Thurn, Ihrer Kaiserlichen Majestät Eleonora Obersthofmeister; Graf von Dietrichstein, Oberstallmeister; Graf von Seilern, Hofkanzler; Graf von Starhemberg, Kammerpräsident; Graf von Martinitz der Jüngere; Graf von Herberstein, Kriegsvizepräsident; Graf von Schlick, Böhmischer Oberster Hofkanzler; Graf von Schönborn, Reichsvizekanzler; der Erzbischof von Valencia; Graf von Sinzendorf, Oberstkämmerer; Graf von Paar, Ihrer Kaiserlichen Majestät Amalia Obersthofmeister; Graf von Sinzendorf, Reichshofratsvizepräsident; Graf Nikolaus Pálffy, Königlich Ungarischer Judex Curiae; Graf Illieshazy, Ungarischer Kanzler; Graf Khevenhüller, Niederösterreichischer Statthalter; Graf Gallas; Graf von Salm, Ihrer Kaiserlichen Majestät Amalia Oberststallmeister; Marqués Romeo, Königlich Spanischer Geheimer Staatssekretär; Graf Kornies, Siebenbürgischer Vizekanzler.

Nachdem nun alle genannten Geheimen Räte und Minister versammelt waren, haben Ihre Kaiserliche Majestät bekanntgegeben, es sei die Ursache und der Zweck der Berufung Ihrer Geheimen Räte und Minister, ihnen mitzuteilen, daß zwischen weiland Ihres in Gott ruhenden gnädigsten und höchst geehrten Herrn Vaters, des Kaisers Leopold, sowie Ihres geliebtesten Herrn Bruders, damals Römischen Königs, nachgehends jedoch auch Römischen Kaisers Joseph Majestäten und Liebden glorwürdigsten Gedächtnisses und Ihrer Majestät selbst, damals deklariertem König in Spanien, gewisse Dispositionen, Ordnungen und Pacta Successoria errichtet und in Gegenwart verschiedener Kaiserlicher Geheimer Räte und Minister allerseits beschworen worden. Weil von diesen Räten und Ministern aber nur mehr wenige am Leben seien, so habe Ihre Majestät nicht allein für nötig erachtet, den anwesenden Geheimen Räten und Ministern hiervon Mitteilung zu machen, sondern ihnen auch die erwähnte Satzung vorlesen zu lassen; worauf Ihre Kaiserliche Majestät Ihrem Hofkanzler Grafen von Seilern sogleich anbefohlen haben, mit dem Vorlesen zu beginnen.

So hat denn derselbe aus den zuhanden gehabten königlich-spanischen, von Ihrer damals Königlichen, nunmehr aber auch Kaiserlichen Majestät unterschriebenen und mit Ihrem anhangenden königlichen Siegel bekräftigten Originalakzeptationsinstrument den spanischen Eingang, sodann aus dem von Kaiser Leopold und dem Römischen König Joseph unterschriebenen und mit den anhangenden zweifachen kaiserlichen und königlichen Siegeln bestätigten Sukzessionsinstrument den völligen Inhalt vom Anfang bis Ende samt dem notariellen Anhang und schließlich wiederum aus dem königlich-spanischen Instrument die Annahme- und Verbindlichkeitserklärung Ihrer damals Königlich Spanischen, derzeit auch Römisch Kaiserlichen Majestät bis zum Ende und auch diese mit dem notariellen Anhang laut und deutlich vorgelesen; welche Instrumente alle zu Wien, dem 12. September 1703, gegeben waren.

Nachdem dies also geschehen, haben Ihre Kaiserliche Majestät im Wesen weiter bekanntgegeben: Es sei aus den vorgelesenen Instrumenten die errichtete und beschworene Disposition und das ewige Pactum Mutuae Successionis zwischen der josephinischen und der karolinischen Linie zu ersehen gewesen; sodaß daher zu den von weiland Ihren Kaiserlichen Majestäten Leopold und Joseph höchstseligen Gedächtnisses an Ihre Kaiserliche Majestät übertragenen spanischen Erbkönigreichen und Ländern nach weiland Ihres Herrn Bruders Majestät und Liebden ohne Hinterlassung männlicher Erben erfolgten Hintritt nunmehr auch dessen gesamte Erbkönigreiche und Ländern an Ihre Kaiserliche Majestät gefallen seien und nach dem Jure Primogeniturae allesamt bei Ihr und Ihren ehelichen männlichen Leibeserben, so lang solche vorhanden, ungeteilt zu verbleiben hätten; nach dem Erlöschen Ihres Mannesstammes aber – was Gott verhüten wolle! – nach Ordnung und Recht der Primogenitur gleichermaßen ungeteilt an Ihre ehelichen Töchter, im Falle der Ermangelung oder des Todes aller von Ihrer Majestät stammenden Deszendenten männlichen und weiblichen Geschlecht jedoch an Ihres Herrn Bruders Joseph Töchter und deren ehelichen Deszendenten gelangen sollten; und daß nach diesem Recht auch den Erzherzoginnen aus der josephinischen Linie alle anderen Vorzüge und Vorgänge, wie sie ihnen gegenwärtig anstünden, ebensowohl in der Zukunft verbleiben müßten; all dies im Sinne und Verstande, daß nach der jetzt regierenden karolinischen und der gegebenenfalls im weiblichen Geschlechte nachzufolgen bestimmten josephinischen Linie auch den Schwestern Ihrer Kaiserlichen Majestät und allen übrigen Linien des durchlauchtigsten Erzhauses jedes Erbrecht, und was ihm anklebe, nach dem Rechte der Erstgeburt zustehe und vorbehalten sei. Und weil nun diese immerwährende Satzung und Ordnung zur Ehre Gottes und Erhaltung aller Erblande errichtet und durch die leiblichen Eidschwüre des

Herrn Vaters und des Herrn Bruders Ihrer Kaiserliche Majestät bekräftigt worden, so werde sowohl Ihre Kaiserliche Majestät selbst sich beständig daran halten, wie Sie auch Ihre Geheimen Räte und Minister gnädigst ermahne und ihnen befehle, dass sie diese Pacta und Verordnungen nicht minder vollkommen beobachten und zu erhalten beflissen sein sollten; zu welchem Behufe Ihre Kaiserliche Majestät sie dann auch der Schweigepflicht entbinde." [117]

Eugen wusste natürlich das neue Erbschaftsgesetz auszulegen. Als Viktor Amadeus seine Felle davonschwimmen sah, hielt der Prinz jedoch zum Kaiser und stellte sich damit gegen den Chef seines Hauses Savoyen.

Daraufhin rächte sich König Viktor Amadeus, indem er beschloss, sich mit den Feinden des Prinzen gegen ihn zu verbünden. Er beauftragte seinen Gesandten in Wien, Marquis de St. Thomas, eine weitere Intrige gegen den Prinzen anzuzetteln. Er suchte sich für seinen Anschlag zwei Personen, die in äußerst zweifelhaftem Ruf standen und für Geld bereit waren, jedes schmutzige Geschäft auszuführen.

Der eine, Graf Nimptsch, ein Schwager Althanns – bei Hofe als Spaßmacher gerne gesehen – sollte Eugen beim Kaiser wegen verräterischer Umtriebe anschwärzen. Der Prinz, so teilte der Graf dem Kaiser bei einem geheimen Treffen mit, stecke mit Bayern unter einer Decke und stehe den Töchtern des Vorgängers des Kaisers, Josephs I., näher als seinem Herrscher. Er hätte die Vermählung Maria Josephas mit dem Kronprinzen von Sardinien nur deshalb hintertrieben, weil er diese mit dem Kurprinzen von Bayern vermählen wollte. Der Prinz habe sich damit gegen die Pragmatische Sanktion und gegen seinen Kaiser gestellt. Beweise dafür würde ihm der florentinische Abate Giovanni Prospero Tedeschi vorlegen. Letzterer war der zweite Verleumder.

Karl, der um die Reichsbefriedung mit Bayern fürchtete und die Verleumdung nicht erkannte, erschrak zutiefst. Hatte er sich mit Eugen möglicherweise eine Natter herangezogen, sollte ihm ein zweiter Wallenstein erwachsen? Deuteten die europaweiten Fäden, die der Prinz als Hofkriegsratspräsident zog, vielleicht auf einen gemeinen Verrat hin?

Der verunsicherte Kaiser reagierte unwürdig seinem verdienten Feldherrn gegenüber. Statt ein klärendes Gespräch mit Eugen zu führen und den Verleumder Nimptsch sofort vom Hofe zu verbannen, beauftragte Karl diesen, den Prinzen zu überwachen und ihm zu jeder

Tages- und Nachtzeit Bericht zu erstatten. Aufgrund dessen wurden jetzt von allen Gegnern des Prinzen, sowohl von den Piemontesern, wie von Spaniern und Bayern, Beweise über den angeblichen Verrat des Prinzen zusammengetragen.

Ein Kammerdiener des Grafen Nimptsch, dem das geheimnisvolle Treiben seines Herren aufgefallen war, ging jedoch zum Prinzen und konnte Eugen sogar die kompromittierenden Papiere vorlegen. Bestürzt erkannte der Prinz jetzt die Intrige, die bis zu seinem königlichen Vetter hinaufreichte. Dazu musste er weiterhin schmerzlich feststellen, dass der Kaiser diese nicht unterbunden, sondern sogar gedeckt hatte. Eugen sorgte daraufhin umgehend dafür, dass der ihn bewundernde Kammerdiener, welcher ihn gewarnt hatte, sofort zu dessen Schutz in die Schweiz in Sicherheit gebracht wurde. Zusätzlich setzte er ihm als Dank eine lebenslängliche Rente aus.

Voller Empörung ließ sich Eugen dann bei Karl VI. melden, um den Sachverhalt zu klären. Er, der Unbestechliche, um zwei Jahre älter als sein jetzt 48jähriger Kaiser, der schon bei beiden Vorgängern gedient hatte, dem das Habsburger Reich sein Bestehen weitgehend zu verdanken hatte und der sein Leben immer und immer wieder für sein Land eingesetzt hatte, er verlangte jetzt strenge Bestrafung der Verleumder, andernfalls werde er sofort den kaiserlichen Dienst quittieren, seine Ämter niederlegen und das Habsburger Reich für immer verlassen. Der Kaiser schenkte Eugens Darstellung Glauben und zeigte sich jetzt tief beschämt darüber, sich mit den Verleumdern eingelassen zu haben. Er erklärte, er habe Nimptsch nur angehört, um zu erfahren, was an seinem Hofe vor sich gehe. Tedeschi habe ihn dann leider mit seinen falschen Aussagen überzeugt und damit bedauerlicherweise zum Mitschuldigen gemacht. Dann geht er auf Eugen zu, umarmt ihn, bittet ihn um Verzeihung und darum, sein Freund zu bleiben.

Die Verräter Tedeschi, und später auch Nimptsch, wurden daraufhin verhaftet und vor ein Gericht gestellt, dem der hoch angesehene Fürst Windischgrätz vorstand. Drei Monate dauerte der Prozess. Auch einige ehemalige Gegner des Prinzen waren fair genug, sich während der Untersuchung von den Verleumdern zu distanzieren und sich vor den Prinzen zu stellen. Althann jedoch versuchte beim Kaiser nach wie vor, sich mit allen Mitteln des verhassten Gegners zu entledigen. Doch Karl VI. blieb fest.

219

Während der Dauer des Prozesses hatte Eugen seine sämtlichen Ämter ruhen lassen. Er nahm an keiner Sitzung des Hofkriegsrates und an keiner geheimen Konferenz mehr teil. Sein Einfluss und seine Position waren so prägend gewesen, dass dadurch der gesamte Staatsapparat ins Stocken geriet.

Am 7. September 1719 erfolgten dann die Urteile. Tedeschi wurde des Betruges und der Fälschung überführt und vom Henker an den Pranger gestellt, ausgepeitscht und anschließend nach Piemont abgeschoben. Der bayerische Gesandte am kaiserlichen Hof, Mörmann, erstattete seinem Herren darüber einen ausführlichen Bericht: „Zunächst wurde das Urteil vor dem Gerichtshaus, der Schranne, publiziert, danach der Verurteilte auf einem Malefizwagen unter Zulauf einer großen Volksmenge vom Neuen Markt zum Weidenmarkt gebracht, wo er an das auf einer Bühne errichtete Kreuz gebunden wurde und eine Stunde stehen blieb, sodann bis auf die Hosen ausgezogen und ihm 30 Rutenstreiche auf den entblößten Rücken versetzt wurden, worunter er sich sehr gewunden und geschrien habe. Schließlich wurde er auf dem Karren durch das Kärntner Tor vor die Stadt geführt, von dort umgeladen, von einigen Rumorknechten nach Trient gefahren und nach geschworener Urfehde weggestoßen." [118]

Nimptsch ist seiner Hofchargen verlustig gegangen, erhielt zwei Jahre Festungshaft in Graz und lebenslängliches Aufenthaltsverbot in Wien. Für den dritten Schuldigen, den piemontesischen Gesandten Marquis de St. Thomas, der Wien sofort zu verlassen hatte, musste sich Viktor Amadeus schriftlich beim Kaiser und beim Prinzen entschuldigen.

Nach seiner schmählichen Behandlung wäre es verständlich gewesen, wenn der Prinz Wien enttäuscht den Rücken gekehrt und sich in seine Statthalterschaft in die Niederlande zurückgezogen hätte, um dort fern vom Hof, Kaiser und Intrigen das Leben eines Herrschers zu führen. Doch aus Pflichtbewusstsein entschloss er sich, in Wien zu bleiben.

Generalgouverneur der Lombardei
und der Niederlande

1706 übertrug der Kaiser dem Prinzen als Lohn für den großen Sieg in Turin seine erste Aufgabe als Generalgouverneur der Lombardei. Doch den Verwaltungsaufgaben in Mailand hatte der Prinz stets nur einen kleinen Teil seiner Arbeit widmen können. Im Winter war immer sein Domizil in Wien gewesen, die Arbeit als Hofkriegsratspräsident und erster Minister ließ ihm keine Zeit für lange Reisen. Ununterbrochen musste er in den vergangenen zehn Jahren in rastlosem Einsatz Kriege vorbereiten und führen.

Dennoch nahm er die Verwaltungsaufgaben als Generalgouverneur stets ernst. In langen Arbeitstagen und -nächten hat er, dank großer Arbeitsdisziplin und einem ebensolchen Organisationstalent, seine Vertreter im Amt von der Kanzlei in Wien aus geführt. Für die Übermittlung seiner Befehle musste er langsame Postkutschen oder in eiligen Fällen reitende Boten für weite Strecken einsetzen.

Die lombardische Bevölkerung bewunderte Eugen wegen seines Gerechtigkeitssinnes und seines Eintretens für ihre Belange. Nichts lag dem Prinz ferner, als ihm anvertrautes Land auszupressen und auszusaugen. In Kanzler Graf Wratislaw hatte Eugen stets für seine Verwaltungsaufgaben einen unerschütterlichen, ehrlichen Freund und Verbündeten.

Nach dem Frieden von Rastatt 1716, der dem Kaiser die Besitzungen Italiens und der Niederlande einbrachte, hatte dieser den Prinzen dann mit dem weitaus wichtigeren Amt des Generalgouverneurs der Niederlande belehnt, einem Gebiet, das etwa dem heutigen Belgien entspricht. Eugens Ruf in den Niederlanden war seit den Siegen von Malplaquet und Oudenaarde unangefochten.

Als seinen Stellvertreter ernannte der Prinz den Marquis di Prié. Ercole Guiseppe Luigi Turinetti stammte aus Piemont, wo er 1658 in Chieri geboren und durch eine Erbschaft des ihm zufallenden Lehens Priero Marchese di Prié wurde. Anfang der neunziger Jahre war er Gesandter des Herzogs von Savoyen in Wien. Nach dem Abfall des Herzogs von der Allianz 1696 verlor er seinen Posten, um nach dem Friedensschluss wieder eingesetzt zu werden. Zu Beginn des Spanischen Erbfolgekrieges war er Initiator des erneuten Bündnisses zwischen dem Kaiser und Herzog Victor Amadeus, das er 1703 in Turin mit unterschrieb. 1709 errang er zusammen mit Prinz Eugen einen großen Erfolg durch die Herbeiführung des Endes der Auseinandersetzungen zwischen Papst und Kaiser. Er hatte die Verträge dazu ausgearbeitet. Bis 1714 war er Botschafter des Kaiserlichen Hofes am Vatikan. Durch kaiserliches Dekret wurde Marchese di Prié dann am 25. Juni 1716 zum Stellvertreter des Generalgouverneurs der Niederlande berufen.

Eugen schätzte den Marquis wegen seiner erfolgreichen Verhandlungen mit Papst Clemens XI. und den italienischen Fürsten, als dieser es meisterhaft verstanden hatte, die kaiserliche Kriegskasse durch hohe Beträge aufzufüllen, die den italienischen Ländern und Städten als Preis für ihre Neutralität auferlegt worden waren.

In Prié fand der Prinz einen loyalen Bevollmächtigten, der seine Anweisungen stets vorbildlich ausführte. Eugen beauftragte seinen Stellvertreter, die Rechte der Bevölkerung zu wahren, um diese so an das Reich zu binden und verbot, wie er es beim Militär bereits durchgesetzt hatte, den Verkauf von Zivilstellen. Nur Tüchtigkeit und Arbeitseifer sollten für die Berufung in die Verwaltung entscheidend sein. Besonders wies er Prié immer wieder in Briefen darauf hin, den Chargenverkauf im Richterstand zu unterbinden. Solche Richter, schrieb er, würden nicht Recht sprechen, sondern durch ihre Urteile ihren Kaufpreis wieder hereinholen wollen.

Mit dem stolzen, aufsässigen Adel der Niederlande hatte der Marquis allerdings oft zu kämpfen. Er war zwar ein tüchtiger Verwaltungs- und Finanzfachmann, das Charisma Eugens war ihm jedoch nicht gegeben. Da der Prinz niemals Zeit gefunden hatte, die beschwerliche, über viele Tage dauernde Reise nach Brüssel anzutreten – einmal stand seine Kutsche schon bereit, da überfiel ihn eine fiebrige Grippe – fehlte es vor Ort an der Strahlkraft von Eugens Persönlichkeit und der darauf aufbauenden Autorität. So kam es zu Aufständen des aufsässigen Adels und zu Subordinationen.

Der größte Gegner und Verleumder di Priés war Graf Alexander von Bonneval, Sproß eines altadligen Geschlechtes aus dem französischen Limousin. Er hatte seine Laufbahn in der französischen Flotte begonnen. Seine Tapferkeit und sein militärisches Talent bewogen König Ludwig XIV., ihm ein Regiment zu übergeben. Der Graf überwarf sich jedoch danach mit seinem König und versuchte, allerdings erfolglos, in venetianische Dienste zu wechseln. Später trat er ins kaiserliche Heer ein, was ihm in Frankreich die Todesstrafe einbrachte. In Abwesenheit wurde sein Bild auf dem Grèveplatz vom Henker am Galgen aufgehängt. Mit Prinz Eugen kämpfte er erfolgreich vor Turin. Der Dank war die Beförderung zum Generalfeldwachtmeister. Auch in den Kriegen am Oberrhein und in den Niederlanden zeichnete er sich aus.

Wegen Bonnevals böswilliger Intrigen gegen Prié verwandelte sich jedoch die Freundschaft zum Prinzen dann in bittere Feindschaft. Als der Graf sich dann mit aufständischen niederländischen Adligen gegen Eugens Vertreter in der Statthalterschaft, gegen den Prinzen selbst und den Kaiser verbündete, was letztendlich den Sturz Priés und die Resignation Eugens beschleunigte, erfolgte Anklage in einem Kriegsgerichtsverfahren. Er wurde zum Verlust aller seiner Würden und zum Tode durch das Schwert verurteilt. Vom Kaiser auf Drängen Eugens zur Festungshaft begnadigt, entließ man ihn dann im Juni 1726.

Kurz danach nahm Bonneval Verbindung zu Franz Rákóczy und zum türkischen Sultan auf und trat zum Islam über. Nach seiner Flucht in die Türkei modernisierte er als „Achmed Pascha" die türkische Armee, indem er ihr westliche Strategie und Taktik, sowie die neueste Waffentechnik vermittelte. Mit kaiserlicher Bewilligung sollten ihn Attentäter daraufhin vergiften, doch die Versuche schlugen fehl. Als nach dem Tode Prinz Eugens die Osmanen wieder kriegerische Unternehmungen starteten, hatte Bonneval alias „Achmed Pascha" großen Anteil daran, dass Stadt und Festung Belgrad wieder in türkische Hand fielen. Im März 1747 starb er in Konstantinopel.

Marquis di Prié hatte zwar große Erfolge im Aufbau der Schifffahrt zu verzeichnen, und es gelang ihm, durch die daraus erwachsenden Gewinne und Zölle die Finanzen der Niederlande weitgehend zu sanieren. Dennoch waren ihm die letzten Jahre seiner Statthalterschaft durch einen stetig sich verschärfenden Handelskrieg mit den Seemächten Holland und England vergällt. Leicht konnte daraus ein Krieg mit Kanonen werden.

Insgesamt acht Jahre unterstand dem Marquis die Verwaltung der Niederlande. In dieser Zeit war es ihm gelungen, die bei seinem Amtsantritt 20 Millionen Gulden betragende Staatsverschuldung um 8 Millionen auf 12 Millionen Gulden zu vermindern. Ein unstreitbarer Erfolg. Dennoch galt Prié als gescheitert. Die Aufstände des Feudaladels der Niederlande unter dem Herzog von Aremberg und eine schwere Kreislauferkrankung erlaubten es ihm über längere Zeit nicht, seinem Rapport nach Wien nachzukommen.

Eugen glitten daraufhin die Zügel aus der Hand. Da er aus zeitlichen Gründen keine Möglichkeit sah, persönlich in Brüssel einzugreifen, zog er die logische Konsequenz und legte am 28. November 1724 die Regierung der österreichischen Niederlande in die Hände des Kaisers zurück. Die Verbundenheit mit seinem bisherigen Stellvertreter zeigt ein Schreiben des Prinzen an Sinzendorf: „Sie wissen, daß ich mich mehr als jeder andere für das interessiere, was ihn betrifft, da ich die großen von ihm geleisteten Dienste kenne. Freilich, die Lage in der er sich befindet, ist wahrhaftig traurig, und ich befürchte, daß sich der Verdruss für ihn noch vermehrt, solange er weiter in den Niederlanden bleibt, da seine Feinde seine Abwesenheit benutzen, um eine Menge böser Gerüchte über ihn auszustreuen." [119]

Krank und am Ende seiner Kräfte kehrte der Marquis di Prié nach Wien zurück, wo er im Jahr 1726 einem Schlaganfall erlag.

Nach seinem Tode wurde er rehabilitiert, denn es stellte sich heraus, dass er alle, dem Prinzen gegebenen Versprechungen in die Tat umgesetzt hatte. Bis zuletzt hielt Eugen zu ihm: „Wenn Prié uns im Voraus gesagt hätte, er werde 18.000 Mann kaiserliche Truppen in den Niederlanden unterhalten, die Subsidien an Holland und die Zinsen der ungeheuren Schuld, mit welcher das Land belastet ist, regelmäßig bezahlen, ja selbst einen Teil des Kapitals abtragen, so würden wir ihn für einen Prahlhans gehalten haben, der mehr verspricht, als er zu halten vermag. Er hat uns von alledem nichts zugesagt, aber er hat es wirklich durchgeführt." [120]

Drei Jahre später ließ der Kaiser auf Anraten Eugens an die Familie Priés 200.000 Gulden rückständiges Gehalt auszahlen. Auch Karl VI. war zu der Erkenntnis gelangt, den Stellvertreter des Statthalters der Niederlande als einen erfolgreichen und treuen Diener des Reiches anzusehen.

Nachfolgerin Prinz Eugens als Generalgouverneurin der Niederlande wurde die Erzherzogin Maria-Elisabeth, eine Schwester des Kaisers.

Eugen wurde als Ausgleich für sein Amt als Generalgouverneur unter Beibehaltung seiner sämtlichen anderen Ämter zum Generalvikar des Kaisers in Italien ernannt, eine Position, in der er Vorgesetzter des Vizekönigs von Neapel, der Gouverneure der Lombardei und sämtlicher kaiserlicher Länder war. Diese Position brachte ihm eine jährliche Dotation von 140.000 Gulden ein.

Geheimdiplomatie

Der politische Einfluss Frankreichs in Europa hatte seit der Regentschaft für den noch unmündigen Urenkel Ludwigs XIV., den späteren Ludwig XV., stetig abgenommen, während Spanien unter der Herrschaft des Kardinal-Ministers Alberoni immer stärker auftrumpfte. Gegen die zunehmenden spanischen Machtgelüste hatte sich dann – wie bekannt – die Quadrupelallianz gebildet. Der Druck auf Spanien durch die Verbündeten wurde immer größer und führte letztlich 1720 zum Sturz Alberonis.

Der spanische König sah sich gezwungen, auf Sardinien und Sizilien zu verzichten und trat seinerseits in einem politischen Saltomortale der Quadrupelallianz bei. Der Friede in Europa schien endlich gesichert zu sein.

In England fand die Politik des großen Marlborough eine Wiederauferstehung und wurde tatkräftig von dem englischen Staatsmann, Lord Stanhope, vertreten. Er erblickte in dem Bündnis, dem auch der Kaiser angehörte, die für den Bestand seines Landes zu allen Zeiten lebenswichtige Voraussetzung, die Wahrung des europäischen Gleichgewichtes.

Prinz Eugen erkannte ebenfalls die Gunst der Stunde und setzte sich intensiv für gute Beziehungen zum aufstrebenden preußischen Königreich ein. Wilhelm I., der Vater des späteren Friedrich des Großen, galt zwar grundsätzlich als kaisertreu und als ehrlicher Bewunderer des Feldherrn Prinz Eugen, war aber durch eine Intrige verunsichert worden.

In seinen geheimen Bemühungen um Russland hatte Eugen ebenfalls große Erfolge. Zar Peter der Große stand in Sankt Petersburg einer Öffnung nach Europa durchaus wohlwollend gegenüber und befürwortete eine Bündnispolitik mit Kaiser und Reich. Das Bestreben des Prinzen war es, in eine Allianz Österreich-Preußen-Russland so viele Reichsfürsten wie möglich aufzunehmen.

Karl VI. hatte – wie bereits erwähnt – mit der Pragmatischen Sanktion seine Tochter Maria Theresia mangels männlicher Erben zu seiner kaiserlichen Nachfolgerin bestimmt. Jetzt wollte er die Allianz nutzen, um die Pragmatische Sanktion bei den beteiligten Ländern fest zu verankern. Wenn Eugen auch die Meinung vertrat, eine starke Armee Österreichs sei am besten geeignet, die Ziele des Kaisers durchzusetzen, so stand er doch loyal zu den Plänen seines Monarchen.

Die Zusage des Königs Friedrich Wilhelm von Preußen, seine Stimme bei einer künftigen Kaiserwahl einem Prinzen zu geben, der des Kaisers Tochter, Maria Theresia, heiraten würde, vorausgesetzt dieser wäre ein Spross eines deutschen Reichsfürstengeschlechtes, brachte einen lang diskutierten Wunsch der Königin von Spanien, Elisabeth Farnese, endlich zum Scheitern. Die Königin wollte durch die Heirat ihrer beiden Söhne die Spaltung und Aufteilung des Habsburger Reiches erreichen. Ihr Sohn Don Carlos sollte die erstgeborene Erbtochter des Kaisers, Maria Theresia, ehelichen und deutscher König werden. Sein Bruder Don Philipp war dazu ausersehen, nach einer Eheschließung mit der jüngeren Kaisertochter, Maria-Anna, nach dem Tode Karls VI. alle der Kaiserkrone gehörenden Ländereien Italiens zu erhalten. Auch die Niederlande wären so an Spanien zurückgefallen.

Prinz Eugen wandte sich vehement gegen diese hochfliegenden Pläne der Spanierin. Unterstützung fand er im Hofkammerpräsidenten Gundacker von Starhemberg. Starke Vorwürfe dagegen machte Eugen dem Hofkanzler Sinzendorf, der beim Kaiser für die spanischen Heiratspläne eintrat. Sinzendorf würde sich dafür hergeben, so der Prinz, aus Österreich eine spanische Provinz machen zu wollen. Als sich danach auch noch die Kaiserin gegen die spanischen Pläne stellte, konnte die „deutsche Partei" unter Prinz Eugen den Sieg davontragen und endgültig die spanischen Wunschvorstellungen vereiteln. Die Kaiserin wollte ihre erstgeborene Tochter Maria Theresia mit dem Herzog Franz Stephan von Lothringen vermählen. Dennoch hatten die Heiratspläne der spanischen Königin im Jahr 1724 Europa fast wieder an den Rand eines Krieges gebracht.

Jedoch bald schon musste Eugen erkennen, daß sich erneut eine Zusammenballung von Kräften gegen das Habsburger Reich zu richten begann. Im Vertrag von Herrenhausen, im Jahr 1725, waren die mächtigen norddeutschen Reichsfürsten, Hannover-England – König

Kaiserlicher General und Diplomat Friedrich Heinrich Graf Seckendorff, Deckname Germania (1673-1763)

Georg I. von England war zugleich Kurfürst von Hannover –, Preußen und Frankreich eine Koalition eingegangen. Kämen jetzt noch Holland und Dänemark und der unzufriedene König Viktor Amadeus, sowie der gedemütigte Max Emanuel von Bayern hinzu, würde Österreich schutzlos isoliert dastehen. Zumal England ein falsches Spiel trieb und dem todkranken Max Emanuel ein Versprechen auf die Kaiserkrone für seinen Sohn Karl Albrecht gegeben hatte. Zudem bestand ein Plan der Engländer, wonach die kaiserlichen Erblande zwischen Bayern und Sachsen aufgeteilt werden sollten.

Eugens größte staatsmännische Leistung war es, den im Herzen noch immer spanisch fühlenden Kaiser auf die Gefahren der Heiratspläne hinzuweisen und ihn wieder engagierter für seine Aufgaben als deutscher Kaiser zu interessieren.

Den Schlüssel dazu sah der Prinz im militärisch mächtigen Preußen, das unbedingt aus der für Österreich tödlichen Allianz mit England und Frankreich losgelöst werden musste.

Erschwerend für das Vorhaben, Preußen auf die Habsburger Seite zu ziehen, war eine Intrige, die religiösen Hintergrund hatte. Der protestantische König Wilhelm I. von Preußen sollte – so wurde hinterbracht – nach Wien entführt und der Kronprinz unter kaiserlicher Vormundschaft katholisch erzogen werden. Der entsetzte König begann daraufhin Nachforschungen anzustellen, wobei er sich auch an Eugen wandte. Dem Prinzen gelang es, an der Aufklärung der Intrige mitzuwirken und den Verleumder zu entlarven, der dann im April 1720 hingerichtet wurde. Unmissverständlich schrieb der Prinz abschließend an den König, ein solches Verhalten, dessen man ihn und den Kaiser verdächtigt habe, sei eher das eines Banditen als das eines Ehrenmannes. „Ich bin zwar kein König, aber es gibt keinen Menschen auf der Welt, dem ich an Ehrgefühl nachstehe. Bei Gott, ich bin nicht der Mann, anders als an der Spitze einer Armee im Auftrag meines Kaisers zu stehen." [121]

Der in seinem ganzen Wesen aufrichtige preußische Soldatenkönig schenkte dem von ihm bewunderten Prinzen sein Vertrauen, und so kam es am 12. Oktober 1726 zum Geheimvertrag von Wusterhausen, in welchem Preußen aus der Allianz zwischen England und Frankreich ausschied.

Ein wahres Meisterstück der geheimen Diplomatie Eugens war dann die darauf folgende weitere Verfestigung des Paktes mit Preußen, das zwar erheblich kleiner als Österreich war, aber dennoch über eine starke, gut geführte Armee und über eine straffe Staatsverwaltung verfügte. Dazu sandte der Prinz den Feldmarschallleutnant, Graf Friedrich von Seckendorff, nach Berlin, einen vortrefflich geeigneten Offizier, der wie dafür geschaffen war, den schlichten, grundehrlichen König in Eugens Sinne weiter zu beeinflussen. Seckendorff ging mit dem König auf die Jagd, begleitete ihn zu dessen Lieblingsbeschäftigung, dem Exerzieren mit „den langen Kerls", zechte mit ihm und verbrachte lange Abende im sogenannten „Tabakskollegium".

Dieses Kollegium am preußischen Hof war in den Karnevalstagen des Jahres 1728 in Dresden am Hofe Augusts des Starken entstanden. August, gleichzeitig König von Polen, hatte als „Patron" den Vorsitz, während der Hohenzoller als Stellvertreter „Kompatron" die Sitzungen leitete. Zu den exklusiven Mitgliedern gehörten von Seckendorff mit dem Sitzungsnamen „Germania", der preußische Minister von Grumbkow „Biberius" und der sächsische Minister von Manteuffel „Le Diable". In diesem trinkfesten, tabakgeschwängerten Männerkreis führte man jedoch nicht nur unterhaltsame Gespräche, sondern es wurde auch ernsthafte Politik betrieben; das gab dem seltsamen Verein historisches Gewicht. Seckendorff war hier für den Prinzen einfach der richtige Mann am richtigen Platz.

Zwei Jahre nach dem ersten Geheimvertrag mit Preußen, als Spannungen zwischen dem Kaiser und Frankreich nach der Wahl des Kardinals Fleury zum französischen Staatslenker auftraten, gelang es 1728 der vorausschauenden Diplomatie Eugens, diesen Vertrag noch zu erweitern. Der Kaiser erkannte darin dem Preußenkönig sein Erbrecht auf die Herzogtümer Jülich und Berg an – gegen dessen Zusage, den künftigen Gemahl Maria Theresias zum Kaiser zu wählen.

Damit hatte Eugen es meisterlich verstanden, die politischen Verhältnisse Europas neu zu regeln und Österreich aus einer bedrohlichen Umklammerung zu befreien. Zugleich konnte der Prinz den Kaiser davon überzeugen, ihm auf seinem Weg der geheimen Diplomatie zu folgen und sich, gegen die Ratschläge Althanns und Sinzendorfs, seinen staatsmännischen Einsichten anzuschließen.

Von der Weitsicht eines Bismarck zeugten die Worte des Prinzen, mit denen er am 15. August 1728 den jetzt zum Gesandten am Preußischen Hof ernannten von Seckendorff anwies, die Allianz zu erhalten und zu vertiefen:

„Die Allianz muss aber zwischen beyden Häussern Österreich und Brandenburg auf ewig geschlossen und so eingericht werden, dass kein Theil jemals davon abweichen könne und so es geschiehet, der andere an nichts mehr gebunden seye was in dem Allianztractat enthalten ist. Beyde Theile finden dabey ihre Sicherheit und Nuzen und können Sie Ihre Majestät den König wohl begreiffen machen, dass wenn hinfüro Österreich, Brandenburg und Moscau zusammenhalten und in allen Vorfallenheiten vor einen Mann stehen auch ein Hof dem andern alles dasjenige, so er von den vorseyenden Intriguen erfähret, getreulich eröffnet, Sie gar wohl im Stand seyn werden, mit zusammen gesetzten Kräfften allen denen die Spitze zu biethen, die eine solche Allianz mit scheelen Augen ansehen werden...". [122]

Voraussetzung für die erfolgreiche Geheimdiplomatie war das unbegrenzte Vertrauen des Prinzen zu jenem Mitarbeiter, der Briefe und Schreiben, die gesamte Korrespondenz, zu chiffrieren und zu dechiffrieren verstand, die der Prinz nicht mit eigener Handschrift verfassen konnte. Ein unzuverlässiger oder vielleicht sogar korrupter Sekretär hätte ein großes Risiko dargestellt. Eine lange Zeit war dieser Mann Johann Michael Langetel, Geheimschreiber und zugleich Mittelsmann zu militärischen und politischen Agenten.

Sein Nachfolger wurde 1708 Wilhelm Brockhausen, der auch Eugens ständiger Begleiter in den Türkenkriegen um 1706 war, und dem der Prinz „Kapazität und bevorzugten Fleiss und Eifer" [123] bestätigte. 1722 wurde er Referendar im Hofkriegsrat.

Dessen Funktion übernahm dann der junge Ignaz Koch, der die gesamte Korrespondenz des Prinzen mit Bevern, Königsegg, Seckendorff, Harrach und Kinsky geführt hat – eine gewaltige Aufgabe – und der das totale Vertrauen Eugens besaß. Er wich fast nie von der Seite des Prinzen. Wenn er einmal krank wurde, kam die gesamte Arbeit in Verzug, da Eugen, wie er einmal Seckendorff schrieb, „einem anderen das Geheimnis anzuvertrauen nicht für anständig erachtete." [124] Koch hatte sogar jederzeit Zutritt beim Kaiser. Er wurde nach dem Tode des Prinzen unentbehrlicher und hochgeschätzter Kabinettssekretär der Kaiserin Maria Theresia, die dann seinen Tod am 18. Februar 1763 bitterlich beklagte.

Immer noch hatte Eugen jedoch am Hofe in der spanischen Kamarilla und der jesuitischen Geistlichkeit starke Gegner. Auf König Friedrich Wilhelm dagegen konnte er sich jetzt endgültig verlassen, der Seckendorff gegenüber bekundete, kein Engländer und Franzose solle jemals über Deutsche herrschen.

Doch die Gemahlin des Preußenkönigs, Sophie Dorothea, eine hannoveranische Prinzessin, wollte ihren Sohn, den Kronprinzen Fritz, durch eine Vermählung an das hannoveranisch-englische Königshaus binden. Der Kronprinz selbst stand auf der Seite seiner Mutter gegen den verhassten Vater. Eugen erkannte diese Gefahr und wies Seckendorff in vielen Schreiben an, in seinem Sinne auf die Königin einzuwirken.

Das offensichtliche Zerwürfnis zwischen dem preußischen König und seinem Sohn gipfelte dann schließlich in der vereitelten Flucht des Kronprinzen. Alle Versuche Eugens zu vermitteln, waren nutzlos geblieben. Doch der Prinz veranlasste Seckendorff beim darauf folgenden Prozess immerhin noch, den König um Milde für seinen Sohn zu bitten. Der in den Fluchtplan eingeweihte Leutnant Katte wurde hingerichtet, während der König dem Kronprinzen das gleiche Schicksal ersparte. Er wurde zu einer Festungshaft in Küstrin verurteilt.

Auf eine englische Heirat mussten die Königin und ihr Sohn allerdings verzichten. Auf Anraten Eugens versuchte dann auch der Kaiser, den jungen Prinzen auf seine Seite zu ziehen und setzte ihm sogar eine Dotation von jährlich 3.000 Dukaten aus.

Prinz Eugens letzter Krieg
und sein Tod

Eugen hatte klar erkannt, dass die Macht Habsburgs nach wie vor verletzlich war. Wie sollte ein so verzweigtes Staatsgebilde, das von den Niederlanden bis Sizilien reichte, noch dazu ohne Kriegsflotte, gegen ständig wechselnde Machtgruppierungen zusammengehalten werden?

Wie einst der ältere Cato alle Reden vor dem römischen Senat mit dem geflügelten Satz beendete „Ceterum censeo Cartaginem esse delendam" [125], so wiederholte auch der Prinz seine Mahnung laufend in allen Geheimkonferenzen.

Im Frühjahr des Jahres 1733 erkrankte der Prinz, nun 70 Jahre alt, an Fieber, Rheuma und Schlaflosigkeit. Nach den Strapazen in den vielen Kriegen schien sich sein bis dahin gutes körperliches Befinden abzuschwächen. Die neunmaligen Verwundungen, die Eugen in 38 Schlachten hatte durchstehen müssen, hatten ihn letztendlich gezeichnet: zweimal war er als Oberst vor der Festung Ofen verwundet worden, dreimal als Feldmarschallleutnant vor Belgrad in den Feldzügen gegen die Türken und viermal als Feldmarschall in der Dauphine und bei Mainz gegen die Franzosen.

Jetzt fehlte der Prinz immer häufiger in den geheimen Konferenzen; Zeitzeugen überlieferten, dass er hin und wider während einer Sitzung sogar im Stuhl einschlief. Zunehmend ließ ihn auch sein Gedächtnis im Stich. Ein Jahr zuvor, 1732, hatte der französische Gesandte noch nach Versailles gemeldet, der Prinz habe deutlich, militärisch kurz und mit großem Überblick Konferenzen geleitet. Nun falle ihm jedoch auf, dass der Prinz an Gedächtnisschwund leide und dass sich bei ihm eine Altersstarrheit bemerkbar mache. Die selben Symptome bemerkte König Friedrich Wilhelm von Preußen bei einem Treffen mit Eugen in Prag. Auch der Kaiser befürchtete jetzt, dass Eugens Gedächtnisschwund seine Fähigkeiten zu klarem Denken in Mitleidenschaft ziehen würde und schaltete ihn immer öfter von Konferenzen und damit von seinem Vertrauen aus. Und doch musste der Prinz trotz seines hohen Alters nochmals als Feldherr in den Krieg ziehen.

Am 1. Februar 1733 wurde durch den Tod König Augusts II. von Sachsen die von Eugen so kunstvoll errichtete Stabilität Europas erneut erschüttert. Um den verwaisten Thron Polens stritten sich jetzt der Sohn des Verstorbenen, Kurfürst Friedrich August von Sachsen, Gemahl der ältesten Tochter von Kaiser Joseph I., Maria Josepha, und der Schwiegervater König Ludwigs XIV. von Frankreich, Stanislaus Leszcynski, der schon einmal die polnische Krone getragen hatte. Die Könige wurden vom Adel Polens gewählt, der unter dem Einfluss des einen oder des anderen Bewerbers stand.

Eugen beschwor Kaiser Karl VI., neutral zu bleiben und abzuwarten. Doch der hörte nicht auf den Prinzen, und anstatt sich mit Preußen abzusprechen, stellte er sich auf die Seite des sächsischen Kandidaten, nur weil er von diesem die Zusage erhalten hatte, im Rahmen der Pragmatischen Sanktion auf alle österreichischen Erbansprüche zu verzichten. Ausgerechnet jetzt hörte der Kaiser auf den Minister Sinzendorf, der bis dato nie in seiner besonderen Gunst gestanden hatte und der dem Kaiser einredete, Kardinal Fleury, der Regent Frankreichs, sei ein friedliebender Kirchenmann, der es nie auf einen Krieg gegen den Kaiser ankommen lassen würde.

Nun geschah das, was Eugen befürchtet hatte: die Seemächte England, Holland und Dänemark erklärten, die polnische Königswahl stelle für sie keinen Bündnisfall dar. Als Preußen im Gegenzug für seine Zusage, am Krieg teilzunehmen, forderte, sofort das Bergische Land besetzen zu können, was der Kaiser ablehnte, trat eine deutliche Verstimmung zwischen König Friedrich Wilhelm und dem Kaiser ein. Wiederum gegen den Rat des Prinzen ließ der Kaiser seine Truppen an der Grenze Polens aufmarschieren. Auch Russland verlegte Truppen an die polnische Grenze. Als dann am 12. September 1733 mit finanzieller Unterstützung aus Frankreich Stanislaus Leszcynski zum König gewählt wurde, rückten die Truppen des Zaren in Polen ein, vertrieben den von den französischen Verbündeten favorisierten König und ließen den sächsischen Kurfürsten zum neuen König wählen.

Die bevorstehende Hochzeit zwischen dem Herzog Franz Stephan von Lothringen und Maria Theresia war für den französischen Kardinal Fleury jetzt der willkommene Anlass, dem Kaiserreich den Krieg zu erklären, um endlich Lothringen zu anektieren.

Karl VI. dagegen hatte der Hochzeit seiner Tochter mit dem Herzog zugestimmt, da nach dem Verlust des Elsass nun Lothringen zum Bollwerk des Reiches gegen Frankreich ausgebaut werden sollte. Der junge Herzog war der zweite Sohn des berühmten Türkensiegers Karl von Lothringen und nach dem Tode seines älteren Bruders der Anwärter auf das Herzogtum. Der gut aussehende, hochaufgeschossene und zuverlässige junge Mann hatte die Liebe Maria Theresias errungen, mit der er als Kind aufgezogen worden war.

Frankreich traf wieder einmal alle Vorbereitungen für den erneuten Raubzug. Kardinal Fleury wollte dem Machtstreben seiner großen Vorbilder Richelieu und Mazarin nicht nachstehen und gewann sowohl Spanien als Bundesgenossen, dessen Königin die Absicht auf Italien nicht aufgegeben hatte, als auch König Karl Emanuel III. von Piemont-Sardinien, den Nachfolger von König Viktor Amadeus, der unbedingt Mailand in seinen Besitz bringen wollte. Das Habsburger Reich sollte wieder in einen Zweifrontenkrieg verwickelt werden. Auch Bayern schloss mit Frankreich einen Allianzvertrag.

Karl VI. hingegen schien mit Blindheit geschlagen. Als der Preußenkönig ihm das Angebot machte, eine Armee von 50.000 Mann zu stellen gegen die Zusage zur Verwirklichung seiner Ansprüche auf Jülich und Berg, lehnte der Kaiser brüsk ab und beharrte auf der vertraglich vereinbarten Gestellung von 10.000 Mann. Lieber nahm er die Gefahr auf sich, einen Krieg zu verlieren, als Preußen Zugeständnisse zu machen. Vergeblich hatte Prinz Eugen in Erkenntnis der Gefahr versucht, Karl VI. umzustimmen.

Die Kriegserklärung Frankreichs erreichte den Prinzen auf seinem Anwesen „Schlosshof" an der böhmischen Grenze, einem in tiefen Wäldern gelegenen Jagdschloss, das ihm im Jahr 1724 als Entschädigung für seinen Verzicht als Generalgouverneur der Niederlande vom Kaiser geschenkt worden war. Als Eugen daraufhin eilends in Wien eintraf, hatte der französische Marschall Berwick am 12. Oktober 1733 mit seinem Heer den Rhein schon überschritten und die Städte Kehl und Nancy, sowie das Herzogtum Bar bereits eingenommen.

Eugens alter Gegenspieler Villars – nunmehr 80 Jahre alt – überschritt zur gleichen Zeit die Grenze Italiens und vereinte sich mit den Truppen Piemonts. Daraufhin erklärte König Karl Emanuel III. von Piemont Österreich den Krieg, ohne dass ein kaiserliches Hilfskorps den Abfall noch hätte verhindern können. Hinzu kam, dass ein spanisches Heer aus Parma auf Mailand vorrückte, das Feldmarschall Daun nach kurzer Gegenwehr aufgab.

Wieder einmal hatte sich die Vorausschau des Prinzen bewahrheitet, der sich bereits vor 15 Jahren vehement gegen den Kaiser und seinen eigenen Kriegsrat stemmte, als das Reich sich nach dem Frieden von Passarowitz in Sicherheit wiegte und seine Rüstung sträflich vernachlässigte. Bestand das Heer 1727 noch aus 180.000 Mann, so war durch die andauernde Finanznot in den Jahren bis 1732 die Stärke immer geringer geworden. Aber nicht nur der Truppenbestand, auch die Qualität der Ausbildung und Ausrüstung nahm deutlich ab. Zwei nacheinander erfolgende Heeresreformen hatten die Personalstärke der Einheiten zusätzlich verringert.

Immer wieder erhob der Prinz Einspruch gegen die stetige Verringerung der Schlagkraft des Heeres, doch unterwarf er sich, sobald der Kaiser seine Entscheidung getroffen hatte. „Wenn ich", so hat er später einmal voll Bitterkeit geäußert, „die Methode der anderen Minister befolgt hätte, dann wäre diese große, gegen meinen Rat bei den Truppen angesetzte Reform nie zustande gekommen, denn ich hätte so viele Zwischenfälle entstehen lassen können, daß alles bis zum Ausbruch eines neuen Krieges verzögert worden und damit hinfällig geworden wäre; da es aber meine Pflicht ist, nach den Befehlen des Kaisers zu handeln, sobald er mir seine Entschließungen eröffnet hat, auch wenn sie meiner Meinung widersprechen, so habe ich sie ausgeführt: wenn die anderen meinem Beispiel folgen würden, so würde wenigstens irgendetwas, ob nun gutes oder schlechtes geschehen, aber in der Art, wie sie alles zu umgehen wissen, wird gar nichts vollbracht." [126]

Eugen war es außerdem durch seine Krankheit in den letzten Jahren nicht möglich gewesen, längere Inspektionsreisen vorzunehmen. Er verließ die Himmelpfortengasse, wo er den Winter verbrachte, und im Sommer das Belvedere nur noch selten.

Der vorzügliche Eindruck, den sein eigenes Savoyer-Regiment machte, um das er sich noch persönlich kümmerte, wird ihm auch zusätzlich in seiner Annahme bestärkt haben, Disziplin und Materialversorgung seien auch in allen anderen Regimentern auf dem gleichen Stand, was jedoch leider keinesfalls der Fall war. Die Berichte der Hofkriegsratsreferenten, die jetzt auf seinem Schreibtisch landeten, zeigten, dass die von Eugen verlangte Kontrolle vernachlässigt wurde. Die frühere Allgegenwart des 70jährigen war einfach nicht mehr vorhanden und trug somit zusätzlich zu der Misere des Heeres bei.

Dazu kam, dass sich der Hofkriegsrat, und wohl auch sein Präsident, zu sehr auf die Unterstützung der Seemächte und auf Preußen verlassen hatten, zumal auch Russland dem Bündnis beigetreten war und den Eindruck vermeintlicher Stärke vermittelte.

Die in den letzten Jahren aufgestiegenen Generäle verfügten nicht mehr über das Format, um die Nachfolge des großen Feldherrn zu übernehmen. Im Juni 1734 sandte der Prinz einen Bericht an den Kaiser: „Die Generäle sind zwar alle voll guten Willens, aber nicht eben von ausreichender Erfahrung, und es befinden sich sogar mehrere unter ihnen, die noch gar keinen Feldzug mitgemacht haben, andere wieder, welche einen solchen nur als Subalternoffiziere mitgemacht haben. Es ist dies jedoch nur die natürliche Folge eines langen Friedens." [127]

Wie alle großen Heerführer der Geschichte – Cäsar, Alexander der Große, Friedrich der Große und Napoleon – hatte auch Eugen, der stets gewohnt war zu befehlen, es nicht vermocht, sich einen ebenbürtigen Nachfolger heranzuziehen.

Als die dunklen Wolken aufzogen, besann sich der Kaiser dann doch wieder seines größten Feldherrn und schenkte ihm in einem eigenhändigen Schreiben vom 17. November 1733 sein volles Vertrauen. Er versicherte dem Prinzen „vorerst und allein auf E.L. Lib, eyfer und eyfrige anstalten gänzlich Verlass". [128]

Trotz seiner Krankheit – am ärgsten quälte Eugen sein Bronchialleiden, oft bekam er kaum noch Luft – stürzte sich daraufhin der Prinz erneut in die Arbeit, mit dem Ziel, die Kriegsrüstung binnen vier Monaten voranzutreiben. Neue Regimenter wurden aufgestellt und in der Schweiz Soldaten angeworben. Auch dem Kaiser gegenüber vertrat er vehement seine Meinung, dass nach der langen Friedensperiode das Heer und seine Offiziere für einen kommenden Krieg erst neu motiviert und gerüstet werden müssten.

Der Kaiser ernannte den Prinzen zum Oberbefehlshaber der Rheinarmee. Auf wen hätte er sonst zurückgreifen können? Guido von Starhemberg kam nicht mehr in Frage; er war 75 Jahre alt und halb gelähmt. Daun war des Vertrauens des Kaisers dadurch verlustig gegangen, dass er Neapel zu schnell aufgeben hatte, und Mercy musste den Befehl in Italien übernehmen, da Eugen es ablehnte, abermals gegen sein Stammhaus zu kämpfen.

Im Februar 1734 marschierte dann ein kleinerer Teil des kaiserlichen Heeres von Pilsen, dem Versammlungsort, an den Oberrhein. Ganze 10.000 Mann konnte der 72 Jahre alte Feldherr und Oberbefehlshaber in Marsch setzen. Dagegen stand eine achtfache Übermacht der Franzosen unter Marschall Berwick, die auf das rechte Rheinufer übergesetzt hatten. Der Großteil des kaiserlichen Heeres marschierte nach Italien.

Wieder war es die Politik der Franzosen, am Rhein verbrannte Erde hinter sich zu lassen. Durch Plünderungen und Ausschreitungen machten sie sich die Bevölkerung entlang des Flusses zu erbitterten Feinden. Der Kaiser betrachtete die fortschreitenden Gewalttätigkeiten als taktischen Vorteil, doch für den Prinzen wogen die Argumente der Menschlichkeit stärker als ein kurzfristiger Nutzen. So beschloss er, sich in einem persönlichen Schreiben an Marschall Berwick zu wenden,

„um den Exzessen ein Ende zu bereiten, die ein Ausmaß erreichen, wie es bisher zivilisierten Völkern unbekannt war. Ihre Soldaten begnügen sich nicht damit, jedes Dorf in Brand zu stecken und zu plündern, darunter auch solche, die von Ihnen Schutzbriefe erhalten haben, sie begehen auch Ausschreitungen, wie sie in der Geschichte noch nie da gewesen sind. Sie respektieren weder Kirchen noch heilige Stätten. Priester werden nackt an offene Türen und Fenster gebunden, Frauen mit ihren Händen an Bäume genagelt und dann vergewaltigt. Unschuldige Kinder werden brutal verstümmelt. Auch die Drangsalierungen des Krieges haben ihre Grenzen und die Gesetze der Menschlichkeit sollten, so scheint es mir, niemals außer Acht gelassen werden. Von den Heeren so großer Monarchen, wie diejenigen sind, welche wir die Ehre haben, zu dienen." [129]

Marschall Berwick lenkte daraufhin ein und beschloss, die Exzesse abzustellen und sogar die schlimmsten Übeltäter zu bestrafen. Plünderungen und Ausschreitungen hörten auf.

Der Prinz wich vor der französischen Übermacht auf den Fluss Neckar zurück, um bei Heilbronn in fester Stellung Verstärkung abzuwarten. Er schrieb an den Kaiser, dass er möglicherweise gezwungen werde, sich noch weiter zurückzuziehen. Er sei in einer Lage „in der ein Mann wider vier oder fünf zu streiten hat." Tapfer fügte er jedoch hinzu „so viel darf ich versichern, dass alles, was menschenmöglich ist, mit Standhaftigkeit angewendet werden wird, um in einer gefahrvollen Stellung, wie ich mich während so vieler Feldzüge niemals in einer ähnlichen befunden habe, von keinem Unglück betroffen zu werden." [130]

Auch in Italien hatte sich Feldmarschall Daun nach dem Fall Mailands nach Mantua zurückziehen müssen und wurde dort seines Oberbefehls enthoben. Im Verlauf des Winters eroberten dann die Franzosen, Spanier und Piemonteser alle Festungen der Lombardei, mit Ausnahme von Mantua.

Mit viel Verhandlungsgeschick gelang es Eugen, von König Georg, der auch Kurfürst von Hannover war, und mit Hilfe Seckendorffs auch von König Friedrich Wilhelm I. von Preußen Hilfstruppen an die Reichskriegsfront zu bekommen.

War es der Respekt vor dem großen Namen des Prinzen Eugen, der die Franzosen bewog, in ihrer erdrückenden Übermacht nicht anzugreifen? Noch ehe Marschall Berwick sich anders besinnen konnte, wurde er vor der belagerten Festung Philippsburg von einer Kanonenkugel getötet.

Auch der Oberbefehlshaber der Gegner an der Italienfront, Marschall Villars, verstarb noch im selben Jahr.

Nach der Ankunft der preußischen und hannoveranischen Hilfstruppen verfügte der Prinz jetzt über eine Truppenstärke von 70.000 Mann. Im Gegensatz zu früheren Zeiten, wo Eugen sein Draufgängertum viele Male zu schnellen Siegen verholfen hatte, was ihm allerdings auch oft den Vorwurf eines Vorgehens „a la husara" eingebracht hatte, wandte der Prinz jetzt eine bedächtige und langsame Operationstechnik an. Er hatte Bedenken, mit seiner zusammengewürfelten Streitmacht die an Stärke überlegenen und gut verschanzten Franzosen anzugreifen. Außerdem blickte er besorgt nach Bayern, das hinter seinem Rücken ein 30.000 Mann starkes Heer mobil gemacht hatte. Unter diesen Aspekten unterblieb zum Entsetzen der Besatzung des eingeschlossenen Philippsburg eine kaiserliche Offensive.

Wieder waren viele fürstliche Personen zum Kriegsschauplatz geeilt, um einen erhofften Sieg Eugens mitzuerleben. Dabei kam es zur historischen Begegnung des betagten Feldherrn Prinz Eugen von Savoyen mit dem jungen Kronprinzen Friedrich von Preußen. Sein Vater, König Friedrich Wilhelm I., hatte ihn Anfang Juni an die Front geschickt, um die Praxis der Kriegsführung bei dem berühmten Savoyer zu erlernen. Sofort nach seiner Ankunft eilte der Kronprinz zu

Eugen und übergab ein Schreiben seines Vaters. Eugen las: „Sie werden gestatten, daß ich Ihnen meinen Sohn, den Kronprinzen, sende, der von dem brennenden Wunsche ganz erfüllt ist, an der Kampagne unter Ihren Augen teilzunehmen. Da ich mir schmeichle, daß seine Konduite meinen Vorstellungen entsprechen wird, würden Sie mich unendlich verpflichten, wenn Sie ihn durch Ihre Zuneigung und Ihre Ratschläge auszeichnen würden, damit er sich unter der Anleitung eines so großen Feldherrn mehr und mehr im Kriegshandwerk ausbilden könne. Weil aber auch mein Schwiegersohn Markgraf Friedrich und meine Vettern, die Prinzen Heinrich, Karl und Wilhelm, gleichfalls am Feldzuge teilnehmen, so empfehle ich Ihnen dieselben ebenso sehr und bitte Sie gleichzeitig, auch ihnen die Ehre Ihrer Protektion und Ihres Wohlwollens zuteil werden zu lassen. [131]

Der Kronprinz bat Eugen dann seinerseits um die Erlaubnis mitzuerleben, „wie ein Held sich Lorbeeren sammle". Nach einem langen Gespräch bedeutete Eugen dem Kronprinzen: „Alles an Ihnen verrät mir, dass Sie sich einst als ein tapferer Feldherr zeigen werden." [132] Der junge Friedrich nahm an Aufklärungsritten mit dem Prinzen teil, und bei jedem Mittagsmahl versuchte Eugen, den Kronprinzen, obwohl dessen französische Neigungen bekannt waren, mehr und mehr auf seine Seite zu ziehen. Friedrich war von Eugens Erkenntnissen und Erfahrungsschätzen tief beeindruckt. Viele Jahre später – während des Siebenjährigen Krieges – sagte er zu seinem Sekretär de Catt, dass er in der Zeit, die er mit dem Prinzen verbrachte, als dessen Schüler wesentliche Richtlinien und Grundsätze vermittelt bekam. Vor allem Eugens Erkenntnis, immer das Ganze zu sehen, um das Einzelne zu gestalten, machte sich der Kronprinz zu eigen. Er schrieb später, dass er die von dem großen Feldherrn gelernten Grundsätze niemals wieder vergessen habe und sie auch seinen Generälen weitergegeben habe. Als der Kronprinz bereits schon als Friedrich der Große bekannt war, fiel dann der berühmte Satz „Wenn ich etwas tauge, wenn ich etwas von meinem Handwerk verstehe, so verdanke ich es dem Prinzen Eugen." Er fügte dann de Catt gegenüber hinzu: „Soll ich Ihnen genau sagen, was an dem Prinzen Eugen Besonderes war? Mit einer bewunderungswürdigen und erhabenen Einsicht in alle seine Handlungen, im Kriege und in der Politik, verband er überlegene Fähigkeiten, teils die Dinge zu seinem Vorteil zu wenden, teils seine Fehler wieder gutzumachen; denn auch die größten

Abb. 16: Prinz Eugen mit den Ehrengeschenken von Papst Clemens IX.
nach der Schlacht von Peterwardein
Anonymer Künstler

Abb. 17: Prinz Eugen in der Schlacht bei Belgrad – Anonymer Künstler

Abb. 18: Dieser 10 pf Mörser spielte bei der Belagerung Belgrads 1717 eine große Rolle. Durch seine Geschosse wurde das Pulvermagazin der Stadt getroffen und eine große Anzahl ausfallbereiter Türken getötet.

Abb. 19: Erzherzogin Maria Theresia, die spätere Kaiserin
(1717-1780)
Gemälde von Andreas Möller

Abb. 20: Grabmal des Prinzen Eugen im Wiener Stephansdom

Besuch des Kroprinzen Friedrich von Preußen im Hauptlager der Reichstruppen

Menschen begehen sie. Standhaft, klug und tugendhaft, ohne Furcht vor den Feinden des Staates wie vor seinen eigenen, besiegte er jene und zwang diese, ihn zu achten und zu fürchen. So war der Prinz Eugen". [133]

Das Hauptlager der Reichstruppen befand sich im Dorf Wiesenthal, unmittelbar vor den französischen Schanzen. Die Nachfolge des gefallenen Marschalls Berwick hatte Marschall d'Asfeld übernommen, ein berühmter Waffentechniker, dem es aber an Erfahrung als Feldherrn mangelte.

Nachdem Eugen gezögert hatte, Philippsburg zu befreien, beschwor ihn der Kaiser, jetzt endlich loszuschlagen. Doch Eugen war nicht mehr der Alte, sein früherer grenzenloser Mut hatte den betagten Feldherrn weitgehend verlassen. So musste die Festung schließlich unter dem Zugeständnis des freien Abzuges der Besatzung aufgegeben werden.

Nach dem Fall der Festung wagte allerdings auch d'Asfeld nicht, Eugens Truppen offensiv anzugreifen, vielmehr zog er auf dem linken

Rheinufer nach Mainz. Die Anpassungsfähigkeit des Prinzen an die jeweiligen Situationen und sein Weitblick waren jedoch noch vorhanden. Ohne zu Zögern folgte er den Franzosen indem er eine Kehrtwendung machte, wobei die Stellungen am Neckar besetzt blieben. Das veranlasste den französischen Marschall, sein Vorhaben, über Mainz in den Süden des Reiches einzubrechen, aufzugeben. Auch ihm fehlte trotz seiner Überlegenheit der Mut, sich Eugens Heer, das mittlerweile in Heidelberg angelangt war, in einer Entscheidungsschlacht zu stellen.

Jahre später, 1737, schrieb Friedrich der Große an seinen General Grumbkow, warum die Franzosen trotz ihrer gewaltigen Übermacht die Reichstruppen des Prinzen damals nicht angegriffen hätten: „In Erinnerung an seine berühmten Schlachten, seine Tapferkeit, Erfahrung und Geschicklichkeit, gewohnt, in ihm immer einen Sieger zu sehen, haben die Gegner ihn mehr gefürchtet als alle Streitkräfte des Reichs." [134] Der Kronprinz berichtete in diesem Zusammenhang in Anspielung auf Eugen von einer Episode, daß man den toten Cid einst auf seinem Streitross in den Kampf mitführte, um die Feinde vor dem Gefürchteten nochmals in Schrecken zu versetzen.

Dennoch waren auch dem jungen Friedrich der körperliche Verfall und die geistige Erschöpfung des Prinzen nicht entgangen. Wieder einmal zeigte sich jetzt aber nachträglich, dass der alte Feldherr mit seiner Strategie des Zauderns den richtigen Weg gewählt hatte. Der Ausgang einer großen Schlacht wäre im höchsten Maße ungewiss gewesen, zumal der Ausbildungsstand des kaiserlichen Heeres nicht der von früher war und auch die Waffentechnik sich stark verändert hatte. So konnte dieser Feldzug keinen Gewinner verzeichnen, und am 10. Oktober 1734 kehrte der Prinz nach Wien zurück.

Die Lage des einst so mächtigen Reiches war trostlos. Bis Dezember 1734 ging auch noch die Lombardei verloren. In Süditalien hatten die Spanier unter Don Carlos Neapel erobert, der sich zum König von Neapel ausrufen ließ. Kurz darauf wurde auch Sizilien besiegt. Somit gehörten sämtliche Besitzungen in Italien mit allen blühenden Ländern und ihren großen Einkünften nicht mehr zum Kaiserreich.

Der in Italien kommandierende Feldmarschall Graf Königsegg riet dem Kaiser zum Frieden, und Eugen schloss sich dieser Meinung an. Er schrieb an den Feldmarschall, je länger der Entschluss zum Frieden herausgezögert würde, umso mehr verschlechtere sich der Zustand des Reiches, dem am Ende die völlige Vernichtung drohe. Ausführlich schilderte er Graf Königsegg die traurige Bilanz des Reiches: „Es ist gewiß, daß wir einen Entschluß fassen müssen und daß, je länger wir ihn verschieben, desto mehr das Übel zunehmen und am Ende unheilbar wird. Unsere Kräfte reichen nicht entfernt aus, so mächtigen Feinden die Spitzen zu bieten, und trotz der persönlichen Neigung des Königs von England besteht keine Aussicht auf Hilfe der Seemächte, da England dabei beharrt, nichts ohne Beihilfe Hollands zu tun, das seinerseits absolut keinen Krieg will. Im Reich wächst die Zahl derer, die eine Neutralität anstreben; der Sächsische Hof tut nichts, weder für sich selbst noch für Seine Majestät, der König von Preußen wird wohl nur noch wenige Monate leben, die Kurfürsten von Bayern und Köln verstärken auf Grund von Subsidienverträgen mit Frankreich ihre Truppen durch beträchtliche Aushebungen, und Bayern beginnt bereits keine Rücksicht mehr zu nehmen und Maßnahmen zu ergreifen, die den Ausbruch des Feuers von dieser Seite möglicherweise noch im Winter befürchten lassen. In der Türkei gibt es nur noch den Vezier, der gegen den Krieg ist, alle anderen sind durch den französischen Botschafter gewonnen. Das ist in wenigen Worten unsere Lage nach außen, die im Innern ist Eurer Excellenz zu bekannt, um nicht selbst die Schwierigkeit, ja die Unmöglichkeit beurteilen zu können, so ungeheure Summen beizuschaffen, wie sie die Fortsetzung des Krieges fordern wird. Andererseits kann unter solchen Umständen der Friede nur sehr schlecht sein. Denn die feindlichen Kronen, die den Kaiser so empörend von seinen Verbündeten verlassen und dem drohenden Angriff der Türkei und Bayern ausgesetzt sehen, werden von ihren Eroberungen nichts aufgeben und noch weiß was für weitere Bedingungen uns auferlegen wollen. Es handelt sich also darum, ernsthaft die Mittel zu bedenken, mit denen man einem derartigen Unheil steuern und für die Zukunft die nötige Sicherheit schaffen kann". [135]

Das Geld für eine Fortsetzung des Krieges fehlte, von England war – wie dieses Schreiben Eugens aussagt – also auch keine Hilfe zu erwarten, da das Königreich ohne den Beistand Hollands sich nicht am Krieg beteiligen wollte, Holland dagegen aber eine Teilnahme strikt abgelehnt hatte. Die größte Gefahr jedoch ging von Bayern aus, das sogar die Pforte wieder aufzuhetzen begann und außerdem im Begriff stand, nach einer Vereinigung mit den französischen Truppen gegen Wien zu marschieren.

In einer vom Kaiser am 6. November 1734 einberufenen Konferenz, an der neben Eugen auch Gundacker von Starhemberg, Harrach und Sinzendorf teilnahmen, wollte der Kaiser eine Entscheidung für den Frieden nochmals vertagen. Eugen jedoch legte ein Gutachten der Hofkammer vor, wonach der Unterhalt für die jetzt schon im größten Elend vegetierenden Armeen an der Westfront und in Italien über den Winter nicht mehr gewährleistet sei. Ohne Geldmittel würde das ihr Ende bedeuten.

Einziger Lichtblick an der Reichsfront war das Eintreffen russischer Hilfstruppen in einer Stärke von 10.000 Mann. Der Zar hatte seine Zusage als Dank für die kaiserliche Hilfe in Polen wahr gemacht. Die Ankunft der russischen Truppen verstärkte daraufhin in Frankreich die Friedensbereitschaft, zumal General von Seckendorff am 20. Oktober 1734 ein Sieg über französische Truppenteile vor Trier gelungen war. Die Schlacht von Clausen bedeutete zwar keinen entscheidenden Erfolg, unterstützte aber die Position der kaiserlichen Seite bei den geheimen Friedensverhandlungen mit Frankreich.

Die durch diesen Sieg neu erwachte Hoffnung veranlasste den Kaiser daraufhin, Eugen nochmals als Oberbefehlshaber zur Rheinarmee zu schicken. Am 13. März 1735 kam der Prinz dann in Heilbronn an, wo er erkennen musste, dass mit einer Armee in einem solch desolaten Zustand keine Schlacht mehr zu schlagen war. Der Geldmangel hatte Soldaten wie Offiziere hungern lassen. Massenhafte Desertionen und eine vollständig untergrabene Moral waren die Folge. Unverrichteter Dinge beschloss der Prinz daraufhin, sich nach Bruchsal zurückzuziehen. Die Hoffnung des Kaisers, den Rückzug des Italienheeres nach Tirol durch einen Sieg an der Rheinfront nicht ganz so grauenvoll aussehen zu lassen, konnte der Prinz nicht erfüllen.

Sein ganzes Leben hatte Eugen unter die Maxime gestellt, das Heilige Römische Reich Deutscher Nation zusammenzuhalten und die deutsche Seite zu stärken. Dazu schien es ihm jetzt unerlässlich, auch Bayern dem Reich anzuschließen. Deshalb wandte er sich nochmals an Kaiser Karl VI. und empfahl ihm dringend, seine Tochter Maria Theresia mit dem ältesten Sohn König Karl Albrechts von Bayern, dem Kurprinzen von Bayern, zu verheiraten. Damit stellte er sich allerdings gegen des Kaisers Pragmatische Sanktion, denn Kurfürst Max Emanuel wiederum hatte einst seinen Sohn Karl Albrecht von Bayern nur deshalb mit der Tochter Kaiser Josephs I. verheiratet, um den Anspruch auf die Erbrechte gegenüber dem Hause Österreich zu wahren. Der Kaiser jedoch wehrte sich entschieden gegen eine solche Verbindung, da Maria Theresia zehn Jahre älter war als der damals neunjährige bayerische Kurprinz. Eugens Rat wurde daher von ihm als der eines einfältigen Greises abgetan und der Prinz erhielt noch nicht einmal eine Antwort darauf.

Im Februar 1735 fand dann die leidige Heiratsfrage ein Ende. Die Kaisertochter Maria Theresia heiratete Franz von Lothringen. Eugen war wegen seiner Brustkrankheit verhindert, an der Hochzeit teilzunehmen, hatte aber letztendlich, um nicht noch weitere politische Komplikationen entstehen zu lassen, der Verbindung zugestimmt.

Karl VI. entschloss sich nach langem Zögern dann letztendlich doch noch schweren Herzens, die Verhandlungen zwischen den Kriegsparteien mit der Ratifizierung des Wiener Friedens vom 17. November 1735 abzuschließen, wobei er – wie vorauszusehen – Neapel und Sizilien an Don Carlos abtreten musste. Zwar erhielt Karl VI. Mailand zurück, musste aber das Gebiet von Novarra und Tortona an Piemont-Sardinien abgeben. Herzog Franz Stephan von Lothringen verlor sein Stammland an Stanislaus Leszcynski, nach dessen Tod sollte es jedoch an Frankreich fallen. Dafür wurde dem Lothringer nach dem Aussterben der Familie Medici das Großherzogtum Toskana versprochen. Die polnische Krone behielt weiterhin Kurfürst August von Sachsen. Der mailändische Landstreifen im Westen des Ticino musste an Savoyen abgetreten werden.

Was für den Kaiser mehr Bedeutung hatte als der Zusammenhalt des Reiches, war letztlich die durch Frankreich und Spanien erfolgte Anerkennung der Pragmatischen Sanktion. Für Karl VI. trotzdem ein trauriger Friedensschluss, den er allerdings selbst durch seinen Mangel an Wirklichkeitsempfinden mitzuverantworten hatte.

Allein dem greisen Feldherrn war es zu verdanken, dass der vielfach überlegene Gegner in Schach gehalten wurde und nicht auch noch in Deutschland eindringen konnte. Prinz Eugens hohen Einsatz für die Sache der deutschen Nation honorierte der Reichstag von Regensburg dann durch den einstimmigen Beschluss, ihm für die gesamte Dauer des letzten Feldzuges nachträglich eine jährliche Dotation von 80.000 Gulden zukommen zu lassen. Das ganze Reich mit allen deutschen Fürsten – hieß es darüberhinaus in dem Beschluss – wollte dem Feldherrn ein Zeichen seiner höchsten Dankbarkeit für alle Verdienste um die Christenheit setzen, die er in den vielen Jahren für das Heilige Römische Reich Deutscher Nation in unzähligen heldenmütigen Schlachten und ruhmreichen Siegen erworben habe.

Doch seit seiner Rückkehr nach Wien hatte Eugens Einfluss auf die Entscheidungen des Kaisers so stark abgenommen, dass er praktisch kalt gestellt worden war. Anders als der Reichstag wollte Karl VI. Eugens immense Verdienste um das Reich nicht mehr honorieren.

Die Glanzzeit des Prinzen ging jetzt unweigerlich dem Ende zu. Nach dem Ausgang des Polnischen Thronfolgekrieges machte der Hof den Feldherrn auch für den Verlust von Neapel und Sizilien verantwortlich. Aber nicht nur die Spanische Hofkamarilla, auch eine Reihe neidischer Generäle, warfen ihrem Chef, den sie einst so bewundert und gefürchtet hatten, übertriebene Vorsicht und Inaktivität vor. Die selben hämischen Kritiker, die vormals Eugen seine allzu große Kühnheit und Beweglichkeit angelastet hatten, kritisierten jetzt das Gegenteil. Selbst Graf Seckendorff, Freund und Bewunderer des großen Feldherrn, General und Diplomat, Gesandter am preußischen Hof, schreibt, vom Prinzen sei nichts als sein Name übriggeblieben:

„Es war ein ehrwürdiges Trümmerstück des Altertums, in dessen Schatten Knaben spielen und vor dem der Philosoph sich schweigend bückt, indem er sich an vergangene Taten erinnert. Das Gewicht von siebzig mühevollen Jahren lag schwer auf dem Prinzen von Savoyen. Sein Gedächtnis hatte ihn beinahe ganz verlassen. An die Stelle der klugen Entschlossenheit und der raschen Ausführungsgabe, welche sonst seine Handlungen belebten, waren ängstliche Bedächtigkeit und mürrischer Eigensinn, die gewöhnlichen Begleiter des kränklichen Alters, getreten." [136]

Ein besonders perfider Kritiker war dem greisen Feldherrn in dem noch jungen Sohn eines Straßburger Professors erwachsen, der im Jahr 1727 zum Sekretär der geheimen Konferenzen avancierte, Johann Freiherr von Bartenstein. Er war ein Mann, der unbestritten über große Fähigkeiten und reiches Wissen verfügte, und der durch immensen Fleiß, allerdings gepaart mit ebensolcher Überheblichkeit, es vermocht hatte, sich das Vertrauen des Kaisers als sein Sekretär zu erwerben. Bartenstein nahm sich nun heraus, die Politik und Kriegsführung des alten Prinzen rücksichtslos und unbarmherzig auseinander zu nehmen. Er bezeichnete den Prinzen unter anderem offen der Lüge als, wie berichtet, der Kaiser die Konferenzminister im Jahr 1734 um jeweilige persönliche Gutachten zur Lage aufforderte und Eugen sein Gutachten verständlicherweise erst abzugeben bereit war, nachdem Graf Königsegg von der Italienfront zurückgekehrt war und er diesen angehört hatte. Bartenstein warf dem Prinzen vor, den Feldzug sabotiert zu haben aus vagen Befürchtungen, Bayern könne in seinem Rücken angreifen. Diese Befürchtung hätte sich später als nicht berechtigt erwiesen.

Anstatt den Sekretär wegen seiner frechen Beschuldigungen zurechtzuweisen, stellte sich der Kaiser hinter Bartenstein und gegen seinen verdienstvollen Feldherrn, den er selber händeringend gebeten hatte, den Oberbefehl an der Westfront zu übernehmen. Der schmerzliche Verlust seiner geliebten Länder in Italien ließ bei Karl VI. kein gerechtes Urteil mehr zu. Eugens Versuch, das Reich durch die Einbindung Bayerns wieder zu einen, hatte zusätzlich den letzten Rest des kaiserlichen Vertrauens in den großen Feldherrn zerstört.

Dennoch versuchte der Prinz unermüdlich, von seinem Palais in der Himmelpfortengasse aus, seine Staatsgeschäfte weiter zu führen. Er konnte allerdings zeitweilig nicht mehr sprechen, und es war ihm nicht mehr möglich, seine Befehle wie üblich handschriftlich zu erteilen; sogar seine Unterschrift machte ihm Schwierigkeiten. Im Winter wurde dann befürchtet, er werde die kalte Jahreszeit nicht mehr überleben. Zu Beginn des Frühjahrs verbesserte sich jedoch sein Zustand, obwohl er von Ärzten und Arzneien nicht viel hielt. Er begann wieder, Gäste zu empfangen, konnte wieder sprechen und mit ihnen diskutieren. Eine große Stütze für ihn war nach wie vor die Gräfin „Lori" Batthyány, die vorbildlich für ihn sorgte. Immer noch war sie mit ihren 64 Jahren eine stattliche Erscheinung.

Am 20. April 1736 fand im Palais des Prinzen eine Geheimkonferenz statt, die er jedoch früher als sonst üblich unterbrach und mit den Worten schloss: „Es ist genug für heute, wir wollen das übrige für morgen vorbehalten, wenn ich solange noch lebe." [137] Anschließend wurde ein Mittagessen für zwölf geladene Gäste serviert, die er selbst danach noch zum Ausgang begleitete.

Detailstudie vom Grabmal des Prinzen im Stephansdom in Wien

Am Nachmittag ließ er dann seine Kutsche anspannen und fuhr mit seinem alten Diener zum Palais der Gräfin Batthyány, wo eine Einladung stattfand. Vor dem Palais verharrte die Kutsche, der Prinz war eingeschlafen, man wollte ihn nicht wecken.

Am Abend bemerkten die Gäste, unter ihnen Graf Windischgrätz, dass der Prinz besonders schlecht atmen konnte. Die ihm anempfohlene Medizin lehnte er mit dem Hinweis ab, er könne diese auch morgen noch einnehmen. Allerdings ließ er sich daraufhin auf Anraten der Gräfin, er möge sich baldigst ins Bett legen, nach Hause fahren. Sein Diener brachte ihn zu Bett und sah gegen Mitternacht noch einmal nach dem Prinzen, den er schlafend vorfand.

Am nächsten Morgen wollte er ihn ausschlafen lassen, hörte ihn aber nicht, wie üblich, husten. Beim Nachsehen fand der Diener ihn leblos vor, sein Antlitz friedlich entspannt, eine Lungenlähmung hatte sein Ende herbeigeführt.

Unter dem Datum vom 21. April 1736 schrieb der Kaiser in sein Tagebuch: „Um halb 9 Nachricht, Prinz Eugen von Savoyen, der seit 83 in meines Hauses Dienst getan, 1703 Kriegspräsident geworden, mir seit 1711 in allem dient, im Bett tot gefunden worden, nach langer Krankheit. Gott sei der Seele gnädig. In seinem 73. Jahr." Außer dem Epilog auf Althann war dies der längste Nachruf in seinen Tagebüchern. Bezeichnenderweise fügte er dann noch einen Zusatz hinzu: „Jetzt sehen alles recht einrichten, bessere Ordnung." [138]

Die Beisetzungsfeierlichkeiten erfolgten am 26. April, nachdem der große Türkenbezwinger drei Tage lang im feierlich in Schwarz ausgeschlagenen Palais in der Himmelpfortengasse in der Uniform seines Dragonerregimentes aufgebahrt war. Von weit her kamen die Menschen, um von dem Edlen Ritter Abschied zu nehmen. Altgediente Veteranen und junge Soldaten hatten Tränen in den Augen.

Um nach außen hin zu glänzen, ordnete Kaiser Karl VI. ein Begräbnis an, wie es vor dem Prinzen noch keinem Untertan zuteil geworden war. Als der Sarg am Nachmittag das Palais verließ, begannen in Wien zwei Stunden lang die Glocken sämtlicher Kirchen zu läuten. Auf den Stadtwällen feuerten Geschütze den Ehrensalut. Vierzehn der höchsten Generäle des Reiches trugen den Sarg an den umflorten Standarten und Fahnen der Regimenter vorbei, die Eugen in 32 Feldzügen angeführt hatte. Ihnen folgten die Veteranen und Truppen der Wiener Garnison, sowie die Hofkriegsräte und Adjutanten des Prinzen, in lange schwarze Mäntel gehüllt, mit brennenden weißen Kerzen in den Händen. Schon im Winter hatte der Kaiser auf das Bahrtuch sämtliche Siege des Feldherrn sticken lassen. Nach dem langen Trauerzug durch Wien erfolgte die Beisetzung in der Gruft der Kreuzkirche. Die Totenrede auf den Prinzen hielt der Jesuitenpater Franziskus Peikhardt, Domprediger zu Sankt Stephan, der mit den Worten begann: „Allhier liegt in einem Totensarge beisammen, was immer man unter uns Menschen Großes nennen kann." [139] Das Herz des Prinzen wurde später in Turin in der Superga, der Grabkirche des Hauses Savoyen, beigesetzt.

Der Kaiser selbst zeigte nicht die Größe, seinem verdienstvollen Feldherrn die letzte Ehre zu erweisen, er blieb dem Begräbnis fern; ebenso der Kardinal-Erzbischof von Wien, Graf Kollonitsch, ein Mitglied des Jesuitenordens.

Als Folge des kurzsichtigen Verhaltens von Karl VI. und des Verleumders an seiner Seite, Bartenstein, entstand durch neue Türkenkriege danach eine schwere Krise für das Reich. Große Teile dessen, die der Prinz einst erobert hatte, gingen wieder verloren, und Karl VI. musste schließlich das Kaiserreich in einem Zustand äußerer Bedrängnis und innerer Fäulnis seiner Nachfolgerin Maria Theresia hinterlassen.

Dazu fällt Friedrich der Große in seinem mehrbändigen Werk „Geschichte seiner Zeit" sein zutreffendes Urteil: „Man erstaunt mit Recht, am Ende der Regierung Karls VI. den Glanz so verblichen zu sehen, der sie zu Anfang umschimmert hatte. Die Ursache für das Missgeschick dieses Herrschers liegt in dem Verluste des Prinzen Eugen. Nach dem Tode dieses großen Mannes war keiner da, der ihn ersetzen konnte. Der Staat hatte seine Kraft verloren und sank in Schwäche und Verfall." [140]

Das Erbe

Noch zu seinen Lebzeiten hatte den Prinzen der Tod des einzigen verbliebenen männlichen Verwandten, des Großneffen und letzten Grafen von Soissons, schwer getroffen. Der Enkel seines Bruders Ludwig Thomas – ebenfalls mit Namen Eugen – war ein schneidiger Soldat gewesen, schon mit 20 Jahren General und Inhaber eines Kürassierregimentes, außerdem Träger des Goldenen Vlieses. Der Prinz war zwar ungehalten darüber, dass sein Großneffe als echter Manzininachkomme leichtsinnig und ausschweifend lebte, hatte aber dennoch gehofft, dass der junge General eines Tages sein Feldherrnerbe antreten werde.

Nach dem Tod des Großneffen wurde nun die Nichte des Prinzen, Victoria von Savoyen, Haupterbin von Eugens Gesamtvermögen. Sie war die einzige Überlebende seiner Familie. Victoria kam nach Wien, nachdem ihr die Flucht aus einem Turiner Kloster gelungen war, wohin sie der Chef des Hauses Savoyen, der König von Sardinien, geschickt hatte, da diesem ihr ausschweifendes Leben nicht gefiel.

Diese Nichte als Erbin seines großen Vermögens wäre nicht im Sinne Eugens gewesen. Nach dem Tode des Großneffen hatte der Prinz daher gezögert und keine letzte Verfügung hinterlassen. Dennoch musste der Kaiser Victoria das Erbe juristisch zusprechen. Einschließlich der Schlösser, der Gemälde, der riesigen Bibliothek und des gesamten Inventars belief sich das Vermögen auf weit über 2 Millionen Gulden. Allein ein Bankguthaben und die Barschaft betrugen über 300.000 Gulden.

Eine undankbarere und habsüchtigere Erbin hätte der Prinz sich nicht vorstellen können. In kürzester Zeit waren die Geschenke gekrönter Häupter und des Papstes, sogar Hut und Degen, unwiederbringliche Andenken an sein Leben, durch Verkauf in alle Winde verstreut. Ehe auch noch die wertvolle Bibliothek zerstört werden konnte, erwarb Kaiser Karl VI. diese, wie auch das Schloss Belvedere.

Nach dem Tod der kinderlosen Victoria fielen die anderen Schlösser an den Staat Österreich, der sie im Andenken an den wohl größten Helden der Nation der Nachwelt als höchstes Kulturgut erhielt.

Der Großteil der wertvollen Gemälde Eugens war von Victoria 1741 an Karl Emanuel III. von Savoyen, König von Sardinien, verkauft und nach Turin verbracht worden. Unter Kaiser Napoleon wurden die Bilder nach Paris verschleppt und später nur teilweise zurückgegeben. Letztere befinden sich heute in der Galleria Sabauda in Turin. Die drei „Herkulanerinnen" erwarb 1736 König August III. von Polen (Kurfürst Friedrich Georg II. von Sachsen) und brachte sie in die Dresdner Antikensammlung ein.

Den „betenden Knaben" kaufte Prinz Wenzel Liechtenstein und stellte die Statue in seinem Stadtpalais in Wien auf. 1747 erwarb ihn Friedrich II. von Preußen für den Betrag von 5.000 Talern und ließ ihn nach Sanssouci bringen. Auch diese Plastik wurde dann von Truppen Napoleons nach Paris verschleppt. Erst 1814 kehrte die Statue nach Berlin zurück und befindet sich heute in der Antikenabteilung der Staatlichen Museen in Berlin.

Eugen persönlich hat sehr sparsam gelebt. Seine einzige große Leidenschaft war der Bau seiner Schlösser, in denen er seinen Drang zur Harmonie aufzeigen und der Nachwelt erhalten wollte. Mitbestimmend war wohl auch die Äußerlichkeit der Barockzeit; man galt nur dann etwas, wenn man seinen Mitmenschen durch prächtige Palais und Schlösser seinen hohen Status verdeutlichen konnte. Indes, die finanziellen Möglichkeiten des Prinzen erlaubten anfangs nur eine schleppende Erbauung des Stadtpalais in der Himmelpfortengasse, das erst 1728 völlig fertiggestellt werden konnte. Lange hatte der Prinz seine Geheimkonferenzen im halb fertigen Gebäude abhalten müssen. Die Erbauung des Belvedere-Schlosses war dagegen 1724 abgeschlossen.

Eugen fehlten stets die Mittel für zügigere Baufortschritte. Erst als er 1706 zum Generalgouverneur der Lombardei ernannt wurde, hatte er ein festes jährliches Einkommen von 150.000 Gulden, was sich für sein Generalgouvernement der Spanischen Niederlande auf 200.000 Gulden steigerte. Doch damit allein hätte er seine aufwändigen Gärten und Schlösser nicht finanzieren können. Als der Kaiser ihm später für seinen Einsatz im Spanischen Erbfolgekrieg eine Dotation von 300.000 Gulden und weitere 100.000 Gulden für den Frieden von Rastatt zukommen ließ, konnte er endlich seine prächtigen Bauvorhaben verwirklichen und sich damit Denkmäler für die Nachwelt setzen.

Immer hat der Prinz höchsten Wert darauf gelegt, dass seine Rechnungsführung sorgfältig und gewissenhaft betrieben wurde und seine Verwalter daraufhin kontrolliert. Er selber lebte, wie gesagt, äußerst sparsam, trug bis zuletzt seine schlichte braune Uniform, deren einziger Schmuck sein Orden, das Goldene Vlies, war. Einige Jahre nach dem Tod des Prinzen hat Kronprinz Friedrich von Preußen an den Dichter Voltaire in Anspielung auf den Feldherrn geschrieben: Es gäbe Helden, denen diese Bezeichnung mit vollem Recht zustünde, die aber überhaupt nicht durch ihr Äußeres „brillierten". Manche seiner eleganten Zeitgenossen rümpften allerdings die Nase über Eugens primitiven Rock, in dessen Farbe zwar Schmutz nicht auffiel, der aber bei näherem Hinsehen Flecken seines ständig genossenen Schnupftabaks aufwies. Andere hingegen lobten seine Bescheidenheit, auch in der Art sich zu kleiden.

Es besteht kein Zweifel darüber, dass der Prinz im Wesen schweigsam und wortkarg war und stets bemüht, sich seinem Gegenüber nicht zu öffnen. Ganz anders allerdings verhielt er sich in seinen langen diplomatischen Verhandlungen, besonders in den Friedensverhandlungen, und in seinem intensiven Gedankenaustausch mit Gelehrten und Künstlern. Überliefert ist auch, dass Eugen im Kreis seiner Soldaten und Offiziere natürlich und in guter Laune auftrat. Am liebsten sprach er französisch, vermochte sich aber auch in deutscher, italienischer und spanischer Sprache fließend zu unterhalten.

Obwohl der Prinz sein Leben lang Junggeselle geblieben war, fühlte er sich in Begleitung von Damen immer wohl. Er liebte es, gut zu essen und zu trinken. Im Kartenspiel, seiner großen Leidenschaft, setzte er hohe Beträge und gewann meistens. Gerne ging er zur Jagd und hatte viel Freude an seinen Gärten und Parks.

In Religionsfragen hielt Eugen sich öffentlich weitgehend zurück, jedoch bei aller Kritik an den Jesuiten und oft auch an den Päpsten, fühlte er sich immer als gläubiger Katholik. Dennoch trat er entschieden für Toleranz im Umgang mit anderen Religionen ein.

Eugen war ein Mann der Ehre, der Pflichterfüllung, des Großmutes und der Hochherzigkeit. Die Loyalität des Prinzen galt auch dann seinen Freunden, wenn diese am Boden lagen, wie seinerzeit Marlborough, selbst wenn er sich dadurch schadete.

In Ergänzung zu seiner unbestrittenen Genialität als Soldat und Feldherr hatte der Prinz auch noch die Eignung zum großen Staatsmann. Sein Eintritt in die Politik war unzweifelhaft einerseits der mangelnden Unterstützung seiner Armee in Italien während des Spanischen Erbfolgekrieges zu verdanken, andererseits seiner Erkenntnis, dass es Kaiser und Regierung an einheitlicher und klarer Kriegsführung mangelte. Mit diplomatischem Können und unermüdlichem Einsatz hat er sich für die Abstellung erkannter Mängel eingesetzt. Zeit seines Lebens war Eugens höchste Maxime der Zusammenhalt des Reiches und seine tiefe Loyalität gegenüber dem Hause Habsburg.

Trotzdem übte er, wenn er es für berechtigt hielt, auch Kritik an den drei Habsburger Kaisern, unter denen er gedient hatte. Eugens Aufstieg begann unter Kaiser Leopold I. Seine Dankbarkeit und Verehrung hielten ihn aber nicht davon ab, dessen Schwerfälligkeit zu kritisieren und oft darüber in Verzweiflung zu geraten. Dagegen anzugehen sah er als seine Aufgabe als Hofkriegsrat an.

Sein Verhältnis zum Kaiser Joseph I. war sachlich, aber von tiefer Freundschaft getragen. Menschlich verstand er sich mit „seinem Kaiser" am besten. Dessen frühen Tod bezeichnete er als einen schweren Schlag für Österreich und die europäischen Staaten, der ihn darüberhinaus persönlich besonders tief traf, da er seinen besten Freund verloren hatte.

Ein Vierteljahrhundert war er dann Feldherr und Berater Kaiser Karls VI.. Eugens Ehrerbietung seinem Herren gegenüber war aufrichtig, doch das menschliche Verhältnis fehlte oft auf beiden Seiten. Mehrfach verdankte der Kaiser dem Prinzen und Feldherrn die Rettung seines Reiches. In der Öffentlichkeit ließ er es an seiner Achtung dem Prinzen gegenüber zwar nicht fehlen, hatte aber andererseits ein offenes Ohr für dessen Neider und Verleumder. Seine Dankbarkeit Eugen gegenüber hielt sich in Grenzen, oft schien es sogar, als würde er den Prinzen mehr fürchten als lieben.

Als Feldherr und Politiker hat der Prinz stets die großen Zusammenhänge erkannt und eine klare Vorstellung davon gehabt, dass Politik die Kunst des Möglichen ist. Kühnheit und Wagemut hielten sich bei ihm stets die Waage mit Besonnenheit und Mäßigung. Nie hat er bei seinen Triumphen den Boden der Tatsachen und der Möglichkeiten verlassen. Seine größten politischen Erfolge waren der Zusammenschluss mit England und den Seemächten und später die Verbindung mit Preußen und Russland. Die von ihm stets als am wichtigsten angesehene Erkenntnis, das Gleichgewicht Europas zu wahren, konnte er den ihm nachfolgenden Herrschern des Reiches vermitteln.

Auf der anderen Seite zeigte sich der Prinz im Gegensatz zu seinem militärischen und politischen Engagement als großer Freund der Künste und des Geistes. Heute noch gehen wir durch die prachtvollen Säle seiner Schlösser, bewundern seine Parks oder stehen ehrfürchtig vor seiner Bibliothek. Wir können empfinden, welch großartige Prägung „Prinz Eugen, der edle Ritter" seiner langsam untergehenden Epoche für alle Zeiten verliehen hat.

Münzprägungen zu den Siegen Prinz Eugens und zu dessen Tod

Anmerkungen

[1] Als die sechs anderen bezeichnete Napoleon Alexander den Großen, Hannibal, Cäsar, Marschall Turenne, Gustav Adolf von Schweden und Friedrich den Großen.

[2] Kardinal Mazarin hatte zwei Schwestern. Die ältere Schwester war mit Graf Martinozzi verheiratet; sie hatte zwei Töchter, deren ältere den Prinzen Conti, die jüngere den Herzog von Modena heiratete. Die jüngere Schwester des Kardinals war mit Signore Mancini verheiratet und hatte 5 Töchter; die älteste heiratete den Herzog von Mercoer, die zweite, Olympia, den Grafen von Soissons, die dritte den Fürsten Colonna, die vierte wurde Herzogin von Mazarin und die fünfte Herzogin von Bouillon.

[3] Ein Abszess an der Blase, sowie eine Erkrankung der inneren Organe wurden als Todesursache angegeben.

[4] N. Henderson, Seite 22

[5] A. Arneth, Band 1, Seite 6

[6] V. Bibl, „Ein Heldenleben", Seite 26

[7] M. Grunwald, Seite 1

[8] M. Grunwald, Seite 39

[9] M. Grunwald, Seite 96

[10] W. Oppenheimer, Seite 19

[11] W. Oppenheimer, Seite 26

[12] Die „Rheinische Allianz" lähmte in französischem Interesse die Außenpolitik des Kaisers.

[13] M. Braubach, Band 5, Seite 22

[14] J. von Musulin, Seite 55

[15] V. Bibl, „Ein Heldenleben", Seite 38

[16] aus dem Lateinischen „Wenn du den Frieden willst, sei zum Kriege vorbereitet".

[17] H. von Sybel, Seite 34

[18] K. Ritter von Landmann, Seite 14

[19] A. Arneth, Band 1, Seite 102

[20] P. Frischauer, Seite 108

[21] E.C. Conte Corti, „Ein Lebensbild", Seite 27

[22] Schreiben an den Herzog von Savoyen, datiert vom 17. Januar 1685, wurde aus Bologna abgeschickt.

[23] R. Krug von Nidda, Seite 14

[24] A. Arneth, Band 1, Seite 23
[25] England gab Ludwig XIV. den Beinamen „dem allerchristlichsten Türken, dem allerchristlichsten Brandschatzer".
[26] Herzog Victor Amadeus dankte seinem Vetter Prinz Eugen für seinen Einsatz. Es gelang ihm, den Papst dazu zu bewegen, die Einkünfte der beiden reichen Abteien San Michele della Chiusa und Santa Maria di Casanova in Piemont auf Eugen zu übertragen. Der wurde dadurch Laienabt, und da er nicht geheiratet hat, blieb er es bis zum Lebensende. Weihen brauchte er nicht, dafür hatte er seine Vikare.
[27] A. Arneth, Band 1, Seite 62
[28] W. Oppenheimer, Seite 45
[29] A. Lernet-Holenia, Seite 104
[30] A. Arneth, Band 1, Seite 83
[31] V. Bibl, „Ein Heldenleben", Seite 109
[32] A. Arneth, Band 1, Seite 96
[33] E.C. Conte Corti, „Ein Lebensbild", Seite 40
[34] V. Bibl, „Ein Heldenleben", Seite 78
[35] H. von Sybel, Seite 49
[36] N. Henderson, Seite 76
[37] M. Braubach, Band 1, Seite 101
[38] L. Saint Simon, Band 1, Seite 261
[39] R. Krug von Nidda, Seite 180
[40] L. Saint Simon, Band 1, Seite 301
[41] Schreiben König Ludwigs XIV. an Catinat vom 10. August 1701
[42] N. Henderson, Seite 88
[43] L. Saint Simon, Band 1, Seite 327
[44] M. Henderson, Seite 98
[45] L. Saint Simon, Band 2, Seite 38
[46] V. Bibl, „Ein Heldenleben", Seite 105
[47] N. Henderson, Seite 106
[48] R. Ritter, Seite 14
[49] V. Bibl, „Ein Heldenleben", Seite 109
[50] Der Zusammenbruch der Bank Oppenheimer erfolgte kurz nach dem Tode Samuel Oppenheimers, dessen Kredit einzig und alleine auf seiner Tüchtigkeit und Zuverlässigkeit beruht hatte. Vgl. M. Grunwald, Seite 150
[51] P. Frischauer, Seite 228

[52] M. Braubach, Band 2, Seite 31
[53] E. Ritter, Seite 32
[54] A. Arneth, Band 3, Seite 527
[55] M. Braubach, Band 2, Seite 28
[56] M. Braubach, Band 2, Seite 37
[57] Graf Auersperg, Kaiserlicher Gesandter am Hof in Turin
[58] M. Braubach, Band 2, Seite 15
[59] N. Henderson, Seite 217
[60] E.C. Conte Corti, „Ein Lebensbild", Seite 54
[61] Deutsche Geschichte, Heft 1/2010
[62] W. Elze, Seite 63
[63] L. Saint-Simon, Band 1, Seite 421
[64] M. Braubach, Band 2, Seite 77
[65] F. von Cochenhausen, Seite 142
[66] A. Arneth, Band 1, Seite 309
[67] M. Braubach, Band 2, Seite 118
[68] M. Braubach, Band 2, Seite 97
[69] L. Saint-Simon, Band 1, Seite 316
[70] M. Braubach, Band 2, Seite 164
[71] V. Bibl, „Ein Heldenleben", Seite 154
[72] A. Arneth, Band 2, Seite 14
[73] V. Bibl, „Ein Heldenleben", Seite 163
[74] R. Krug von Nidda, Seite 233
[75] M. Braubach, Band 2, Seite 249
[76] L. Saint-Simon, Band 2, Seite 203
[77] L. Saint-Simon, Band 2, Seite 211
[78] L. Saint-Simon, „Ludwig XIV.", Seite 207
[79] A. Arneth, Band 2, Seite 69
[80] N. Henderson, Seite 243
[81] M. Braubach, Band 2, Seite 310
[82] M. Braubach, Band 2, Seite 311
[83] M. Braubach, Band 2, Seite 338
[84] M. Braubach, Band 2, Seite 23
[85] Die Tories, später die Konservativen, setzten sich hauptsächlich aus dem Landadel zusammen, sie vertraten die Ansicht des Gottesgnadentums für den Monarchen und verlangten vom Volk absoluten Gehorsam. Die Whigs, später die Liberalen, setzten sich aus Hochadel und führenden Handelshäu-

sern der Städte zusammen, sie vertraten die Souveränität des Volkes, das mit dem Monarchen gesetzlich vereinbarte Freiheiten festlegte.

[86] A. Arneth, Band 2, Seite 170
[87] N. Henderson, Seite 262
[88] M. Braubach, Band 3, Seite 380
[89] A. Arneth, Band 2, Seite 215
[90] W. Oppenheimer, Seite 114
[91] M. Braubach, Band 3, Seite 109
[92] M. Braubach, Band 2 , Seite 116
[93] A. Arneth, Band 2, Seite 256
[94] N. Henderson, Seite 291
[95] V. Bibl, „Ein Heldenleben", Seite 196
[96] N. Henderson, Seite 252
[97] N. Henderson, Seite 285
[98] J. von Musulin, Seite 44
[99] M. Braubach, Band 3, Seite 143
[100] Die Summe von 300.000 Gulden konnte von der Kaiserlichen Schatulle nicht aufgebracht werden. Deshalb wurde sie vom Hoffaktor Samson Wertheimer als Darlehen an den Kaiser beschafft.
[101] M. Braubach, „Geschichte und Abenteuer", Seite 364
[102] A. Arneth, Band 2, Seite 69
[103] Schlosshof Marchfeld liegt an der Grenze zwischen Österreich und Tschechien, auf tschechischem Gebiet.
[104] M. Braubach, „Geschichte und Abenteuer", Seite 113
[105] M. Braubach, Band 3, Seite 341
[106] M. Braubach, Band 3, Seite 314
[107] J. von Musulin, Seite 46
[108] E.C. Conte Corti, „Ein Lebensbild", Seite 89
[109] M. Braubach, Band 3, Seite 321
[110] A. Arneth, Band 2, Seite 406
[111] M. Braubach, Band 3, Seite 328
[112] Das berühmte Volkslied, datiert aus dem Jahr 1719
[113] H. von Sybel, Seite 120
[114] V. Bibl, „Ein Heldenleben", Seite 224
[115] M. Braubach, Band 1, Seite 101
[116] N. Henderson, Seite 324

[117] A. Lernet-Holenia, Seite 278
[118] M. Braubach, Band 4, Seite 83
[119] M. Braubach, Band 4, Seite 206
[120] A. Arneth, Band 3, Seite 155
[121] W. Elze, Seite 13
[122] V. Bibl, „Ein Heldenleben", Seite 255
[123] M. Braubach, Band 4, Seite 247
[124] M. Braubach, Band 4, Seite 249
[125] aus dem Lateinischen „Und im Übrigen bin ich der Meinung, Karthago müsse zerstört werden."
[126] M. Braubach, Band 5, Seite 88
[127] A. Arneth, Band 3, Seite 420
[128] N. Henderson, Seite 378
[129] N. Henderson, Seite 380
[130] A. Arneth, Band 3, Seite 422
[131] A. Lernet-Holenia, Seite 285
[132] W. Oppenheimer, Seite 179
[133] M. Braubach, Band 5, Seite 286
[134] M. Braubach, Band 1, Seite 409
[135] M. Braubach, Band 5, Seite 296
[136] M. Braubach, „Geschichte und Abenteuer", Seite 408
[137] E. Conte Corti, „Ein Lebensbild", Seite 134
[138] M. Braubach, Band 1, Seite 431
[139] J. von Musulin, Seite 15
[140] W. Oppenheimer, Seite 213

Chronologische Übersicht

13. Oktober 1663: Geburt des Prinzen Eugen von Savoyen als fünfter und jüngster Sohn des Prinzen Moritz von Savoyen-Carignan und seiner Frau Olympia Manzini.

1664   Der kaiserliche Reichsmarschall Graf Montecuccoli siegt über das türkische Heer bei St. Gotthard am Fluß Raab.

1665   Nach dem Tod Philipps IV., König von Spanien, folgte ihm der letzte Habsburger als König Karl II. auf den Thron.

1667   Ludwig XIV. fällt in Flandern ein und beginnt den „Devolutionskrieg" gegen die spanischen Niederlande. Tod von Papst Alexander VII., Nachfolger Clemens X.

1668   Entstehung der Tripelallianz, ein Bündnis zwischen England, Holland und Schweden gegen Frankreich.

1670   Frankreich besetzt Lothringen.

1672   Zweiter Eroberungskrieg Frankreichs gegen Holland. Wilhelm von Oranien wird Statthalter der Niederlande.

1673   Bündnis zwischen dem Habsburger Reich, Spanien und Lothringen gegen Frankreich. Tod von Eugens Vater, Eugen Moritz, Graf von Soissons.

1674   Johann III. Sobieski wird König von Polen.

1676   Tod von Papst Clemens X. Nachfolger wird Innozenz XI.

1678   Friede von Nymwegen zwischen Frankreich, dem Reich, Holland und Spanien. Teile Flanderns werden Frankreich zugesprochen.

1680   Eugens Mutter, Olympia, verlässt Frankreich und geht nach Brüssel.

1681   Frankreich anektiert linksrheinische Gebiete und Straßburg.

1683   Die Türken belagern Wien unter Großwesir Kara Mustafa. Prinz Eugen von Savoyen tritt ins kaiserliche Heer ein. Der Sieg am Kahlenberg über die Türken ermöglicht den Entsatz von Wien.

1684   „Heilige Liga" zwischen dem Reich, Polen und Venedig. Aufhebung des Edikt von Nantes. Protestanten verlieren das Recht der Religionsausübung. Massenflucht der Hugenotten aus Frankreich.

1685   Tod Karls II., König von England. Nachfolger wird Jakob II. Prinz Eugen wird Generalfeldwachtmeister.

1686   Ofen wird von der türkischen Herrschaft befreit. Russland tritt der „Heiligen Liga" bei.
1687   Friede von Mohács. Prinz Eugen wird Feldmarschallleutnant. Die ungarische Krone fällt an das Haus Habsburg.
1688   „Glorreiche Revolution" in England. Der Stuartkönig Jakob II. wird von Wilhelm III. von Oranien vertrieben. Ludwig XIV. verwüstet die Pfalz. Kurfürst Max Emanuel von Bayern als Nachfolger des Oberbefehlshabers Karl von Lothringen, erobert Belgrad. Verwundung Prinz Eugens. Französische Truppen verwüsten Mannheim, Speyer und Worms. Prinz Eugen erhält das Goldene Vlies.
1689   Große Allianz, England und Holland treten dem Reichsbündnis gegen Frankreich bei. Der „Türkenlouis", Markgraf Ludwig Wilhelm von Baden, besiegt die Türken in Bosnien und Serbien. Tod von Papst Innozenz XI., Nachfolger wird Alexander VIII.
1690   Wiedereroberung von Belgrad durch die Türken. Prinz Eugen gelingt der Beitritt Savoyens zur Allianz gegen Frankreich.
1691   Tod von Papst Alexander VIII., Nachfolger wird Innozenz XII.
1693   Prinz Eugen wird Feldmarschall. Erwerb der Grundstücke an der Himmelpfortengasse.
1694   Prinz Eugen wird Oberbefehlshaber in Italien.
1696   Savoyen wechselt das Bündnis und wird Verbündeter von Frankreich. König Johann III. Sobieski von Polen gestorben.
1697   Prinz Eugen als Oberbefehlshaber schlägt die türkische Armee unter Sultan Mustafa II. bei Zenta. Friede von Ryswick. Wilhelm III. wird König von England. August der Starke wird König von Polen.
1698   Eugen beauftragt Fischer von Erlach mit dem Bau des Stadtpalais.
1699   Friede von Karlowitz. Die Türken verlieren Ungarn, Siebenbürgen, Kroatien und Teile von Slowenien an das Kaiserreich. Die Habsburger Monarchie wird Großmacht.
1700   Tod König Karls II. von Spanien. Erbe wird der Enkel Ludwigs XIV., Philipp V., als König von Spanien. Tod von Papst Innozenz XII. Nachfolger wird Clemens XI.
1701   Beginn des Spanischen Erbfolgekrieges. Das Reich, England, Holland, Preußen, Hannover und Portugal gegen Frankreich

und Bayern. Sieg des Prinzen Eugen in Italien bei Chiari. Kurfürst Friedrich III. von Brandenburg wird als Friedrich I. König von Preußen.

1702 Tod König Wilhelms III. von England. Königin Anna, als letzte der Stuarts, wird Nachfolgerin. England erklärt Frankreich den Krieg. Schlacht bei Luzzara.

1703 Ungarischer Aufstand unter Fürst Rákóczy. Savoyen tritt der großen Allianz gegen Frankreich bei. Erzherzog Karl wird König von Spanien. Prinz Eugen wird Hofkriegsratspräsident.

1704 Schlacht bei Blindheim und Höchstädt. Prinz Eugen und Herzog von Marlborough schlagen Frankreich und Bayern.

1705 Kaiser Leopold I. gestorben. Nachfolger wird dessen Sohn als Kaiser Joseph I. „Sendlinger Mordweihnacht". Sieg Vendômes bei Cassano an der Adda hindert Eugen am Übersetzen des Flusses.

1706 Marlborough siegt bei Ramilles und erobert die Spanischen Niederlande. August der Starke verliert die polnische Krone. Stanislaus Leszczynski wird König von Polen. Prinz Eugen besiegt das französische Heer bei Turin.

1707 Prinz Eugen zum Statthalter von Mailand ernannt. Tod des kaiserlichen Feldmarschalls Markgraf Ludwig von Baden.

1708 Sieg von Oudenaarde. Prinz Eugen und Marlborough schlagen die Franzosen und rücken bis Lille vor. Belagerung der Festung und deren Einnahme.

1709 Prinz Eugen und Marlborough siegen gegen Frankreich bei Malplaquet.

1710 Umsturz in England. Die Tories übernehmen die Macht. Abberufung Marlboroughs. Geheime Friedensgespräche zwischen England und Frankreich.

1711 Kaiser Joseph I. gestorben. Sein Bruder wird Kaiser Karl VI. Verlust der spanischen Krone.

1712 Entlassung Marlboroughs. Prinz Eugen in London. Englischer Oberbefehl geht an General Ormonde. Niederlage der Alliierten bei Denain.

1713 Friede von Utrecht. Frankreich einigt sich mit den Alliierten, außer mit Deutschland. Friedrich Wilhelm I. wird nach dem Tode Friedrich I. König von Preußen.

1714 Friedensverhandlung zwischen Prinz Eugen und Marschall

Villars von Frankreich. Friede von Rastatt. Königin Anna von England gestorben. Nachfolger wird Georg I. aus dem Hause Hannover.

1715 Tod Ludwigs XIV., Nachfolger wird sein Urenkel als Ludwig XV. unter der Regentschaft Herzog Philipps von Orleans.

1716 Die Türken erklären dem Habsburgerreich den Krieg. Sieg des Prinzen Eugen bei Peterwardein in Kroatien. Prinz Eugen wird Generalgouverneur der Niederlande.

1717 Prinz Eugen erobert Belgrad. Geburt der Kaisertochter Maria Theresia.

1718 Der Friede von Passarowitz beendet den Krieg mit den Türken. Das Kaiserreich gewinnt Bosnien, Serbien und die Kleine Walachei. Intrige gegen Prinz Eugen. Abschluss der Quadrupelallianz.

1720 Der Herzog von Savoyen wird König von Sardinien.

1721 Tod von Papst Clemens XI. Nachfolger wird Innozenz XIII.

1722 Tod des Herzogs von Marlborough.

1723 Nach dem Tod des Herzogs von Orleans übernimmt Ludwig XV. die Regierung.

1724 Prinz Eugen legt Statthalterschaft der Niederlande nieder. Tod von Papst Innozenz XIII., Nachfolger wird Benedikt XIII.

1726 Bündnis zwischen dem Kaiserreich und Russland.

1730 Der Fluchtversuch des Preußischen Kronprinzen Friedrich misslingt. Tod Papst Benedikts XIII., Nachfolger wird Clemens XII.

1733 Polnischer Erbfolgekrieg. Prinz Eugen wird Oberbefehlshaber der Reichsarmee an der Rheinfront.

1734 Kurfürst Friedrich August II. von Sachsen wird als August III. König von Polen.

1735 Wiener Vorfriede im Polnischen Erbfolgekrieg.

21. April 1736: Tod des Prinzen Eugen von Savoyen.

Literaturnachweis

Arneth Alfred: Prinz Eugen von Savoyen, 3 Bände; Wien 1858
Bibl, Viktor: Prinz Eugen, Ein Heldenleben; Wien und Leipzig 1941
Bibl, Viktor: Prinz Eugen, Lehrmeister Friedrich des Großen; Leipzig 1942
Benedikt, Heinrich: Das Finanzwesen unter Karl VI.; Wien 1964
Braubach, Max: Prinz Eugen von Savoyen – Eine Biographie, 5 Bände; Wien 1965
Braubach, Max: Geschichte und Abenteuer – Gestalten um den Prinzen Eugen; München 1950
Braubach, Max: Die Geheimdiplomatie des Prinzen Eugen von Savoyen; Köln und Opladen 1962
Braubach, Max: Der Lebensausgang des Prinzen Eugen; München, Berlin 1940
Brunner, Heinz: Mars und Venus; Graz, Wien, Stuttgart 1950
Cochenhausen von, Friedrich: Die Verteidigung Mitteleuropas; Jena 1940
Corti, Egon Caesar Conte: Prinz Eugen – Ein Lebensbild in Anekdoten; Berlin 1968
Corti, Egon Caesar Conte: Der Edle Ritter, Anekdoten um den Prinzen Eugen; Berlin 1941
Czibulka, Alfons von: Prinz Eugen und das Reich; Wien, Leipzig 1938
Czibulka, Alfons von: Prinz Eugen, Retter des Abendlandes; Wien, Berlin, Stuttgart 1958
Elze, Walter: Der Prinz Eugen - sein Weg, sein Werk und Englands Verrat; Stuttgart, Berlin 1940
Frischauer, Paul: Prinz Eugen, ein Mensch und hundert Jahre Geschichte; Gütersloh 1973
Grimschitz, Bruno: Prinz Eugen und sein Belvedere; Wien 1963
Grunwald, Max Dr.: Samuel Oppenheimer und sein Kreis; Wien, Leipzig 1913
Henderson, Nicholas: Prinz Eugen, der edle Ritter; München 1978
Ilg, Albert: Prinz Eugen von Savoyen als Kunstfreund; Wien 1889
Kosssak-Raytmann, Karl: Prinz Eugenius; 1942
Krug von Nidda: Eugen von Savoyen: Wien, München, Zürich 1963

Landmann, Karl Ritter von: Prinz Eugen; München 1905
Lernet-Holenia, Alexander: Prinz Eugen; Hamburg, Wien 1960
Leskovar, Emma: Prinz Eugen als dichterische Gestalt; Wien 1946
Lorenz, Reinhold: Türkenjahr 1683; Wien, Leipzig, München 1933
Marquard, Ernst: Prinz Eugen von Savoyen; Münster 1941
Mayer, Anton: Geschichte der Stadt Wien; Wien 1914
Massenbach, Sigrid: Die Memoiren des Herzogs von Saint Simon, 4 Bände; Frankfurt, Berlin, Wien 1977
Michael, Werner: Zur Entstehung der Pragmatischen Sanktion Karls VI.; 1939
Musulin, Janko von: Prinz Eugen von Savoyen; Wien, München 1963
Oehler, Helmut: Prinz Eugen und Leipnitz; Leipzig 1942
Oppenheimer, Wolfgang: Prinz Eugen von Savoyen; München 1979
Otruba Gustav: Prinz Eugen und Marlborough; Wien 1964
Priesdorff, Kurt von: Prinz Eugen; Hamburg 1940
Ritter, Eberhard: Politik und Kriegsführung. Ihre Beherrschung durch Prinz Eugen; Berlin 1934
Roessler, Helmut: Prinz Eugen; Berlin 1934
Roessler, Helmut: Prinz Eugen; Kitzingen a.M. 1954
Sandner, Hildegard: Prinz Eugen als Statthalter der Niederlande; Wien 1944
Schmitthorner, Paul: Prinz Eugen von Savoyen; Freiburg 1936
Saint-Simon, Herzog von: Ludwig XIV., Niedergang und Ende; München 1969
Srbik, Heinrich Ritter von: Weltpolitische Umrisse der Prinz-Eugen-Zeit; Wien 1933
Sybel, Heinrich von: Prinz Eugen von Savoyen; München 1937/1941

Personenregister

A
Abele, Christoph Baron 34
Albemarle, Herzog von 168
Alberoni, Giulio, Kardinal 207, 209, 226
Alexander der Große 22, 237
Ali-Pascha, Damad, Großwesir 192
Althann, Johann Graf von 163, 211, 219, 230, 249
Althann, Gräfin von 214
Anhalt-Dessau, Leopold von, General 121, 126, 143
Anna, Königin von England 106, 112, 120, 147, 161, 164f, 186
Arco, Philipp Graf 112
d'Asfeld, Claude, Marschall 241
August der Starke, König von Polen 79, 146, 154, 230
d'Austria, Juan Don 43

B
Baden, Ludwig Wilhelm Markgraf von 22, 50, 54, 58, 66, 69, 79, 112, 121f, 146, 183
Baden, Herrmann Markgraf von 32, 54, 206
Batthyány-Stratmann, Eleonore Gräfin 183, 212, 214, 247f
Bartenstein, Johann von, Sekretär 247, 250
Bayern, Max Emanuel Kurfürst von, Familie Wittelsbach 41, 58, 64, 68f, 92, 105f, 112, 121, 126, 170, 197, 229, 245
Beauvais, François 21
Berwick, James Herzog von, Marschall 150, 235, 238f
Bonneval, Graf von, später Achmed Pascha 223
Borgomanero, Marquis von 42
Boufflers, Louis de, Marschall 150f, 152f, 155
Bourbon, Maria Prinzessin von Carignan 10, 14
Braunschweig-Wolfenbüttel, Elisabeth, Kaiserin 163
Braunschweig, Wilhelmine Amalie Prinzessin von 160
Bolingbroke, Henry Viscount 171
Boyet, Etienne 180
Breuner, Seyfried Graf, Feldmarschallleutnant 190
Brockhausen, Wilhelm, Referendar 231
Bülow von, General 168
Burgund, Herzog von 149f
Bussy-Rabutin, General 84, 86

C
Caesar, Gaius Julius 22, 237
Cantacuzino, Sorban 52
Caprara, Albrecht Graf 48, 51, 56, 66, 76, 87, 95
Catinat, Nicolas de, Marschall 73, 76f, 96ff
Catt de, Sekretär 7, 240
Chalil, Großwesir 198
Christine von Schweden 13
Churchill, Sir Winston 120, 170
Colbert, Jean Baptiste, Finanzminister 37
Commercy, Karl Prinz von Lothringen 41, 77, 83, 86f, 95f, 107
Condé, Louis de Bourbon der Große 38
Conti, Louis Armand Prinz 38f, 64
Créquy, Marschall 41
Cropte, Urania de la 21

D
Deshayes, Catharina (La Voisin) 20
Daun, Winrich Graf 141, 143, 236f, 239

E
Eleonore, Kaiserin 163
Elisabeth, Kaiserin 163
d'Elboeuf, Prinz 175

F

Farnese, Elisabeth von, Königin   207, 227
Feuillade, Marquis la, Marschall   139f, 144
Fischer von Erlach, Johann Bernhard   173, 196
Fleury, Andre, Kardinal   230, 234f
Friedrich I., König von Preußen   68
Friedrich Wilhelm I., König von Preußen   37, 68, 154, 227, 229, 233f, 239
Friedrich II., König von Preußen   7, 154, 226, 232, 237, 239, 242, 250, 253
Fuensalida, Antonio Conde de   73, 75

G

Garamont, Graf   18
Georg I., König von England   229, 239
Grillparzer, Franz   7
Grumbkow, Friedrich Wilhelm von, General   126, 230, 242

H

Harley, Robert, Premierminister   166
d'Harcourt, Marquis   95
Hannover, Kurprinz von   151
Harrach, Graf von   231, 244
Hessen-Kassel, Landgraf von   139, 151
Hildebrandt, Johann Lucas von   173f, 182
Heister, Sigbert Graf   83, 86, 187, 200
Heissler von Heitersheim, Donat, General   50, 182
Herberstein, Leopold Graf, General   96, 132

I

Innozenz XI., Papst   64

J

Jakob II., König von England   105, 120, 162
Joseph I., Kaiser   35, 128, 130, 160f, 162, 170, 187, 215, 218, 254

K

Kara Mustafa, Großwesir   45, 51f, 54, 58
Karl II., König von Spanien   92, 94
Karl XII., König von Schweden   146
Karl VI., Kaiser (König Karl III.)   35, 118, 147, 160, 163, 170, 187, 208f, 210f, 215, 219, 227, 234ff, 245, 249f, 251, 254
Karl Emanuel III., König von Sardinien   235
Kaunitz, Wenzel Fürst, Kanzler   130
Kinsky, Graf von   231
Koch, Ignaz, Verwalter   231
Kollonitsch, Graf von, Weihbischof   52, 249
Königsegg, Leopold Wilhelm Graf   231, 242f, 247
Köprülü, Mohammed, Großwesir   43
Kuefstein, Graf von   59

L

Langetl, Johann, Sekretär   231
Leganez, Marschall   75f
Leibniz, Gottfried Baron von   175f, 180
Leiningen, Philipp Graf, General   134
Leopold I., Kaiser   25, 37, 40f, 63, 72, 93, 95, 111, 115, 128, 215, 254
Leszczynski, Stanislaus, König von Polen   234
Liebenberg, Andreas, Bürgermeister   52
Liechtenstein, Joseph Fürst, General   252
Lothringen, Franz Stefan Herzog von   227, 234, 245
Lothringen, Karl Herzog von, Generalleutnant   32, 48, 50f, 54, 56, 68f, 72, 79, 146
Ludwig XIV., König von Frankreich   7f, 10, 13, 15f, 25f, 29, 36f, 39, 41, 63, 71f, 76ff, 88, 93f, 105, 117, 141, 144, 153f, 158, 161, 166, 169, 172, 186, 223
Ludwig XV., König von Frankreich   226
Louvois, François, Kriegsminister   20, 39, 41

M

Maintenon, Françoise Marquise de   94
Mansfeld, Heinrich Franz Graf von, General und Minister   96, 111, 114f, 130
Mancini, Lorenzo   10
Manteuffel, Ernst Graf von, Minister   230
Mantua, Karl Herzog von   75
Maria Theresia, Kaiserin   197, 227, 231, 234, 245, 250
Marlborough, John Herzog von   106, 108, 112, 119, 125, 132, 135, 141, 148, 150, 153, 155, 158, 161, 164f, 167, 226, 254
Marlborough, Sarah Herzogin von (Sarah Jennings)   106, 161
Mariette, Jean-Pierre   180
Marsin, Ferdinand, Marschall   121, 125, 141, 143
Mazarin, Jules, Kardinal und Minister   10f, 13, 15, 36, 39, 235
Manzini, Maria   16
Mercy, Prinz, General   197, 237
Mohammed IV., Sultan   43, 50, 58
Montecuccoli, Raimund Graf, Reichsmarschall   26, 45, 146
Montespan, Francoise Marquise de   18ff
Morosini, Franz, Venetianischer Feldherr   187
Mustafa Pascha, General   193, 198, 204
Mustafa II., Sultan   84

N

Navailles, Philipp Herzog von   17
Napoleon I. Bonaparte, Kaiser der Franzosen   7, 175, 237, 252
Nimptsch, Johann Graf   218ff

O

Oppenheimer, Samuel, Hoffaktor   32f, 109f, 196
Oranien, Wilhelm III., König von England   71, 92, 105, 120, 162
Orleans, Philipp Herzog von   15, 141f, 144, 209
Orleans, Henriette Herzogin von   16
Orleans, Liselotte von der Pfalz Herzogin   18, 20, 38, 90, 119, 141, 168, 171, 183
Ormonde, Herzog von, General   167

P

Pálffy, Johann Graf   76
Pálffy, Joseph Graf   190
Permoser, Balthasar   173
Peikhardt, Franciscus   249
Peter der Große, Zar von Russland   88, 146, 226
Pezzl, Johann   212
Philipp II., König von Spanien   10
Philipp V., König von Spanien   43ff, 105, 118, 147, 207, 210
Prié, Ercole Marquis di   221ff, 224

R

Rabatta, Johann Graf   66
Rákóczy, Franz II., Fürst   113, 223
Reni, Guido, Maler   182
Reuss, Heinrich Graf, General   86
Reventlau, Christian Graf, General   135
Richelieu, Armand du Plessis, Kardinal   10, 235
Rousseau, Jean Baptiste, Dichter   175f, 214
Rummel, Ferdinand von, Bischof von Wien   130

S

Sachsen-Gotha, Herzog von   139
Sachsen, Moritz von   154
Sachsen-Lauenburg, Franziska von   183
Saint-Saphorin, Botschafter   214
Saint-Maurice, Thomas Marquis   18f, 21
Saint-Simon, Louis Herzog von   16, 96, 99, 101f, 124, 139, 152f

Salburg, Gräfin   183
Salm, Karl Theodor Fürst von   64, 130
Sauveur, Joseph, Gelehrter   22
Savoyen, Chevalier von   164, 251
Savoyen, Victor-Amadeus Herzog von   63, 71,76f, 117, 133, 135, 139,142f, 148, 208, 210, 215, 218, 222, 229
Savoyen, Anna Victoria Prinzessin   180, 251
Savoyen-Carignan, Louise Philiberte   90
Schulenburg, Johann Graf von, General   154f, 196
Schuppen, Jakob van, Maler   182
Schwerin, Christoph von, General   154
Seckendorff, Friedrich Graf von   230f, 239, 244, 246
Sinzendorf, Georg Ludwig Graf von, Minister   30, 34
Sinzendorf, Philipp Ludwig Graf von, Hofkanzler   158, 164, 167, 169, 174, 224, 227, 230, 234, 244
Sobieski III., Johann, König von Polen   21, 54, 56ff, 79
Soissons, Olympia Gräfin von   10, 12f, 15f, 17f, 19, 21f
Soissons, Eugen Moritz Graf von   10, 13f, 19
Soissons, Ludwig Thomas Herzog von   21, 88
Soissons, Marie Jeanne-Baptiste von   90
Solani, Graf von, General   84
Soleiman II. Mest der Prächtige, Sultan   43
Stanhope, James, General   226
Starhemberg, Gundacker Graf von, Minister   79, 114, 130, 134f, 227, 244
Starhemberg, Ernst Rüdiger Graf von, Hofkriegsratspräsident   52, 66, 79f, 82, 96
Starhemberg, Guido Graf von, General   83, 86f, 96, 111, 116, 118, 148, 204, 237
Stratmann, Theodor Heinrich Graf, Minister   75, 112
Sterzinger, Martin   113

T
Tallard, Camille, Marschall   122, 124f
Tarino, Vittorio Conte   39, 74, 76
Tedeschi, Prospero, Abbé   218ff
Tessé, Rene de, Marschall   148
Thököly, Fürst   42, 88, 113
Torcy, Jean Baptiste, Außenminister   153
Türkheim, Franz Sebastian Graf   183
Turenne, Vicomte de, Marschall   14

V
Vallière, Madame de la   17f
Vauban, Sebastien Marquis de, Marschall   22, 61, 140, 144, 150
Vaudémont, Prinz von Lothringen, General   83, 87, 96, 99f, 132, 144
Vendôme, Louis Herzog von, Marschall   12, 66, 101, 103, 107, 109, 117f, 133f, 135, 141f, 148f, 150
Villars, Louis Hector Herzog von, Marschall   88, 105f, 112, 155, 168, 170, 211, 235, 239
Villeroi, François, Marschall   98f, 122
Voltaire, François, Philosoph   101, 253

W
Wagner, Hans-Jakob   130
Wallenstein, Albrecht Herzog von Friedland   214, 218
Wertheimer, Samson, Heereslieferant   196
Windischgrätz, Ernst Friedrich Graf von, Minister   219, 248
Wratislaw, Johann Wenzel Graf, Minister   139, 160f, 163f, 170, 221
Württemberg, Alexander Prinz von, General   191

Z
Zimmermann, Anton, Gartenarchitekt   175

Abstammungstafel des Prinzen Eugen

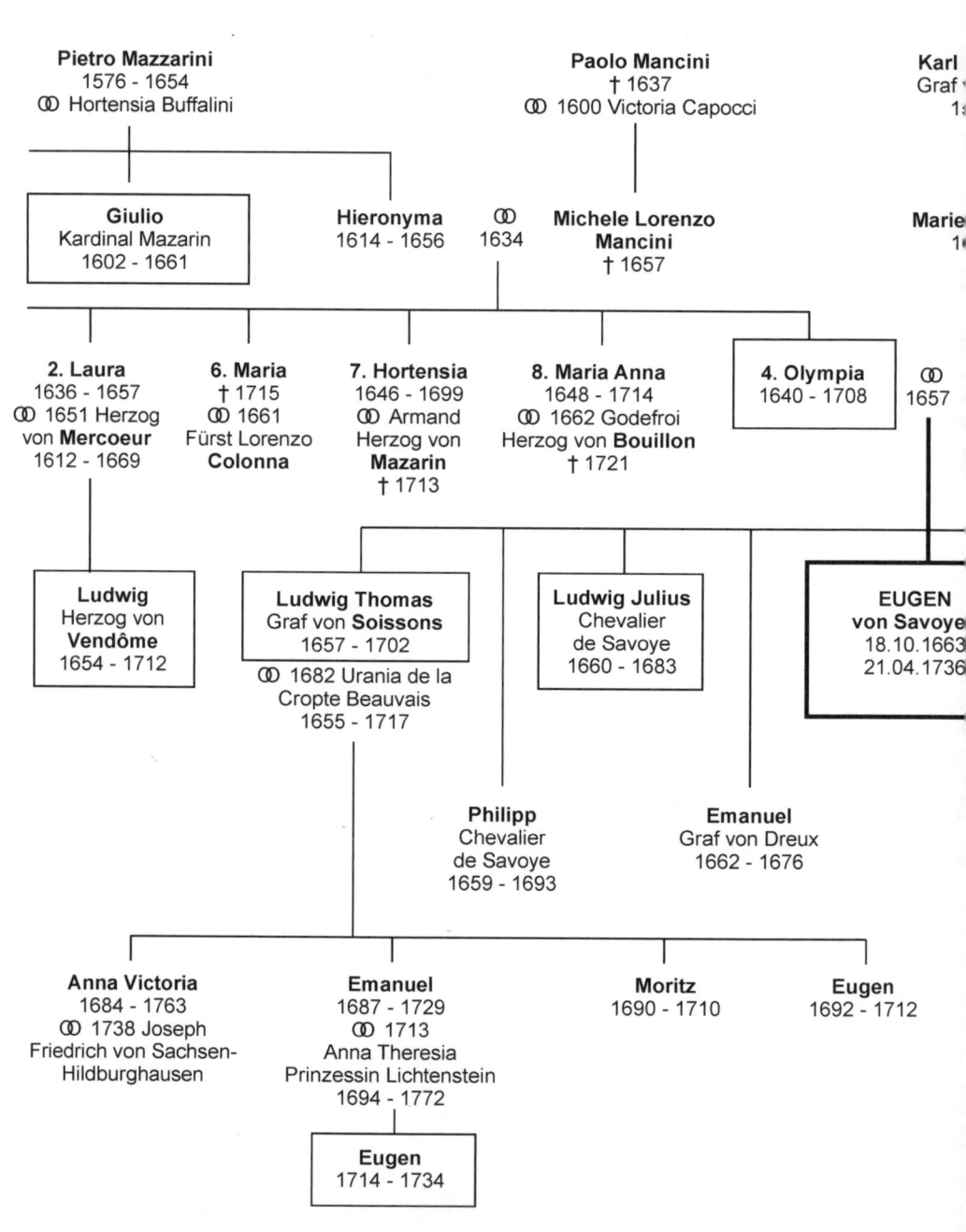